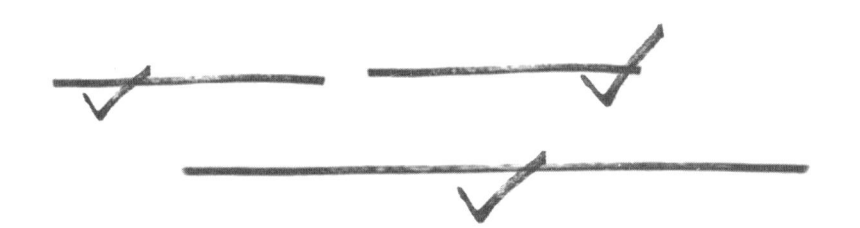

绩效管理的8节实战课

邓玉金 著

中信出版集团 | 北京

图书在版编目（CIP）数据

绩效管理的 8 节实战课 / 邓玉金著 . -- 北京 : 中信出版社 , 2019.11

ISBN 978-7-5217-0799-1

Ⅰ.①绩… Ⅱ.①邓… Ⅲ.①企业绩效—企业管理 Ⅳ.① F272.5

中国版本图书馆 CIP 数据核字（2019）第 142742 号

绩效管理的 8 节实战课

著　　者：邓玉金
出版发行：中信出版集团股份有限公司
　　　　　（北京市朝阳区惠新东街甲 4 号富盛大厦 2 座　邮编　100029）
承　印　者：北京诚信伟业印刷有限公司

开　　本：787mm×1092mm　1/16　　印　张：22.75　　字　数：306 千字
版　　次：2019 年 11 月第 1 版　　　　印　次：2019 年 11 月第 1 次印刷
广告经营许可证：京朝工商广字第 8087 号
书　　号：ISBN 978-7-5217-0799-1
定　　价：69.00 元

版权所有·侵权必究
如有印刷、装订问题，本公司负责调换。
服务热线：400-600-8099
投稿邮箱：author@citicpub.com

前言

基于我个人 20 多年的人力资源管理工作实践和 8 年多的授课经验，2017 年我写了《招聘的 8 节实战课》一书，并于 2018 年 1 月出版发行。我当时写书的思路是：

- 工作中我是这样做的，还比较顺畅。
- 课程中我是这样讲的，还比较实战。
- 视频中我是这样录的，还比较风趣幽默。
- 书也是这样写的，争取比较好看。

2018 年年初，我按照工作中的摸索、咨询和课程中的验证，继续写绩效管理的书，以上 4 点思路不变。《招聘的 8 节实战课》的核心内容来源于我的"人才选拔与聘用管理"课程，而绩效管理这本书的核心内容的来源是我的 5 天版本的绩效管理实战课程——"全面绩效管理项目实战"。完稿后正好是 8 个章节，所以命名为《绩效管理的 8 节实战课》。全书阐述了人力资源管理的逻辑、绩效管理的实战理论、绩效指标设计的方法、绩效实施与管控、绩效辅导与绩效面谈、绩效评估与改进、绩效项目落地等内容。书中有 3 个我原创的绩效管理模型：

- 绩效考核的冰山模型。
- 三级 KPI 体系设计模型。
- 绩效项目落地模型。

I

目前企业通用的比较综合的绩效管理工具有4个：MBO（目标管理）、KPI（关键绩效指标）、BSC（平衡计分卡）、OKR（目标与关键成果法）。从我个人的经验来看，目前国内大多数企业普遍适用的两个工具是MBO和KPI，这是由企业的管理基础决定的。BSC可以用来做企业战略解码，而OKR本质上就不是绩效管理工具。

罗伯特·卡普兰与大卫·诺顿在《平衡计分卡：化战略为行动》一书中写道："BSC是企业战略落地的有效工具。"借用两位专家的说法，我引申了一下：绩效管理是企业战略落地的工具。因为企业战略目标和年度计划目标经过横向分工、纵向分解和时间维度拆分，最终会落实为各级经理和员工的日常工作计划，计划完成的好坏最终体现出的就是绩效！

我会带着你一步步地去设计和分解指标，制订工作计划，推动绩效计划的实施，掌控绩效管理的过程，做绩效辅导，实施绩效评估，收集客观的绩效反馈和进行绩效改进，最终以绩效项目落地模型作为全书的终结，这可以说是一个完美的绩效管理流程。

本书总共分为8节课。

第1节课： 人力资源管理的逻辑模型

本节课介绍了人力资源管理的逻辑模型和人力资源的业务模型。人力资源管理的逻辑模型可以归纳为一句话：人力资源管理的所有工作都是从业务派生出来的。人力资源的业务模型的核心内容是讲述人力资源职能战略，围绕企业的绩效管理平台而开展的，而绩效管理是企业战略落地的工具。本节课同时还介绍了企业管控的3种模式和人力资源管理对应的3种模式。

第2节课： 绩效管理的实战理论

我在这节课里把绩效和绩效管理的内涵做了详细的分解，让读者知其然也知其所以然。因为我在课堂上发现，真正知道绩效和绩效管理内涵的人并不多，如果不知道内涵而去操作是不是就变成蛮干胡干了？而绩效管理是企业战略落地的工具，那岂不是把战略忽略了吗？

本节课还详细阐述了绩效管理的4个根本、绩效管理的4个保证、绩效项目实施的实战流程、绩效管理的4个责任、绩效管理的4个流程、绩效管理的考核周期和绩效考核的冰山模型。

这节课的篇幅很大，但却是很有用的理论和逻辑基础。

第3节课和第4节课：三级绩效指标体系设计

这两节课主要介绍使用 BSC 和 CSF（关键成功因素法）设计三级绩效指标体系，手把手地教会读者去设计和分解公司的三级绩效指标体系，并且通过企业的实际案例呈现工具的使用套路，而不是只讲理论不实战。

这两节课不仅介绍了从战略到目标再到 KPI 的路径，同时也介绍了 BSC、CSF 和任务分工矩阵等工具的操作技巧，还介绍了指标设计与分解、设计指标值、配权重、设计评分标准，再到指标评审的一系列实操流程，最终以"企业三级 KPI 体系设计模型"作为结束。

第5节课：绩效实施与管控

没有执行的计划还不如没有计划！

无论是使用 BSC 法还是 CSF 法来设计企业的三级绩效指标体系，如果缺乏科学有效的绩效实施与管控，绩效项目多半难以落地，或半路夭折或流于形式。本节课将通过具体的工具与方法介绍，为绩效管理的落地构筑坚实的保护网。

本章节阐述的计划的公式为：计划＝目标＋关键行动措施。

通过计划公式将目标落实到部门和岗位，落实到日常的管理工作过程中；同时建立完善的目标推进过程的管控方法，真正将企业的战略执行转化为经理人的日常的管理动作和管理行为。

第 6 节课： 绩效辅导与绩效面谈

绩效管理是企业战略落地的工具，而在绩效管理实际操作中最容易被忽视的地方是绩效实施过程中的绩效辅导。经理管理能力的提升和员工工作效率的提升都是通过绩效辅导达成的。

成熟企业的绩效管理工作 70% 以上是绩效辅导与面谈，所以本节课的内容是绩效管理的核心内容。

第 7 节课： 绩效评估与改进

绩效评估与改进是绩效管理承前启后的一个阶段，经过计划、实施和辅导之后，绩效的达成情况最终要在这个阶段做一个阶段性的总结评价，同时需要有套路地做好改进工作，既要满足企业发展的需要，又要满足员工个人成长的需要。本节课将详细介绍绩效评估与改进的方法、流程、技巧以及实际操作案例。

第 8 节课： 绩效项目落地模型

前面的章节反复强调绩效管理是企业战略落地的工具，但企业的实际情况各有不同，绩效管理的方法也有几十种，那么人力资源管理如何才能结合企业的实际情况把绩效项目导入本企业呢？在本节课会给大家拆解绩效项目的落地模型。

绩效管理是企业运营管理的主要抓手之一，本书从理论到实践，从战略到绩效，一步一步地详细拆解，通过"绩效考核的冰山模型"、"三级 KPI 体系设计模型"和"绩效项目落地实施模型"的设计和实操应用，相信可以给实战经验丰富的你带来助力！

目前企业界去绩效管理的声音越来越高，可是我们认真分析国内发展迅速、成就卓然的企业，比如海尔、阿里巴巴、腾讯、华为、小米等"头部"企业，都是采用的"强企业文化 + 强绩效管理"的发展模式。在这里要敲一下黑板：管理是实践的学问，不要人云亦云，如果认真管和严格管都不规范、不听话、不出业绩，"放羊"之后能出业绩才怪！尤其是在国内经理人队伍尚不健全的今天。

感谢中信出版创新学院胡松波先生将本书稿引荐给中信出版社。本书创作过程中很多朋友、领导和家人给予了我大量的支持和帮助，在此一并表示感谢！

邓玉金

目录

第 1 节课　人力资源管理的逻辑模型 || 001
一、源于战略的人力资源逻辑模型 || 003
二、基于战略的人力资源管理模型 || 007
三、基于市场和企业实际情况的三种企业管控模式 || 013
四、匹配企业管控模式的三种人力资源管控模式 || 019
我的职场感悟
人力资源经理处理好与总经理、业务经理和员工的关系是一门技术活 || 023

第 2 节课　绩效管理的实战理论 || 027
一、绩效管理是什么 || 029
二、绩效管理的 4 个根本 || 052
三、绩效管理的 4 个保证 || 055
四、绩效项目实施的实战流程 || 065
五、4 类人员绩效管理的责任 || 071
六、建立绩效管理的 4 个流程 || 074
七、绩效管理的考核周期 || 079
八、绩效考核的冰山模型 || 084
附件 1　验证绩效管理系统的有效性 || 087
附件 2　绩效考核的基本方法 || 087
附件 3　绩效管理问卷设计 || 096
我的职场感悟
务必提升经理人的绩效管理能力和意识 || 101

VII

第 3 节课　使用 BSC 法设计企业三级绩效指标体系 ‖ 105
一、从战略到绩效　‖ 107
二、使用 BSC 设计 KPI　‖ 109
附件　BSC 法　‖ 131
我的职场感悟
高管要求员工就平时表现互相评价给分，以此作为年终奖的发放依据，这合理吗？　‖ 135

第 4 节课　使用 CSF 法设计企业三级绩效指标体系 ‖ 137
一、关键成功因素法　‖ 139
二、公司三级目标体系的搭建　‖ 141
三、CSF 绩效指标的设定与分解　‖ 155
附件 1　预算体系是目标管理的基础　‖ 180
附件 2　提炼 KPI 指标的三个步骤　‖ 181
附件 3　绩效协议范本　‖ 183
我的职场感悟
你有职业年龄危机感吗？　‖ 185

第 5 节课　绩效实施与管控 ‖ 187
一、由目标/指标到计划的关键　‖ 189
二、由目标落实到个人工作计划的关键　‖ 193
三、目标执行追踪与修订　‖ 195
四、目标推进过程的管控　‖ 197
五、建立有效的绩效管理制度　‖ 200
六、解决问题六步法　‖ 204
附件　工作追踪追什么　‖ 211
我的职场感悟
公司领导不好，导致手下多人辞职时，该怎么办？　‖ 214

第 6 节课　绩效辅导与绩效面谈 ‖ 217

一、绩效辅导的实施 ‖ 219

二、实施和管理绩效面谈 ‖ 232

附件 1　绩效面谈示例 ‖ 261

附件 2　绩效面谈怎么做？‖ 265

附件 3　IBM 绩效管理五大原则 ‖ 270

我的职场感悟

为什么面对大量工作时，人们倾向于熬夜完成工作而不是第二天早起 ‖ 273

第 7 节课　绩效评估与改进 ‖ 275

一、绩效评估流程 ‖ 277

二、绩效改进的实操流程 ‖ 291

三、绩效申诉 ‖ 316

附件　宏观绩效改进流程 ‖ 318

我的职场感悟

职场新人进入一家新成立的公司工作，会是一种什么样的体验？‖ 319

第 8 节课　绩效项目落地模型 ‖ 321

一、绩效项目落地模型 ‖ 323

二、使用不同的绩效工具实施绩效项目的操作要点 ‖ 340

三、绩效项目导入时需要考虑的几个问题 ‖ 344

我的职场感悟

没有一份工作是你不想辞职的 ‖ 346

后记 ‖ 349

第1节课
人力资源管理的逻辑模型

人力资源领域有一句流行语:"不做绩效等死,做了绩效找死!"估计人力资源圈的小伙伴们对此都深有体会吧!这句话的意思是:人力资源部门如果不在企业内部推进绩效管理项目,等到有一天总经理责备人力资源部门"懒政",那么人力资源部门的好日子就到头了;而如果人力资源部门没有理解绩效管理内涵并掌握项目实施诀窍就盲目推动绩效管理项目,一般来说失败的概率是非常大的,很可能会伤企业的元气,人力资源部门的好日子也会到头。为了弄清绩效管理的本质和内涵,本节课先给大家介绍几个人力资源模型。

本节课学习内容:
- 源于战略的人力资源逻辑模型。
- 基于战略的人力资源管理模型。
- 基于市场和企业实际情况的三种企业管控模式。
- 匹配企业管控模式的三种人力资源管控模式。

一、源于战略的人力资源逻辑模型

做生意要有商业模型，做业务要有业务模型，做企业要有经营模型，做人力资源也要构建几个务实的人力资源模型。人力资源工作属于职能模块的工作，想要出彩的话，人力资源经理人一定要有经营的意识，努力经营好公司的人力资源工作，而不仅仅是管理好人力资源事务性的工作。

企业的经营大体上可以分为经营客户和经营人才两条线：经营好客户能带来比较好的经济收益；而通过人才发展体系的构建来培养员工和经营人才，使员工能够心甘情愿地服务客户，必然会提高客户的忠诚度，这时企业经营的经济性目标反而成了副产品。

我依据经营人才的理念设计了如图 1-1 所示的人力资源逻辑模型。

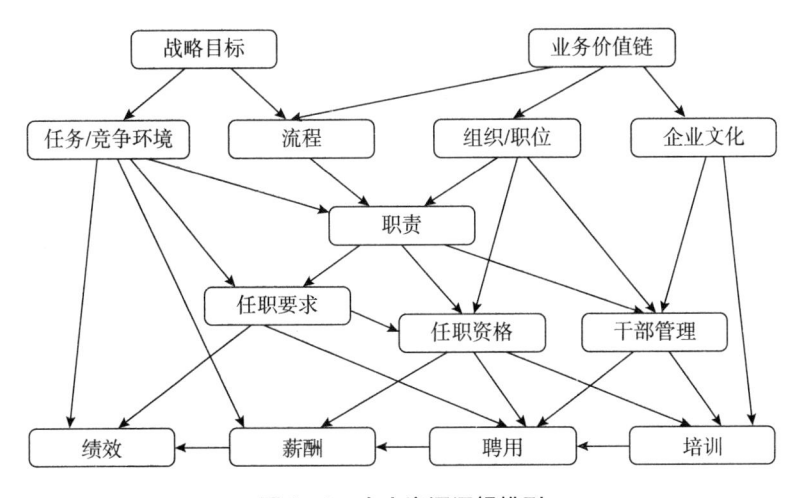

图 1-1 人力资源逻辑模型

图 1-1 所示的逻辑模型的内容，最下方是人力资源的 4 个核心模块：绩效、薪酬、聘用和培训。除此之外，人力资源工作还包含任职资格、干部管理、企业文化、员工关系、职位管理、人力资源规划、组织发展等，这些都是人力资源管理的核心内容。展示这个模型，目的不是告诉大家人力资源有多少个模块，而是想说人力资源部门所有的工作，都是从模型最上面的两个模块派生出来的，即企业战略目标和业务价值链。

企业人力资源所有模块的工作，究其源头一定是业务，是从企业的业务需要派生出来的。如果企业人力资源的工作与企业的战略目标、业务价值链不一致，一定是违背企业经营初衷的。所以说人力资源从业人员在企业内部开展人力资源工作的时候，一定要先判断如下几个问题：

- 企业的基本状况怎么样？
- 企业处于生命周期的哪个阶段？
- 企业的战略目标是什么？
- 企业当下的主要工作目标有哪些？
- 企业的业务价值链是怎么展开的？

这样在开展人力资源工作的时候，才会有的放矢，不会给企业的生产经营带来比较大的非正常的内部干扰。

在企业发展的不同阶段，人力资源工作的侧重点也不尽相同。

企业在创业初期，人力资源最主要的工作就是业务模型的设计，明晰业务模型之后需要界定业务目标。业务模型和业务目标清晰之后，接下来的工作是人员梯队的搭建，创业初期主要是业务团队和技术团队的搭建，不需要搭建特别大的职能团队。然后把人和资源集中投入目标业务中，开疆辟土。所以在创业期企业人力资源的主要工作是人员招聘和新员工的培训，迅速为企业的发展招募到质优价廉的人才以及战略型人才，同时培养新人，使其快速适应企业中的角色，发挥价值。

企业在发展稳定期时，企业业务和人员相对比较稳定，人力资源最主要的工作是薪酬激励、绩效激励、人才的保留和培养、企业文化建设。这个阶段企业业务成熟，流程规范，薪酬在同行中一般是跟随型，不占优势，所以人员的激励和人才梯队的搭建显得尤为重要，要为企业以后的发展保留和培养足够的人才。

当企业进入衰退期后，人力资源最主要的工作是配合企业业务的转型和退出，做好裁员和稳定工作。在这个阶段，企业的大方向应该是培育新的增长点和战略的转移，原有的业务如果不能创新，需要逐步退出经营、维持稳定或者整体出售给其他企业。

那么什么是价值链呢？如图1-2所示，这是一个基本的价值链分析示例。

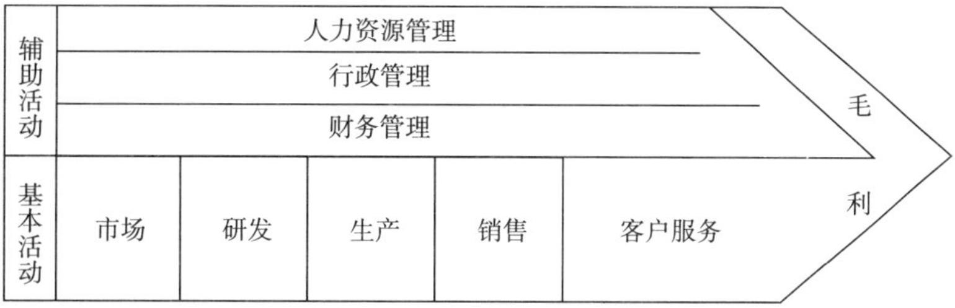

辅助活动	人力资源管理					毛利
	行政管理					
	财务管理					
基本活动	市场	研发	生产	销售	客户服务	

图1-2 一般价值链示例

从图1-2中可以看到，价值链的基本活动包括市场、研发、生产、销售和客户服务。

（一）市场环节

企业要通过市场活动，找到市场有哪些需求（产品和服务）。因为企业存在的核心目的是通过分工和协作，提高生产效率，为客户提供更多更好的产品和服务，所以说市场需求分析是价值链分析的首要工作。

（二）研发环节

发现市场需求后，企业内部要判断能不能研发出合适的产品和服务来满足客户的需求，企业的技术部门或者研发部门要做可行性分析，从技术上和经济上判断产品和服务的可行性，然后做定制性开发。

（三）生产环节

企业产品研发出来了，能不能生产出来？如果不能生产出来，怎么办？当然，现在互联网企业的价值链不再是直线型的，好多是弯的，企业自己不能生产产品也不再是问题了，它们可以把生产外包出去，只要做好供应链的管理即可。这一点苹果和小米做得非常好，但是合格的供应商管理成为关键。

（四）销售环节

产品生产出来之后，如果不能销售出去，实际上就变成了库存，成为沉没成本，对企业是非常不利的。有市场需求，就说明有企业的客户，但不一定是你的客户。互联网企业的用户和客户的价值差异是比较明显的，如果不能把用户转化成你的客户，生产得越多问题越大，所以销售环节很重要！

（五）客户服务环节

通过前面4个环节，产品到达客户了，再通过技术服务和客户服务，让客户满意，达到重复销售的目的。

以上是企业的基本活动。一般企业做战略规划时，都会从这几个方面去考虑，确定年度计划时，也会从这几个方面去设计。但是，当战略或者年度计划在企业实际经营过程中展开后，我们会发现有遗漏：

- 在哪里生产？就会涉及厂房或者设备，属于行政管理。

- 谁来生产呢？属于人力资源管理。
- 用多少钱来生产研发？属于财务管理。
- 公司的业务流程顺不顺？属于信息化管理。

以上这些在价值链上属于辅助活动，将主要活动和辅助活动相结合，推导出的结果就是毛利，这就是价值链。

弄明白了企业的价值链，人力资源经理人基本上就明白了企业的运营，明白了企业各部门的重点工作所在，只有懂运营的人力资源经理人才会在开展工作的时候不被业务经理忽视，也才能够参与企业的运营，体现价值。

所以人力资源从业人员一定要清晰地判断自己所服务企业的战略和业务价值链，在合适的时机配合业务推出得力的人力资源政策和项目，推动业务向前发展，成为业务发展的助力。如果人力资源从业人员在企业内推进的人力资源项目或者开展的工作跟公司当下的业务需求不匹配，一定会给企业经营带来干扰，给各级经理和总经理带来不必要的麻烦，那么总经理对人力资源工作一定是不满意的。因此，人力资源经理人一定要发自内心地明白一件事：人力资源所有的工作都是从业务派生出来的！人力资源的工作要来自业务，要为业务服务，不能给业务带来干扰，这样在不久的将来，你的公司的人力资源工作才能高于业务，人力资源的工作价值才会体现。比如阿里巴巴的业务板块出现问题时，往往冲在最前面解决问题的就包含人力资源部门。

二、基于战略的人力资源管理模型

人力资源的逻辑模型讲述的是人力资源职能工作和企业业务经营的内在关系，即企业人力资源工作源于企业业务的需要。而人力资源管理模型着重介绍由业务到人力资源的诸多模块的内在关联。

我所给出的模型如图1-3所示。

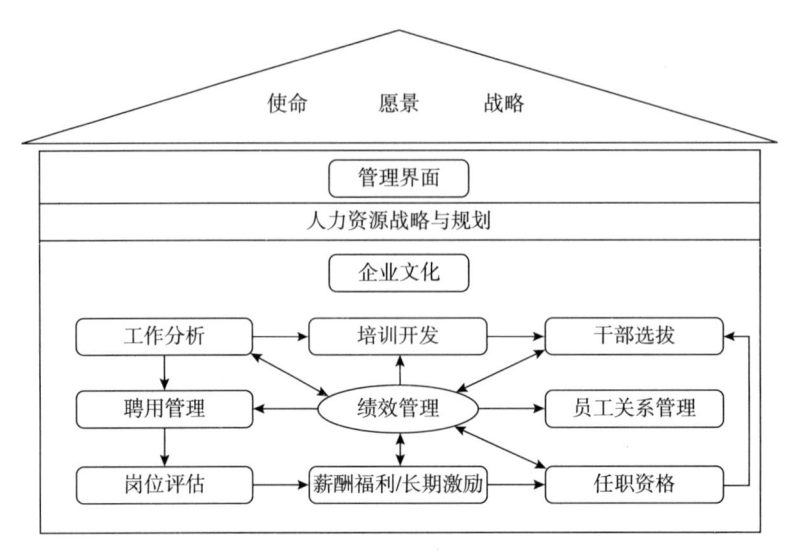

```
                    使命    愿景    战略

        ┌─────────────────────────────────────┐
        │           管理界面                   │
        │        人力资源战略与规划             │
        │           企业文化                   │
        │  工作分析 → 培训开发 → 干部选拔       │
        │  聘用管理 ← 绩效管理 → 员工关系管理   │
        │  岗位评估 → 薪酬福利/长期激励 → 任职资格│
        └─────────────────────────────────────┘
```

图1-3　人力资源管理模型

这个模型分屋顶和房间两个部分。屋顶是企业使命、愿景和战略。中间用管理界面切分了一下，房间是人力资源的相关职能模块。

（一）使命

企业经营的源头是使命，人力资源工作的源头也是企业的使命。什么是使命呢？使命就是企业为什么存在的理由，或者说老板办企业的目的。企业的使命是在不断进化的，在企业很小的时候，使命只有一个，就是赚钱，先让自己活命。当企业发展壮大了，尤其是人员过了100人，销售额在1亿元的时候，企业的使命就已经细化了，变成企业今后较长一段时间内或者百年企业所追求的那种东西了。

- 麦肯锡：帮助杰出的公司和政府更为成功。
- 沃尔玛：给普通人提供机会，使他们能买到与富人一样的东西。
- 英特尔：成为全球互联网经济最重要的关键元件供应商，包括在客户端成为个人电脑、移动计算设备的杰出芯片和平台供应商；在服务器、网络通信和服务及解决方案等方面提供领先的关键元件解决方案。
- 华为：聚焦客户关注的挑战和压力，提供有竞争力的通信解决方案和服务，持续为客户创造最大价值。
- 百事：立志将百事公司建为世界首屈一指的、主营方便食品和饮料的消费品公司。在为员工、业务伙伴及业务所在地提供发展和创收机会的同时，也努力为投资者提供良性的投资回报。诚信、公开、公平是企业所有经营活动所遵循的原则。
- 西门子：为消费者和股东创造价值。

（二）愿景

愿景是企业在使命的引领下所要达到的美好情境，即企业将来发展成什么样子。也就是老板经常给大家画的那张"大饼"：将来我们要上市，我们要普惠大众，每人配房配车等。

- 西门子：成为行业标杆。
- 华为：丰富人们的沟通和生活。
- 联合利华：每一天，我们都致力于创造更美好的未来。
- 百事：在环境、社会、经济等各个方面不断改善周围的世界，创造更加美好的未来。

（三）战略

战略是企业达成愿景的路径。一般情况下，企业的战略周期有3年、5年或者10年的，时间跨度视企业的管理偏好而定。一般情况下，10年的战略都是不太靠谱的，一般管理能力好的企业能做好

3年的战略规划，并逐年滚动发展就算是比较厉害了。当然企业战略的优劣也决定了企业人力资源规划的优劣。凯洛格董事长王成在《战略罗盘》一书中提到关于决定企业战略优劣的四大问题：

- 战略有没有？你有战略吗？如果有，你能用一句话说清楚公司的战略吗？这是计划视角要解决的核心战略问题。
- 战略好不好？你所拥有的战略是个好战略吗？战略不仅有高下之分，还有好坏之分。这是定位视角要解决的核心战略问题。
- 战略实不实？战略不能务虚，任何战略都需要充分的资源和扎实的能力作为战略落地的基石，这是能力视角要解决的核心战略命题。
- 战略快不快？天下武功，唯快不破。在剧变时代，你不仅需要科学规划战略，更需要加速进化战略。这是学习视角要解决的核心战略命题。

所以人力资源的职能战略的有、好、实、快也取决于公司的战略规划能力。

（四）管理界面

屋顶和房间的中间是管理的界面。从人力资源职能的口径看，大家对"管理界面"这个名词实际上是陌生的。一般企业发展到一定规模之后，管理者就会对管理界面熟悉起来。尤其是建立分支机构之后，随着分公司和子公司的跨区域建设，管理界面的概念和应用就会浮出水面。管理界面的内涵包括：总部有哪些权力，分支机构有哪些权力，总部部门有哪些权力，分部部门有哪些权力。管理界面的划分意味着总部的权力和分部的权力的界定，也就是说：如果企业总部权力大，那么总部聘用的人员的能力要强，并且编制要多，相应的分支机构的编制和人员能力会少一些、低一些；而如果分支机构权力大，那么分支机构聘用的人员能力要强一些，编制也要多一些。

所以管理界面的确定，实际上就是权力的划分，然后基于此去做人力资源战略和规划，即人力资源规划。

（五）工作分析

在企业的大战略之下包括职能战略，人力资源战略就是其中的一个，工作分析是企业人力资源战略达成的最有效的工具之一。之所以这样说，是因为企业要想达成战略目标或者年度计划，首先要确定企业组织结构应该怎么设计，应该设计几个部门、几个子公司或者分公司；然后确定每一个部门要配多少个岗位，每一个岗位应该干哪些工作；最后确定每一个岗位应该有多少编制，这就是工作分析。简言之，工作分析是企业的定岗、定编的工作。

企业的年度计划目标定了之后，应该盘点一下，完成这些目标应该有几个部门或几个单位，它们下边应该设多少岗位，每个岗位能配多少人，才能达成企业的年度目标，所以每年年底或年初每个企业应该做一次工作分析。工作分析之后，企业的编制就确定了下来。之后做人才的盘点：现有在岗人员中哪些人员是可以留任的，哪些是需要晋升的，哪些是需要退出的，哪些是需要培训的，还需要招多少人……这就涉及了下一个模块——聘用管理，意味着该招聘员工了。

（六）聘用管理

招聘包括内部招聘和外部招聘，基于工作分析的结果，人力资源部门配合业务部门做员工的甄选工作。只有合格的人员到岗之后，企业的正常经营才能开展，没有人，一切的规划和计划都是空谈。

（七）薪酬管理

在做完工作分析的基础上，明晰了组织架构、岗位说明书和部门的职责之后，接下来要做岗位的评估。

岗位的评估是要评估各岗位在公司内部价值贡献上都处于什么样的水平。根据价值贡献把企业内的岗位按管理、研发、营销、设计、生产等划分出来等级，就形成了薪酬的结构。然后再结合薪酬调查、绩效的政策，设计出来企业的薪酬体系和福利策略。

（八）绩效管理

绩效管理的源头是企业的年度计划目标或战略目标。企业为了达成目标，首先要搭建企业的三级目标体系，基于目标体系形成配套的KPI指标体系，然后配套资源形成计划；基于企业的目标做工作分析；基于工作分析形成的编制预算做人员的配置（含招聘工作）；基于工作分析形成的岗位说明书做岗位评估，形成薪酬结构；基于人员的配置会涉及人员的猎取和发展，而人员的发展实际上包含干部的选拔和培养，在做干部选拔和培养的时候，还会涉及素质模型、任职资格的设计、培训体系的搭建。所以绩效管理模块可以说是一个平台模块。

当然，绩效考核的结果会应用在员工的培训、晋升、薪酬晋级、评优、人员的进出（员工关系管理）等方面。

（九）企业文化

人力资源管理的模型源头一定是企业的使命、愿景和战略，然后才是围绕着绩效管理去展开的。当然，还有一个模块是企业文化。企业文化这个模块比较特殊，是糅合在所有的管理模块中的。图1-4是企业文化模型：核心是价值观，落地靠制度文化，布道要有表层文化。

以上就是人力资源的管理模型，这个模型说明企业的人力资源的各个模块之间是相互联系的，也是有内推关系的。

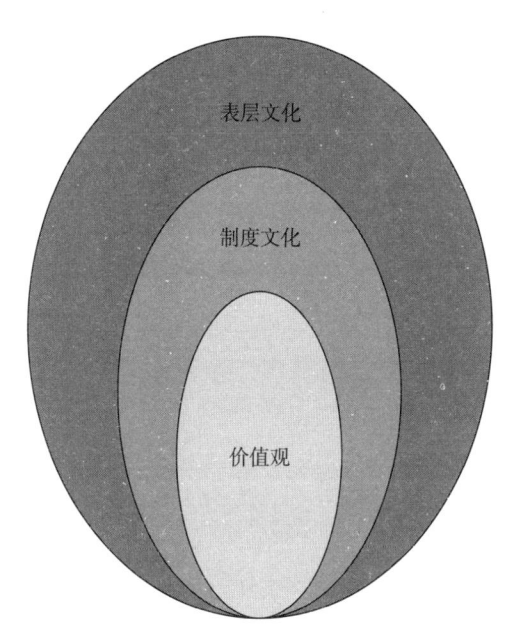

图1-4 企业文化模型

三、基于市场和企业实际情况的三种企业管控模式

我们要把人力资源工作做好，一定要先弄清楚企业的治理逻辑和结构，即企业的三种管控模式，再配置合适的人力资源管控模式。企业的管理界面不同，管控的模式也不同，企业的人员配置也是不一样的。企业如果有总部、分支单位，从总部与下属单位的关系、管理目标、总部的核心职能三个方面，按照分权和集权的比例大小，可将企业的管控模式分为三类：第一类是财务管理型，第二类是战略管理型，第三类是操作管理型（如图1-5所示）。

（一）财务管理型

财务管理型的企业，总部对下属公司是以财务指标进行管理和考核的，总部没有业务管理部门，总部对于下属公司的管理只有财务上

	财务管理型	战略管理型	操作管理型
总部与下属公司的关系	● 以财务指标进行管理和考核，总部无业务管理部门	● 以战略规划进行管理和考核，总部一般无具体业务管理部门	● 通过总部业务管理部门对下属企业的日常经营运作进行管理
管理目标	● 投资回报 ● 通过投资业务组合的结构优化来追求公司价值最大化	● 公司业务组合的协调发展 ● 投资业务的战略优化与协调 ● 战略协同效应的培育	● 各子公司经营行为的统一与优化 ● 公司整体协调成长 ● 对行业成功因素的集中控制与管理
总部的核心职能	● 财务控制 ● 法律 ● 企业并购	● 财务控制 ● 战略规划与控制 ● 人力资源	● 财务管理/战略 ● 营销/销售 ● 网络/技术 ● 新业务开发 ● 人力资源

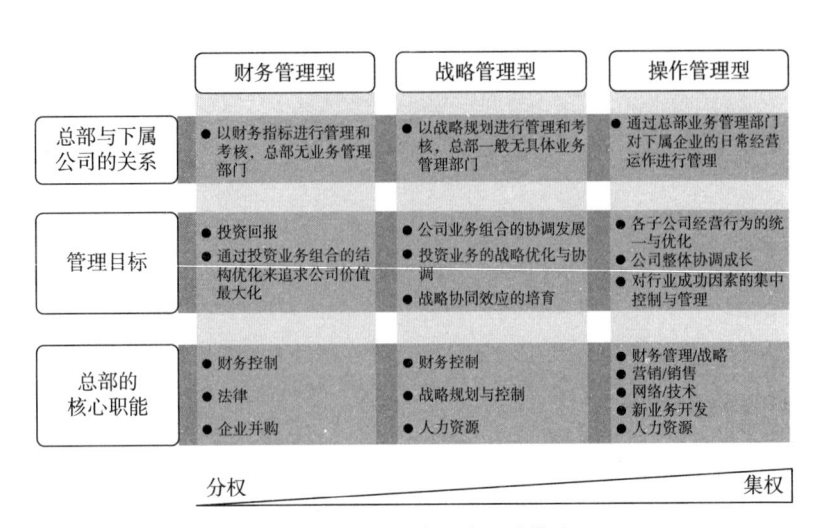

分权 ──────────────────────────── 集权

图1-5 企业管控的三种模式

的指标，即每年做到多大的盘或者挣多少钱即可。这种模式最典型的例子就是巴菲特的公司。财务管理型企业通过资产的配置来实现集团管控的目的。

财务管理型企业的管理目标是追求投资回报。企业投出去的资金，能给企业带来多少回报要提前测算，然后通过投资业务组合的结构优化来追求公司价值的最大化，这也跟公司的风险喜好程度相关。财务管理型的企业可能不过问被投资企业的具体管理动作，但对于投资的业务组合要仔细研究，这些业务之间通过配比高风险和低风险资产的比例，来达到追求价值的最大化或者风险适宜的目的。

总部的核心职能就是财务控制、法律和企业并购。第一个核心职能财务控制就是要控制财务风险，在战略管理型和操作管理型中总部都有财务控制职能，从这一点上看，企业经营的核心目的之一是挣钱。

总部的第二个核心职能是法律。由于财务管理型企业主要是通过投资的模式跟被投资企业发生关系，管控的手段不多，最多签个对赌协议，所以管理的风险还是比较高的，经营中会遇到被投资企业要赖皮的情况。为了控制风险，财务管理型企业一般都会设立法律事务部，主要是对风险进行管控，包含投前投中投后的风险管理，当然也可以委托外部律所，不过内部法律事务部门也是必不可少的。这个职能很重要，尤其是在法律法规不是很健全的国家，企业采用财务管理型的方式还是有比较大的风险的，因为总部没有业务管理部门，对其投资的这些资产的管控很弱，也不派驻管理人员，所以要有一个很强的法律事务部门防范风险。

第三个核心职能是企业并购。因为采用财务管理型的企业追求的是投资业务的组合，投资给谁、为什么投、风险怎么管控，都是投资并购部门要考虑的问题。而投资并购本身也是这类企业最主要的业务，所以选项目、控风险、投后管理的几个关键步骤要走好。

从总部与下属公司的关系、管理目标、总部的核心职能三个方面来看，财务管理型的企业中，总部一般没有什么业务管理部门，几个核心部门人员也比较精简高效。所以这样的管理模式要求总部投资部门、法律部门，还有企业并购部门的人力资源的配备要精简，人员能力要高，至少能以一当十。

（二）战略管理型

战略管理型的企业，总部与下属公司的关系是以战略规划进行管理和考核的，总部一般无具体业务管理部门，这跟财务管理型稍有区别。虽然总部也没有具体的业务管理部门，但是要做战略规划。总部根据大的战略规划提出每年的规划目标，下属单位依据总部的战略要求部署本单位具体的业务工作，年中、年底根据目标达成的情况，总部对下属单位做目标考核。而财务管理型企业多数是通过条文约定的形式做约束的：如果下属单位达到一定规模或收益的话，按照约定应该怎么处理，达不到一定规模或收益的话，又该怎么处理，一般需要事先签一个对赌协议做约束。

战略管理型企业的管理目标是公司业务组合的协调发展，投资业务的战略优化与协调，还有战略协同效应的培育。例如，绿城是一个综合性的房地产公司，除了是开发商之外，前几年又创新出了一个代建的业务，就是在土地储备不足的情况下做其他地产商的代建业务，给其他房地产开发公司做地产的开发建设，包括前期的设计（绿城有设计院）、施工过程中的物料采购（绿城有采购平台），另外还做建设施工，包括监理这方面的管控。这样的操作，实际上意味着其他开发商拿了一块地，绿城代建不仅可以把开发做完，甚至连销售也包了。这就要求绿城的设计、采购、施工，甚至到销售环节，都是协同的，能共享优势资源，充分发挥设计院、采购平台等环节的资源共享优势。

战略管理型总部的核心职能包含财务控制、战略规划与控制和人力资源管理。这里没有提到法律，因为此种管理模式下对于下属单位的管控，总部要派高管，比如总经理、财务总监、董事或监事，这样总部可以有比较直接的管理控制动作。

战略管理型管控模式在当下的国内企业中是比较多见的。总部对下属单位的管控是从大的方向去把握，但又不是放手不管，也不是一竿子管到底。下属单位有相应的权限，而大的战略方向、财务控制、高管的委派和考核等，总部也能抓起来。

（三）操作管理型

操作管理型的企业，总部与下属单位的关系是通过总部业务部门对下属单位的日常经营运作进行管理，是对下属单位控制最强的一种管理模式。一般下属单位有什么部门，总部就有什么部门，而且总部有专门的业务管理部门。

操作管理型企业的管理目标之一是各子公司经营行为统一和优化。要达到步调统一和优化，企业各单位整体协调成长，需要通过对行业成功因素的集中控制与管理，达到集中管控的目的。基本上要求子公司的哪些部门怎么干、什么时候干、在哪里干，甚至干成什么样，都要听总部的指令。

操作管理型总部的核心职能包含财务控制、战略、营销、销售、网络技术、新业务开发和人力资源管理。实际上公司运行的每个模块总部都统筹了，下属单位就是总部的一个部门或者派出单位，权限很小。

财务管理型、战略管理型、操作管理型这 3 类企业管控模式，由于采用的管控力度不同，总部和分支机构人员的配备、人员的数量、人员的能力也是不同的。所以人力资源经理人开展人力资源管理工作的时候，一定要弄清楚总部和分支机构的管控模式，如果搞不清楚，在做人员配置的时候，会出现能力超配或者能力不足的情况。

管控模式的不同，决定了总部和下属单位用人的能力水平和数量的多少。

- 财务管理型企业：总部的人员能力会很强，且人数少，下属单位人员能力强且数量多。
- 战略管理型企业：总部和下属单位比较均衡。
- 操作管理型企业：总部人数多且能力强，下属单位人数少且能力一般。

（四）企业实操案例

接下来给大家介绍一个地产集团 MT 集团的管控模式设计案例。

MT 集团是一家金融控股集团，集团的主要业务是投资，地产业务集团也有涉及，但不作为重点，也没有成立独立的机构来专门管理地产的投资业务，基本上是跟随合作伙伴投资，不做具体管控。从 2009 年开始，集团立项把地产作为一个投资方向，并且把集团已投的 3 个项目丽江、天津、重庆作为基础，成立地产事业部，按照二级集团的模式运营。

在整个运营的过程中，由于是先有项目公司再成立地产总部（地产事业部），所以管理的矛盾冲突不断。2012 年，集团决定做地产模块的流程再造项目，由人力资源部牵头，地产事业部配合，而整个项目是由我来负责的。

经过前期的调研，我们发现地产模块的运营在前期基本上是按照财务管理型来运作的，等地产事业部建立后，总部人员逐步到位，开始往战略管理型转变。但是管理界面没有做划分，大家的权限职责不清，所以总部和项目公司的冲突不断，并且逐步由前期的业务管控的冲突过渡到总部和项目公司接口人员的冲突。

内部调研之后，我们又对国内的大型地产集团做了直接和间接的调研，发现类似的情况在各个集团基本上都出现过，但最终常用的集团管控模式是战略管理型。基于MT集团地产总部和项目公司激烈的矛盾，经过调研分析，我们建议在前期采用操作管理型，逐步把权力集中起来，等管理理顺后再过渡到战略管理型。这就是图1-6所示的模式。

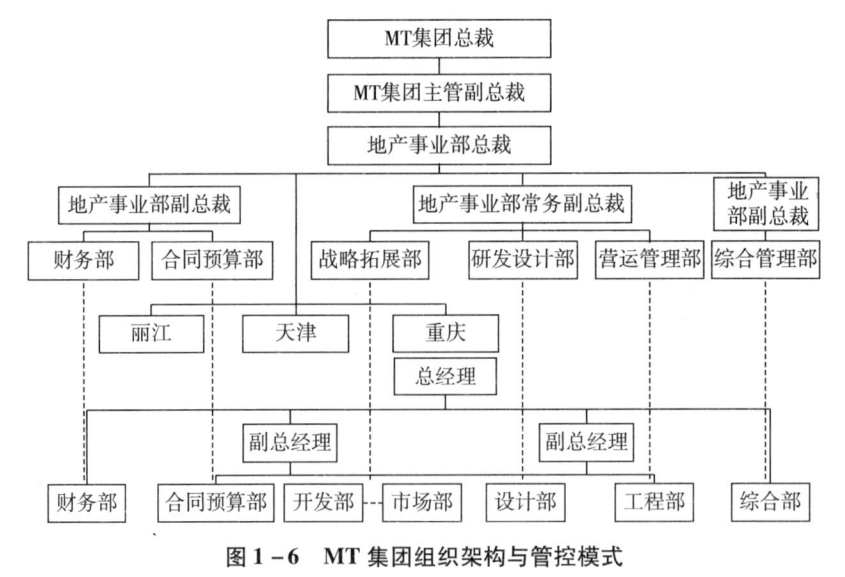

图1-6 MT集团组织架构与管控模式

3个项目公司的财务部（钱）、合同预算部（招采）、综合管理部（人）的部门经理由总部委派，地产模块的总部对它们有70%的业务考核权，项目公司的总经理对这3个部门有30%的业务考核权，项目公司可以推荐部门经理候选人，但是没有决策权。3个项目公司的开发部、市场部、设计部和工程部是具体的业务部门，项目公司的总经理有70%的业务考核权，地产总部有30%的业务考核权，而部门经理由地产总部委派。同时还对各种人财事的权限在管理界面上做了详细规定。

通过这样的梳理，在试运行的过程中虽然不时还会有冲突，但是一有冲突，制度流程的价值就显现出来了：查制度，按照规定办！

四、匹配企业管控模式的三种人力资源管控模式

与企业的财务管理型、战略管理型和操作管理型三种模式对应的企业人力资源管理模式可以归纳为松散管理型、政策指导型和操作指导型三类（见图7-1）。

	松散管理型	政策指导型	操作指导型
特点	• 总部对分子公司基本没有管控，或者只有框架性的政策指导 • 分子公司自行决定并实施各自的人力资源策略及运作方法	• 总部对分子公司进行人力资源管理政策的指导 • 分子公司在总部统一人力资源政策下进行各自的管理操作	• 总部不仅对分子公司进行人力资源管理政策的指导，而且在具体操作层面上给予指导 • 分子公司在人力资源管理政策具体操作上均比较统一
优点	• 各分子公司完全按照自身特点有针对性地决定其人力资源管理策略和模式	• 总部通过人力资源管理政策的指导更好地贯彻实施总部人才管理策略，便于人才流动 • 总部与分子公司在人力资源管理方面分工明确，效率提高 • 总部对分子公司的控制力度加强	• 各分子公司间能够保持人力资源管理政策的一致性，便于人才的流动 • 提高总部对分子公司的管控力度
缺点	• 不同的人力资源模式阻碍了全公司间的人员流动，不利于合理的人员配置 • 造成类似业务单元间的不公平 • 总部对分子公司控制力度弱	• 统一的人力资源管理政策可能忽略分子公司独特的业务和行业特点 • 对总部人力资源管理的能力提出较高要求	• 统一的人力资源政策可能忽略分子公司独特的业务和行业特点 • 总部在人力资源操作方面的管控深度需明确界定

图1-7 三种人力资源管控模式

（一）松散管理型

松散管理型的人力资源管理模式实际上是放养，基本上属于放任自流。虽然可以发挥各下属单位的主观能动性，但是也很容易出现经理人控制的现象。这和财务管理型的集团管控模式只追求财务指标，不追求企业掌控权的特点相对应。

（二）政策指导型

政策指导型的人力资源管理模式只在大的方向上根据公司业务战略和人力资源策略的需要做整体管控，不是非常深入，只要在大的方向上不出问题即可，但是这对于人力资源经理人的要求极高。它同战略管理型的集团管控模式追求大的战略协同、小的经营运作放手的原则相对应。

（三）操作指导型

操作指导型的人力资源管理模式实际上是胡子眉毛一把抓，啥都不放过，总部基本上是"我的地盘我做主，你的地盘我也做主"。管理的量非常大，如果管理界面不清晰的话，很容易出现母子公司扯皮的现象。这也对应了操作管理型的集团管控模式的特点。

企业管控的模式不同，会影响到企业人员配置的数量和质量。只有搞明白了企业管控模式，再配以合适的人力资源管控模式，企业的人力资源管理工作才会顺畅，才会给企业的经营带来助力而不是干扰。

（四）企业实操案例

表1-1的内容是企业人力资源管理的核心要点，包括组织结构、定岗定编、人员异动、薪酬管理和考核管理。当时我们做这个设计的目的，就是解决地产项目公司和总部之间冲突不断的问题。一般国内

企业的发展路径都是先有子公司后有总部,之后子公司不服管理,造成"父子打架"的局面,这种现象比较常见也比较有意思。

表1-1 人力资源管理的核心要点

单位	组织结构与定岗定编	人员异动	薪酬管理	考核管理
集团公司	●审核事业部的组织结构与岗位编制方案 ●了解项目公司的组织结构与岗位编制	●任免与调配事业部高管 ●了解事业部中层及以下人员、项目公司高管人员的任免与调配情况	●审批事业部调薪方案 ●确定事业部高管薪酬与事业部中层及以下人员超出规定范围的薪酬 ●调整事业部人员薪酬 ●了解事业部中层及以下人员规定范围内薪酬的确定情况、项目公司高管薪酬确定与调整情况	●考核事业部高管人员 ●审批事业部整体考核方案 ●了解事业部中层及以下人员、项目公司高管人员考核情况
地产事业部	●审批项目公司的组织结构及定岗定编方案 ●制订并上报事业部组织结构方案及定岗定编方案	●提名事业部副总候选人 ●任免与调配事业部中层及以下人员 ●任免与调配项目公司高管人员 ●调配事业部与项目公司、项目公司之间人员(不含事业部高管) ●了解项目公司内部中层及以下人员任免与调配情况	●上报地产事业部整体薪酬方案 ●确定公司事业部中层及以下人员在规定范围内的薪酬;确定项目公司高管人员薪酬;确定项目公司中层及以下人员在规定范围外的薪酬 ●调整项目公司人员薪酬 ●建议事业部中层及以下人员薪酬调整与超出范围的薪酬确定 ●了解项目公司中层及以下人员规定范围内薪酬确定情况	●上报地产事业部整体考核方案 ●下达事业部各部门及项目公司考核方案 ●考核事业部中层及以下人员、项目公司高管人员 ●了解项目公司中层及以下人员考核情况
项目公司	上报项目公司组织结构及定岗定编方案	●推荐项目公司副总候选人 ●任免与调配项目公司内部中层及以下人员	●上报项目公司薪酬方案 ●确定项目公司内部中层及以下人员在规定范围内的薪酬 ●建议项目公司内部中层及以下人员薪酬调整与超出规定范围的薪酬确定	●上报项目公司的考核实施方案 ●考核项目公司中层及以下人员

如前所述，在管控模式上，我们首先梳理的是地产模块的管理界面，基于当时冲突不断的局面，我们考虑地产模块的管理模式先采用操作管理型，赋权给地产总部，将来理顺了之后可以往下放开授权，集团公司担当股东的职责。

基于这个逻辑，在总部结构和定岗定编的维度，由二级子公司上报项目公司组织结构和定岗定编的方案，即项目公司应该有几个部门、每个部门有多少岗位、每个岗位配多少人。这个方案拟定以后上报到地产集团总部，由地产事业部审批。然后地产事业部制订并上报地产集团的组织结构方案和定岗定编方案给集团公司，就相当于把地产项目公司的管控赋权给了地产事业部。而集团公司要审核地产事业部的组织结构和定岗定编方案，相当于是大股东，通过这个把地产事业部做实了。

关于人员异动，项目公司推荐项目公司副总候选人，任免与调配项目公司内部、中层及以下人员。而地产事业部提名事业部副总候选人，任免和调配事业部中层及以下人员，任免与调配项目公司高管人员，调配事业部与项目公司之间人员（不含事业部高管），了解项目公司内部中层及以下人员任免与调配情况。集团公司任免调配事业部高管，了解事业部中层及以下人员、项目公司高管人员的任免调配情况，这样基本上就把大权力放给地产事业部了。管理界面的划分是一个巨大的工作量，当时我们的项目持续了3个月，而仅这一部分就做了将近一个半月。

管理界面确定清楚了，做公司管控的时候就很清晰了。当然，这里列的仅仅是人力资源的管理界面，还有其他的界面，包括财务、销售、招采、研发和项目的管理界面等。如果这些模块都分清楚了，企业的管理流程就清楚了，组织结构也就明晰了，管理就有章可循了。

🎯 我的职场感悟

人力资源经理处理好与总经理、业务经理和员工的关系是一门技术活

让总经理支持你

接触总经理经常接触的人

多接触总经理经常接触的人，比如总经理助理、研发经理、研发工程师等，把总经理关注的点作为你的工作重点。如果不知道他喜欢什么、关注什么，那你做工作的时候容易心里没底儿。

一定要关注业绩提升和核心能力提升，以增长利润为前提，人力资源部年初的计划或规划的源头一定是企业的年度计划目标或战略目标。

要牢记：人力资源的所有工作都是从业务派生出来的。

提升人力资源项目的成功率

人力资源项目包括工作分析、培训、招聘、薪酬、绩效、企业文化、员工关怀等，这些项目人力资源部尽量都要做。企业每年都会有一些管理抓手，例如效益年、管理年，人力资源部要配合人力资源项目来做，把项目提升到公司层面，这样可以争取到更多的资源支持。当然，前提是不能做砸了。

让业务部门经理支持你

投其所好，先沟通利益再沟通情感。

帮他找到他缺的人

一般业务部门对人力资源部门的职责的理解就是负责招人的，如果人力资源部门的招聘能力很强，业务部门想招个一般人，结果

人力资源招来了一个行业高手，那业务部门经理一定会给你加分的。

熟悉部门的业务特点

要知道这类业务或这一系列岗位用什么激励方式最好，尤其是薪酬激励方式。如果人力资源部能设计好，不仅可以留住员工，还能激发员工出活儿，这样不仅员工满意，部门经理也会满意。

了解部门员工的动向

员工的动向包括现状、心理活动、家庭情况、工作经历、兴趣爱好等，尤其是核心员工。如果人力资源部能做到比业务经理更了解部门员工的情况，实际上对业务经理也能起到鞭策的作用。例如我曾经工作过的一家外企，有80%左右的员工都是我招来的，他们在工作中习惯先跟我交流，例如员工想调薪首先会来找我沟通，这就给业务经理造成了一定压力。

基于员工的职业发展做绩效评估

人力资源部一定不能把绩效只做成"扣钱"，要事先跟部门经理沟通好，不管部门内有没有正态分布，也要从基于提升员工业绩、关注员工成长的角度来做绩效评估。如果人力资源部能从这个视角为业务部门出谋划策，会令它们刮目相看的。

让员工支持你

人力资源部是员工的娘家人。

协助员工做职业生涯规划

人力资源部要为员工设计合理的职业发展通道，协助部门为员工制订职业发展计划，关注员工的职业发展需求。人力资源部能够帮助员工在企业内最大限度地实现自我价值，获得成长，使员工的个人目标与企业发展目标相一致。

多做有利于员工发展的活动

员工活动也属于企业文化的一部分，哪怕只是组织一个足球队或篮球队，下班后组织员工打几场羽毛球也可以。人力资源部要关注员工的身心健康，做一个有温度的人力资源管理者，这样员工会很愿意跟人力资源部交流，即使离职了，也会愿意推荐朋友到公司工作。

第 2 节课
绩效管理的实战理论

第1节课从宏观角度系统阐述了人力资源逻辑模型、人力资源管理模型、三种企业管控模式和三种人力资源管控模式,以建立整体的人力资源管理框架与意识。本节课将全面介绍绩效管理相关理论与实践应用。从我个人20多年的人力资源工作经历来看,国内企业能把绩效管理做到位的不多,多数企业的绩效工作流于形式,甚至被一些管理者用来作为扣分罚款、打击异己的工具。所以本节课我们先来介绍绩效和绩效管理的实战理论。

本节课学习内容:
- 绩效和绩效管理的内涵。
- 绩效管理的4个根本。
- 绩效管理的4个保证。
- 绩效项目实施的实战流程。
- 绩效管理的4个责任。
- 建立绩效管理的4个流程。
- 绩效管理的考核周期。
- 绩效考核的冰山模型。

一、绩效管理是什么

(一) 绩效管理工作在企业实践的情况调查

前几年，国内某知名网站通过网上发放并收集问卷的方式，对互联网、电子信息、制造、建筑、金融、服务、媒体公关广告、教育培训、物流等十余个行业，员工人数从少于 500 人到 5 000 人以上，年销售额从 100 万元以上到 5 亿元以下的企业，进行了绩效管理状况的调查，有效问卷为 1 708 份。调查结果如表 2-1 所示。

表 2-1 绩效效果满意度调查　　　　　　　　　　　　　　　　(%)

项目满意度	绩效计划制订	绩效考核过程	绩效考核方法	绩效考核结果运用	绩效考核实施效果	绩效辅导/反馈	培训发展计划的制订
一般	45.5	49.5	46.3	36.9	45.2	40.2	29.8
不是很满意	17.3	21.7	16.4	24.8	25.4	28.3	35.4
非常不满意	10.4	9.4	8.0	12.8	13.1	17.7	20.8

在所有企业中，民营企业推行绩效的意识最强。调查显示，中国民营企业绩效管理体系建设还处于初级阶段，大部分被调查企业对绩效管理的认识不到位，绩效管理体系尚不完善，还需要进行调整，企业对绩效管理的满意度不高。具体来说，有以下几点表现。

1. 对绩效管理的认识不到位

从绩效管理的目的来看：75.9% 的被调查企业认为"薪酬与绩效结合起来"是绩效管理的主要目的；28.9% 的被调查企业认为绩效管

理的目的是"确定每个员工的绩效目标";19.3%的被调查企业把"改变企业的组织文化"视为绩效管理的目的之一。

从绩效管理制度的制定来看:85.2%的被调查企业的人力资源部门参与了绩效管理制度的制定;82.7%的被调查企业的高层管理者参与了绩效管理制度的制定;59.3%的被调查企业的中层管理者参与了绩效管理制度的制定;16.5%的被调查企业的一般员工参与了绩效管理制度的制定。

从绩效管理制度所起的主要作用来看:5.8%的被调查企业认为"作用很大";20.6%的被调查企业认为"作用比较大"。

从绩效管理/考核对"传递公司战略目标"所起的作用来看:23.6%的被调查企业认为"作用不是很大";14.8%的被调查企业认为"没有什么作用";很多企业认为绩效管理在"传递公司战略"和"推动员工工作业绩的提升"方面并没有发挥很大的作用。

2. 绩效管理体系不健全

在制订绩效计划环节中:被调查企业中46.78%的高层管理者,40%的中层管理者,53.1%的普通员工没有正式的、书面的绩效计划。

在制订培训发展计划环节中:被调查企业中73.11%的高层管理者,71.08%的中层管理者和78.27%的普通员工没有正式的、书面的培训发展计划;有46.4%的被调查企业认为培训发展计划是由管理人员制订的,员工只在形式上参与,其实不起真正作用。

在设立专门的绩效考核组织环节中:19.4%的被调查企业虽然有绩效考核委员会,但是并没有发挥作用;15.7%的被调查企业没有绩效考核委员会,但是打算建立;44.7%的被调查企业没有绩效考核委员会,也没有建立的打算。

在进行绩效考核培训环节中:63.5%的被调查企业根本就没有对任何高层管理人员进行绩效考核的培训;61.7%的被调查企业根本就没有对任何中层管理者进行绩效考核的培训。

在绩效考核结果面谈环节中：40.6%的被调查企业对"在绩效考核后，要求管理人员与员工就绩效考核的结果进行面谈"没有正式的要求。

3. 绩效管理的效果不理想

针对"绩效计划制订"的满意度调查：45.5%的被调查企业认为"一般"；17.3%的被调查企业认为"不是很满意"；10.4%的被调查企业认为"非常不满意"。

针对"绩效考核过程"的满意度调查：49.5%的被调查企业认为"一般"；21.7%的被调查企业认为"不是很满意"；9.4%的被调查企业认为"非常不满意"。

针对"绩效考核方法"的满意度调查：46.3%的被调查企业认为"一般"；16.4%的被调查企业认为"不是很满意"；8%的被调查企业认为"非常不满意"。

针对"绩效考核结果运用"的满意度调查：36.9%的被调查企业认为"一般"；24.8%的被调查企业认为"不是很满意"；12.8%的被调查企业认为"非常不满意"。

针对"绩效考核实施效果"的满意度调查：45.2%的被调查企业认为"一般"；25.4%的被调查企业认为"不是很满意"；13.1%的被调查企业认为"非常不满意"。

针对"绩效辅导/反馈"的满意度调查：40.2%的被调查企业认为"一般"；28.3%的被调查企业认为"不是很满意"；17.7%的被调查企业认为"非常不满意"。

针对"培训发展计划的制订"的满意度调查：29.8%的被调查企业认为"一般"；35.4%的被调查企业认为"不是很满意"；20.8%的被调查企业认为"非常不满意"。

从整个调查的结果来看，绩效管理的全流程在企业中的实践是不成功的！

（二）绩效是什么？

既然所有的企业都重视绩效，都视绩效为企业的生命，那么绩效是什么呢？

有一个关于目标管理的调查数据显示：企业内部各部门之间的冲突有40%是因为部门经理对于公司的目标理解不一致造成的。如果公司内部的中高层对于绩效的概念理解都不统一，那么部门之间的沟通也就只剩下冲突了。

绩效是指在一定的考核周期内，工作所达成的业绩和工作行为所产生的影响（此处的影响叫效果）。这里说的业绩就是关键绩效指标（简称KPI），是从公司分解到部门、从部门分解到岗位的那些量化指标；而行为的影响即效果指标叫关键行为指标（简称KBI）。

1. 关键绩效指标

（1）关键绩效指标的来源

关键绩效指标来自对公司战略目标的分解，这首先意味着，关键绩效指标所体现的衡量内容最终取决于公司的战略目标。当关键绩效指标构成公司战略目标的有效组成部分或支持体系时，它所衡量的职位便以实现公司战略目标的相关部分作为自身的主要职责；如果关键绩效指标与公司战略目标脱离，则它所衡量的职位的努力方向也将与公司战略目标的实现产生分歧。

关键绩效指标来自对公司战略目标的分解，其另一层含义在于，关键绩效指标是对公司战略目标的进一步细化和发展。公司战略目标是长期的、指导性的、概括性的，而各职位的关键绩效指标内容丰富，针对职位而设置，着眼于考核当年的工作绩效、具有可衡量性。因此，关键绩效指标是对真正驱动公司战略目标实现的具体因素的发掘，是公司战略对每个职位工作绩效要求的具体体现。同样的，关键绩效指标随公司战略目标的发展演变而调整。

（2）确定关键绩效指标的过程

①建立评价指标体系。

可按照从宏观到微观的顺序，依次建立各级的指标体系。首先明确企业的战略目标，找出企业的业务重点，并确定这些关键业务领域的关键业绩指标，从而建立企业级关键绩效指标体系。接下来，各部门的主管需要依据企业级关键绩效指标建立部门级关键绩效指标体系。然后，各部门的主管和部门的关键绩效指标人员一起再将关键绩效指标进一步分解为更细的关键绩效指标。这些业绩衡量指标就是员工考核的要素和依据。

②设定评价标准。

一般来说，指标指的是从哪些方面来对工作进行衡量或评价，而标准指的是在各个指标上分别应该达到什么样的水平。指标解决的是我们需要评价"什么"的问题，标准解决的是要求被评价者做得"怎样"、完成"多少"的问题。

③评审关键绩效指标。

对关键绩效指标进行评审的目的主要是为了确认这些关键绩效指标能否全面、客观地反映被评价对象的工作绩效，以及是否适合评价操作。

（3）关键绩效指标举例

指标名称：人均销售毛利增长率。

指标定义：计划期内，产品销售收入减去产品销售成本后的毛利与营销系统平均员工人数之比。

设立目的：反映营销系统货款回收责任的履行情况和效率，增加公司收入，改善现金流量。

数据收集：人力资源部/财务管理部/数据统计部。

2. 关键行为指标

（1）关键行为指标的来源

决定员工行为规范的基础来自企业的岗位说明书及工作流程。因此，关键行为指标主要来源于岗位说明书中对工作职责的描述，以及工作流程中相应岗位的流程控制点。比如出纳岗位记账的行为设置关键行为指标"差错次数＝0次"。

（2）关键行为指标的分解步骤及方法

关键行为指标的分解步骤主要包括确定关键行为、分解关键行为以及建立关键行为量化指标3个步骤。

①确定关键行为。

确定关键行为主要通过鱼骨图的分析方法，对需要控制的目标进行分析。鱼骨图是日本的石川馨教授设计的一种找出问题所有原因的方法，被广泛用于管理领域。鱼骨图就是将造成某项结果的众多原因进行系统的图解分析，并以图2－1的方式来表达结果与原因的关系，因其形如鱼骨而得名。

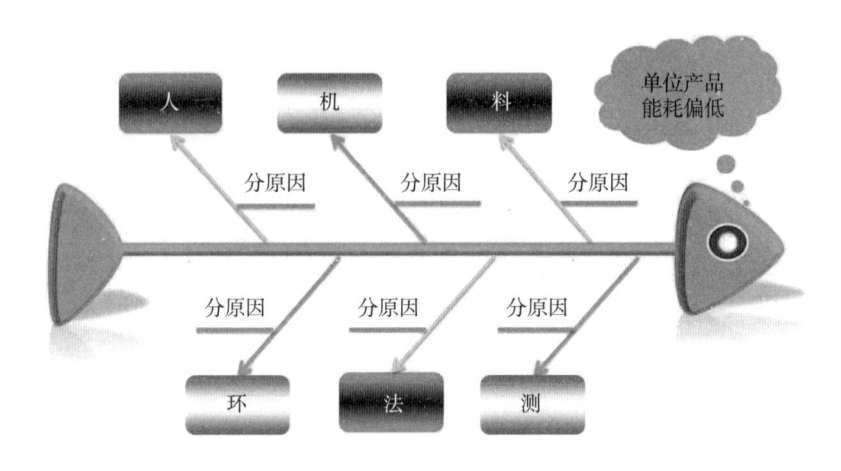

图2－1　鱼骨图示例

我们以对安全生产目标达成的行为控制为例进行分析。影响安全生产的因素主要有人的因素、设备的因素、技术的因素及制度的因素，而每一种因素又受到更具体的、可再分解的小因素的影响。在运用鱼骨图分解时，安全生产为鱼脊，人、设备、技术及制度4个大的影响因素为鱼骨，对每一种因素继续深入分析出中骨及小骨。

②分解关键行为。

在通过鱼骨图分析找到关键行为后,要进一步对关键行为进行分解。分解的依据为岗位说明书,根据不同岗位的工作内容、权限,将关键行为进行对应。比如,"违章"行为在不同岗位职责及权限的行为控制点就不同。班长等进行现场管理的人员,主要控制"未及时制止违章",而操作员、值班中等现场的操作人员,则主要控制"违章作业"。在分解关键行为时最好先将各岗位的工作内容列于表中,再根据不同岗位的主要职责、权限逐一寻找关键行为。

③建立关键行为量化指标。

明确了各岗位需要控制的关键行为后,就可以建立相应的关键行为指标了。在对关键行为指标进行量化时要遵循 SMART 原则,即关键行为指标及其标准必须是具体的(S)、可测量的(M)、可达到的(A)、相互关联的(R)、有时间要求的(T),以便于关键行为指标管理工作能够在方向明确、基础稳固的前提下高效有序地开展。比如,"违章作业次数 0 次""设备台账记录不全的项数"等就是符合 SMART 要求的关键行为指标。

同时,为了确保管理的有效性,要将关键行为指标细化及量化到底。所谓细化到底就是要对关键行为分解得具体并落实到具体的岗位;量化到底不但需要使用具体的数量词,必要时还要对其指标内涵进行界定,即指标定义,明确考核的前提。

④关键行为量化指标举例。

通过以上分析,便可以写出量化了的关键行为指标。我建议使用的工具表格如表 2-2 所示。通常对行为指标的考核周期设为月度,因为行为指标的目的在于过程的控制,如果考核周期设定得太长,则起不到过程控制的作用。

对关键行为指标和关键绩效指标的区分,是提高绩效管理执行力的有力手段,它令企业的行为管理真正步入标准化管理的时代。关键行为指标的量化使绩效指标体系的操作性更强、控制点更具体,也彰显了绩效管理的作用和功能。

表2-2 关键行为量化工具

考核指标或 关键行为点	考核指标或 关键行为描述	评分说明
按时或提前 完成任务	能够按时或提前完成上 级交付的任务，且工作 成果质量高	• 多数任务能够保质保量提前完成加5分 • 多数任务能够保质保量按时完成加3分 • 多数任务不能按时完成扣3分
工作任务 不饱和	当工作任务不饱和时， 能够主动给自己安排工 作或向上级询问是否有 其他工作需要支持	• 符合本项加3分 • 不符合本项扣5分
出勤情况	开工当月工作全勤或极 少请假，且请假有正当 理由	• 当月全勤加5分 • 请假2次以内且有正当理由的加3分 • 请假2次以上但有正当理由的得0分 • 迟到、早退每次扣3分 • 无故不上班每次扣5分

从绩效管理的概念上，我们可以总结出来绩效就是 KPI + KBI 两项内容。除此之外，从工作的实践来看，可以加上否决项，其他的内容和项目不建议作为绩效管理的内容添加进来，因为会带来不必要的干扰和困惑，也会让本应该单纯的绩效管理的内容附加太多的东西，从而变得太重而推进不下去。阿里巴巴考核员工价值观也是把价值观转变成为行为指标来考核的。

（三）绩效管理是什么？

1. 绩效管理的5个误区

在人力资源所有的项目中，绩效管理项目失败的概率最高。我根据自己的工作实践，总结了导致绩效管理总是不到位或者失败的5个误区，下面逐一进行解析。

误区 1： 绩效管理是人力资源部的工作

很多中小企业的总经理会认为：绩效管理是人力资源部的工作。

- 绩效管理是人力资源管理的核心模块，理所当然由人力资源部来做。
- 最高管理者认为自己只负责下达实施绩效管理的指示，剩下的工作全部交给人力资源部，做得好不好，全由人力资源部负责。
- 甚至有管理者认为绩效管理就是各部门在年底把人力资源部门下发的表格填写完毕，大家发完绩效工资即可。

如果只把人力资源部作为绩效管理实施的部门，出现最多的问题是无法控制业务部门的绩效进程，更无法控制考核结果的有效性。同时，人力资源部如果强制推进的话，业务部门经理不支持，时间长了，绩效管理就成了走过场，业务部门经理会怀疑绩效管理能否起到作用，很多时候绩效项目推进到一段时间后就停滞不前了。

绩效管理是业务部门经理的一项工作，作为部门负责人，要明确绩效管理是科学化管理，是提升部门工作效率的一种方法，是企业管理中不可缺少的一部分。人力资源部所扮演的是流程制定、工作表格提供和内部咨询顾问的角色，而每个业务部门经理必须要做的与绩效管理有关的工作包括：

- 部门目标/指标设定与分解。
- 个人目标/指标设定与分解。
- 员工工作辅导。
- 员工阶段性工作完成情况评估。
- 员工持续改进计划。

> **经验提示**
>
> 把绩效当成人力资源部的工作还有一个重要原因，就是人力资源部不懂绩效管理项目的真正实施办法和技巧，而错误地认为人力资源部自己能够完成绩效考核项目推进：组织绩效培训、设计KPI、组织绩效考核（有的干脆代替部门经理直接对员工考核），而业务部门会以"人力资源部不懂业务"为由，否决绩效考核过程。

误区2： 管理者把绩效管理简单等同于绩效考核

有相当一部分总经理和业务部门经理会把绩效管理等同于绩效考核，重视考核过程，而忽略了目标设定、分解、绩效辅导等前期准备，结果是每到月底、月初，人力资源部追着各个业务部门经理要考核表，而各个经理为了应付，直接打一个分来交差。

正如前面所说，业务经理是绩效管理的第一负责人，推导下去，公司高层则是公司级绩效管理的负责人。高层经理要明确：考核不是目的，提升工作效率达成目标才是根本。高层经理要明确自己在绩效管理中的角色定位：

- 主持制定公司级目标/指标，并组织目标/指标分解。
- 对直接下属的管理行为进行辅导。
- 评估下属工作完成情况，提出改进建议。
- 支持人力资源部推动绩效管理工作的实施。

误区3： 绩效管理是一项额外的工作

这是一些公司高层和部门经理的普遍认识，认为绩效管理很麻烦，日常还有很多具体的工作要去做，而绩效管理是一项额外的工作，是公司领导和人力资源部摊派过来的。在这种思想的指引下，绩效考核"走过场"是必然的，就是为了应付交差。

持有这样的观点的经理具有一种普遍的行为，那就是大部分时间都花在了具体的项目和具体的工作上,而忽视了团队管理。但部门经理需要带领团队完成任务,而不是自己泡在项目之中,显得自己很忙或者很高明。

每个部门经理必须要深刻认识到,完成好具体工作是没错的,但带领团队完成任务更重要。经理处理的是新工作,是例外事务,常规工作应当由下属自己完成。而绩效管理是每个管理者不可缺少的一项工作内容。"当你自己把事情完成时,你只是一个技术员;当你通过别人的力量把事情完成时,你才是一个管理者。"绩效管理是管理者通过下属员工的力量完成工作的一种手段。管理者通过将绩效目标进行分解并分配给下属,促使下属完成这些绩效目标从而实现自己的目标。提升各个业务部门经理的管理意识和能力,是做好绩效管理工作的基础。

> **经验提示**
>
> 在推行绩效管理过程中,需要探索一条适合本企业的管理新路,同时也可以利用一些通用的绩效指标的建立方法与推行经验,快速、高效地推进绩效管理工作的开展。
>
> 在推进绩效管理之前和实施的过程中,需要各级人员进行绩效管理的方法培训,引导员工用正确的方法处理绩效管理难题,使员工掌握制定指标、沟通绩效、分析改进绩效等一系列方法。因此,绩效管理不是制度上的一次更新,而是方法上的一次革命。培训形式上,可以采取互动式的模拟教学、现场指导、现场观摩、现场点评、现场答疑等,以增强培训效果,获得员工认可。

误区4: 绩效管理最主要用在发奖金、调工资上

绩效管理真正的价值往往被忽略,很多时候被认为是"发绩效工资、奖金"的依据,于是人们往往是在发年度奖金的时候才想到要做绩效、做考核,于是匆忙上马,结果自然不言而喻。

绩效管理真正的意义包括:

- 通过目标的制定与分解,明确公司和个人的工作重点和目标,让公司所有员工围绕核心目标开展每天的工作，不再是一盘散沙。
- 通过绩效辅导提升员工处理日常事务的能力和技巧，提高公司员工整体素质，进而提升工作效率。
- 通过绩效沟通传递公司管理任务标准，让员工和部门经理对工作结果的标准一致认可，进而减少员工工作的随意性。
- 通过绩效奖金的实施，"奖勤罚懒"，奖励具有优秀业绩的员工。

误区5：把绩效管理作为包治百病的良药

当公司经营出现问题的时候，很多公司高层管理者会将其归因于没有做绩效考核，把所有的责任推到绩效管理不当的头上，认为是人力资源部门的失误，没有做好绩效管理的推进工作。尤其是一些创业不久的新企业，在还没有找到业务模式和团队组建不完善的情况下就着急开展绩效考核，明摆着是想扣钱嘛。

事实上，导致公司出现经营问题的原因有很多种，比如：

- 员工工作没有统一的标准流程，职责不清或者混乱，导致工作效率低下。
- 员工不能胜任工作，达不到职位要求。
- 部门经理管理水平不够，不能有效领导团队。
- 公司薪酬分配机制存在问题，不能做到"按劳分配"。

解决这些问题，需要通过多种人力资源手段的综合应用。比如解决职责不清问题，需要重新设计组织流程，界定各类工作过程和方法；解决员工不能胜任工作问题，则需要通过招聘、培训或组织发展来应对；解决部门经理的管理水平提升问题，则需要通过干部培训、选拔新经理的模式来化解。

绩效能够解决的是统一公司工作重点、工作目标，让每个员工都能够为了公司目标而安排每天的工作，而这个前提必须是：

- 员工能够胜任工作。
- 公司流程清晰，员工能够掌握完成各项工作的技巧和工具。
- 部门经理的管理水平能够达到一定的高度。

2. 绩效管理的3个目的

前文介绍了绩效的概念和绩效管理的5个误区，下面介绍绩效管理的目的。

如同对绩效管理的认识一样，不同的人理解也不一样。公司在推进绩效管理项目时如果没有前后左右对齐的动作，只是为了做绩效管理而推动项目，没有把中高层的思路统一起来，这样做是很可怕的。因为大家思路不一致，执行时就容易跑偏，会让绩效管理承担不应该承担的责任，甚至成为部门扯皮的工具。

绩效管理的目的可以分为如图2-2所示的3个层面。

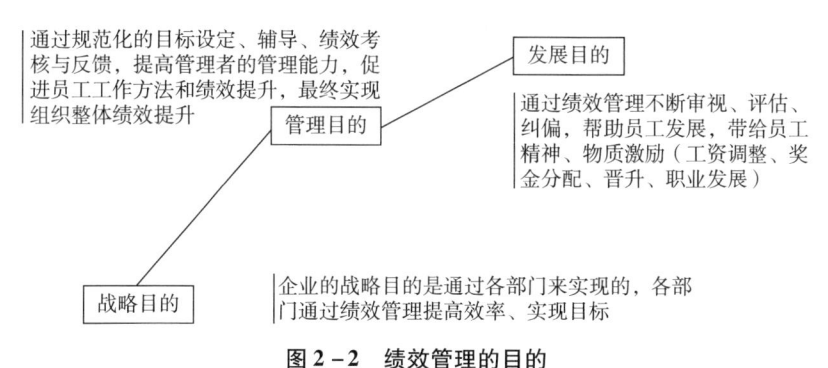

发展目的：通过绩效管理不断审视、评估、纠偏，帮助员工发展，带给员工精神、物质激励（工资调整、奖金分配、晋升、职业发展）

管理目的：通过规范化的目标设定、辅导、绩效考核与反馈，提高管理者的管理能力，促进员工工作方法和绩效提升，最终实现组织整体绩效提升

战略目的：企业的战略目的是通过各部门来实现的，各部门通过绩效管理提高效率、实现目标

图2-2 绩效管理的目的

（1）战略目的

企业无论做战略管理、目标管理、全面预算管理、全面质量管理，还是绩效管理，背后总会隐藏着一个核心目的：达成企业目标。

绩效管理的第一步是三级目标的设计，如果企业战略不清楚，甚至连年度计划都没有，绩效管理就会从顶层失去依据，那么部门二级指标和岗位三级指标的设定就会失去根基，考核的重点就会偏重于行为、职责和工作量，也就是所谓的"苦劳"，而业绩指标的达成，特别是战略目标的达成，也就是"功劳"的考核就会落空。所以绩效管理的战略目的是达标。

企业老板或者总经理推动企业发展的最重要的抓手就是目标，而达成目标的最重要的工具就是绩效管理。

（2）管理目的

①提升经理的管理能力。

绩效管理是一个管理流程，它包括绩效计划、绩效实施、绩效评估和绩效改进，它是一个PDCA的循环过程。

很多企业管理不是很规范，PDCA循环不是那么严谨，有些企业的各部门经理连做月度或者年度计划的格式都不同，年度述职的时候汇报的版本有PPT版、Excel版、Word版、手写版、嘴说版……所以，在企业内推进绩效管理，要求每个月或每个季度至少要做一遍绩效计划，在实施过程中要做员工的辅导，结束之后要做考评，考评完了要做结果的反馈、面谈及改进，这样就是逼着每个部门的领导者带头去完成绩效管理的整个PDCA循环。如果企业内是按照季度去考核的话，那至少一年有4次，这些部门的经理要做绩效的计划、实施、评估和改进，这样基本上就可以把管理能力提升起来了。

②提高员工的工作技能。

每个部门都要承担公司一定的工作目标或者工作任务，而部门经理的工作能力、工作时间、工作经历是有限的。部门目标的达成与部门每一位在岗员工是息息相关的，部门经理能够得到晋升，基本上都是因为工作上有"绝招"，所以在绩效实施过程中，部门经理通过工作辅导，把自己的"独门秘籍"传授给下属员工，从而提高部门员工的工作技能，是部门绩效目标达成的基本保障。

（3）发展目的

绩效管理的发展目的强调的是绩效考核的结果要应用到日常的管理中，不能流于形式。比如年底评优的时候，至少入围的优秀员工的绩效成绩要在部门的前30%；员工工资调整的时候，要依据年度的整体绩效成绩排名；员工晋升的时候，至少要看员工过往2~3年的绩效成绩。

员工的培训和发展也要考虑绩效考核成绩，成绩特别优秀的员工或者骨干，公司可以外派出去进一步深造；成绩比较差的员工，但又还没到开除的程度，就要对其进行内部技能提升的培训等。

这就是发展的目的，把绩效的成绩与员工的未来发展紧密结合起来（详见第7节课）。

3. 企业绩效管理系统

企业绩效管理系统如图2-3所示，包含4个子系统：绩效考评指标体系设计、绩效管理运作体系设计、绩效考评结果应用体系设计和绩效管理系统的诊断与维护。在进行绩效管理体系设计之前要做一些准备工作：明确企业的战略目标，进行工作分析以形成支撑战略的组织架构和岗位说明书，梳理工作流程和编制计划等。

图2-3 企业绩效管理系统

（1）绩效考评指标体系设计

企业绩效管理系统的第一项是绩效考评指标体系设计，根据我个人的经验，目前的企业绩效管理系统失效，多半是由指标系统失效造成的。

要想做好考评指标体系的设计，首先要根据企业战略目标的要求，设计企业层面的 KPI，然后运用各种方法技术将 KPI 分解到一级部门、二级部门及岗位；根据岗位说明书和工作流程的要求设计 KBI，由此构建完整的绩效指标体系。这里涉及的方法有平衡计分卡法和关键成功因素法。

（2）绩效管理运作体系设计

绩效管理运作体系主要包括考评组织的建立、考评方式方法和相关考评工具的设计、考评流程的设计，还包括绩效的实施系统等。这些内容如果不清楚，绩效实施一定会乱套。

（3）绩效考评结果应用体系设计

绩效考评结果应用体系是将考评结果与人力资源管理系统的其他工作环节相结合，发挥绩效管理系统的平台作用，主要体现在绩效考评结果与培训、薪酬以及人员配置等工作的关系上，是关于员工发展的要事，如果设计不好，前面的两个环节做得再好也没有价值。

（4）绩效管理系统的诊断与维护

绩效管理系统的诊断与维护是绩效管理系统的重要环节，有了这个环节，绩效管理系统就形成了闭环。

每隔一段时间，尤其是到了年底，企业需要对绩效管理的各个环节和工作要素进行全面的检查分析，发现问题，解决问题，起到升级当前绩效管理系统的作用。在这里，"绩效管理调查问卷"是一个很好用的工具，可在本章节的附件中查看。

4. 绩效管理的 4 个综合类工具

企业绩效管理的工具有很多种类型，从历史沿革的角度看，有以下的四大类 13 种方法，如表 2-3 所示。

接下来我给大家简单讲解 4 种较为综合且使用较为广泛的方法：目标管理法、KPI 法、BSC 法和 OKR 法。

表2-3 绩效考核方法分类

大类名称	小类名称
品质主导型考核法	排序法、配对比较法、强制分布法
行为主导型考核法	评级量表法、行为观察量表法、关键事件法、行为锚定评价法
业绩主导型考核法	业绩报告法、目标管理法
综合考核法	360度考核反馈、BSC法、KPI法、OKR法

(1) 目标管理法

①目标管理的由来。

1954年，管理大师德鲁克出版了《管理的实践》一书，首先提出了"目标管理与自我管理"。他认为，通过目标管理就可以对管理者进行有效的管理。"企业的目的和任务，必须转化为目标"，企业的各级主管必须通过这些目标对下级进行领导，以此达到企业的总目标。如果每个员工和主管都完成了自己的目标，则整个企业的总目标就有可能达成，于是形成了目标管理的思想。

目标管理是指组织的最高领导层根据组织面临的形势和社会需要，制定出一定时期内组织所要达到的总目标，然后层层落实，要求下属各部门主管以及每位员工根据上级制定的目标，分别制定目标和保证措施，形成一个目标体系，并把目标的完成情况作为各部门或个人考评的依据。它的基本思想可以概括为3个方面。

- 以目标为中心。目标管理强调明确的目标是有效管理的首要前提，并把重点放在目标的实现上，而不是行动的本身。
- 强调系统管理。组织目标的实现有赖于组织的各分目标的实现，总目标和各分目标之间以及分目标和分目标之间是相互关联的，强调目标的整体性和一致性。
- 重视人的因素。目标管理是一种参与式的、民主的、自我控制的模式，也是一种把个人的需求与组织目标结合起来的管理方式。只有使员工发现工作的兴趣和价值，享受工作带来的满足感和成就感，目标管理才能真正成功。

②目标管理的过程。

建立目标体系（P）。实行目标管理，首先要建立一套完整的目标体系。组织的最高决策层首先要制定年度内组织经营活动要达到的总目标，然后经过上下协商，制定下级以及个人的分目标。组织内部上下各单位都有具体的目标，从而形成一个目标体系。当然，目标也可由下级部门或员工提出，由上级批准。

目标设定之后要转化为工作计划。公司和部门层面的目标一般为3~5个，过多和过少都不合适。

组织实施（D）。主管人员应放手把权力交给下级成员，而自己去抓重点的综合性管理。达成目标主要靠执行者的自我管理，上级的管理主要表现在指导、协助、提出问题、提供信息以及创造良好的工作环境上。

考评结果（C）。对各级目标的完成情况和取得的结果，要及时进行检查和评价。凡按期完成目标任务、成果显著的单位和个人，应给予表彰和奖励，以便进一步改进工作，鼓舞士气，为做好下一期的目标管理而努力。对不按期完成目标任务的单位和个人，给予必要的惩罚，甚至在职务上给予降级。

新的循环（A）。根据上一期的考评结果，结合战略目标以及当下的实际情况，制定新的目标，开始新的循环。

(2) KPI 法

①KPI 的由来。

关键绩效指标的概念和关键成功因素法最初由麦肯锡的咨询师丹尼尔于 20 世纪 60 年代提出。但是这些概念的应用与普及是由斯隆商学院的罗卡特在 20 世纪 80 年代完成的，并逐渐演化成定义和衡量企业目标的一项管理技术。

任何企业至少可以在 3 个层次上阐明其组织目标，即愿景、战略和战术。

- 愿景或使命是表达企业存在的最基本的原因。
- 战略目标是企业面对内外部环境，在今后一段时间必须应对的战略焦点，通过战略目标的实现，企业一步步达到愿景。战略目标可使用以下管理技术识别出来：价值链分析、SWOT分析、PEST分析等。
- 战术目标是战略目标更具体化的表述。战略目标是一种较高层次的表述，必须被切分成更为具体的战术目标，从而能够有针对性地设计战术计划（如预算）、分摊责任、制定量度办法等。所以，对这些战略目标进行分析，就能够找出影响成功的KSF（关键成功因素），而KPI是可以度量的标准，用来衡量企业绩效是否达到KSF的要求，每一个KSF至少有一个衡量指标以及预算目标。所以，战术目标就是KSF、KPI和预算目标之和。

②KPI管理的过程。

建立KPI体系（P）。假设企业的年度销售目标是10亿元，这是企业战略目标拆分到当年的一个年度计划目标之一。为了更好地测量10亿元销售收入目标的完成质量，我们可以进行以下分析：

- 依据目标管理的PDCA逻辑，为了更好地衡量10亿元的目标，年底的时候按照销售收入达成率来考核是一般企业的常规做法。
- 企业如果存续一段时间后，总会有新产品和老产品，往往新产品是企业的战略重点，所以为了评估10亿元销售收入的质量，可以设计新老产品占比这个KPI指标，同时这个指标也是衡量研发部门质量的指标之一。

- 企业业务范围除了原有区域，还会拓展到新的区域，所以即使企业产品比较单一，也会存在新老区域业务占比这个 KPI 指标。

综上，销售收入这个目标可以用 3 个 KPI（销售收入达成率、新老产品占比、新老区域占比）来衡量，所以说 KPI 体系是目标体系的测评系统。

一般情况下，对应目标管理的 3~5 个目标数量，公司级的 KPI 数量建议在 10~15 个。

组织实施（D）。上下级把绩效指标转化为工作计划，逐步实施。在实施过程中要时时沟通。

绩效评估（C）。期末，根据绩效计划实施的效果，上级对下级的绩效达成情况进行评估，并组织绩效面谈。

绩效改进（A）。上下级之间根据整个绩效期间的达成情况，对工作进行研讨，好的地方继续保持，差的地方，分析原因，找到改进方案，同时拟定下一个周期的绩效计划。

(3) BSC 法

①BSC 的由来。

BSC 即平衡计分卡，是罗伯特·卡普兰和大卫·诺顿发明的绩效管理工具，他们在 1992 年 1~2 月号的《哈佛商业评论》发表《平衡计分卡——渠道业绩的指标》一文，并在 1996 年出版《平衡计分卡——化战略为行动》一书。BSC 的发展经历了 3 个时期。

BSC 时期。传统的财务会计模式只能衡量过去发生的事项（结果因素），但无法评估企业前瞻性的投资（领先的驱动因素），因此，必须改用一个将组织的愿景转变为一组由 4 项观点组成的绩效指标架构来评价组织的绩效。此 4 项指标分别是：财务、客户、内部运营、学习与成长。

BSC + 战略地图时期。战略地图的构成文件主要是"图、卡、表"。所谓"图、卡、表"是指"战略地图""平衡计分卡""单项战略行动计划表",它是运用战略地图来描述战略的3个必备文件。

BSC+战略地图+战略中心组织时期。罗伯特·卡普兰和大卫·诺顿阐明了构筑以战略为中心的组织的5项关键原则:

- 将战略转变为业务术语。
- 使组织与战略一致。
- 使战略成为每个人的日常工作。
- 使战略成为连续的过程。
- 通过果断、有效的领导方式动员变革。

一般情况下,公司级的KPI在25个左右。

②BSC的过程。

建立指标体系(P)。BSC的指标体系是从财务、客户、内部运营和学习与成长4个维度进行的,具体分为5个步骤:

- 定义远景。
- 设定长期目标(时间范围为3年)。
- 描述当前的形势。
- 描述将要采取的战略计划。
- 为不同的体系和测量程序定义参数。

组织实施(D)。根据拟定的战略计划,各单位逐步实施,在过程中时时沟通,如果出现较大的偏差,调整计划。

绩效评估(C)。期末,根据计划实施的效果,上级对下级的绩效达成情况进行评估,并组织绩效面谈。

绩效改进(A)。上下级之间根据整个绩效区间的达成情况,对工作进行研讨,好的地方继续保持,差的地方,分析原因,找到改进方案，同时拟定下一个周期的绩效计划。

（4）OKR法

①OKR的由来。

说到OKR，必须要提到一个人——安迪·格鲁夫，他在1987—1998年担任英特尔的CEO（首席执行官），带领公司从一家存储器芯片制造商成功转型为全球微处理器领域的霸主。安迪·格鲁夫是与彼得·德鲁克同时代的人，他对目标管理非常青睐，在1976年他还是英特尔的COO（首席运营官）的时候，他把目标管理引入了公司。不过他对模型进行了修改，把它转变成了今天我们绝大多数人所看到的这个框架。在安迪·格鲁夫看来，一个成功的OKR系统需要回答两个问题：

- 我想去哪儿？
- 我如何调整节奏以确保我正往那儿去？

还要再说另外一个人——约翰·杜尔，他最早供职于英特尔，现在是硅谷著名的投资公司凯鹏投资的合伙人，约翰·杜尔是安迪·格鲁夫的追随者之一，在投资谷歌后，他把OKR引入了谷歌。

②OKR的过程。

建立OKR（P）。OKR的创建包括5个阶段：创建、精练、对齐、定稿和发布。

- 创建：为1个目标起草1~4个很有挑战性的关键结果。
  技巧：以小团队方式运作。
- 精练：把OKR草案提交给整个团队，通过研讨会进行刷新。
  技巧：大团队运作，确定关键结果评分办法。
- 对齐：识别依赖关系，联合定义关键结果。
  技巧：同其他团队面对面讨论并就依赖关系达成一致，据此刷新关键结果。

- 定稿：把关键结果提交上级进行批准。

  技巧：在上级审核时讲明 OKR 及其输出过程。

- 发布：沟通并发布 OKR。

  技巧：把 OKR 放在人力集中的位置，在全员大会以及团队会议上沟通 OKR。

一般情况下，一个公司设计 2~5 个目标，每个目标设计 2~4 个关键结果为宜。

组织实施（D）。根据拟定的 OKR，各单位逐步实施，在过程中时时沟通，如果出现较大的偏差，调整计划。

评估（C）。期末，根据实施的效果，上级对下级的 OKR 达成情况进行评估，并组织面谈。

改进（A）。上下级之间根据整个期间（一般为季度）的达成情况，对工作进行研讨，好的地方继续保持，差的地方，分析原因，找到改进方案，同时拟定下一个周期的 OKR。OKR 一般不做绩效考核的成绩。

目标管理法、KPI 法、BSC 法和 OKR 法这 4 种综合的绩效管理工具，发展的时间可能有所差别，但基本的实施流程都是按照 PDCA 进行的，说白了 4 种工具的内核还是 MBO。当指标与目标出现偏差的时候，还是要以目标为主。也就是说，根本不存在一、二、三、四代绩效管理工具的说法，源头还是目标。所以，绩效管理目标是为了达标，绩效管理是战略落地的工具，这是我 20 多年工作和培训咨询实践的总结。

5. 绩效管理是企业战略落地的工具

《管理学》的作者斯蒂芬·P. 罗宾斯在书中这样定义管理："管理是指同别人一起，或通过别人使活动完成得更有效的过程。"这个过程包括计划、组织、领导和控制 4 个动作，也就是我们日常所讲的 PDCA

螺旋，如图2-4所示。所以，当上级批评我们管理能力不行时，一定要问一下是P、D、C、A的哪个模块不行，这样有助于改正行为。

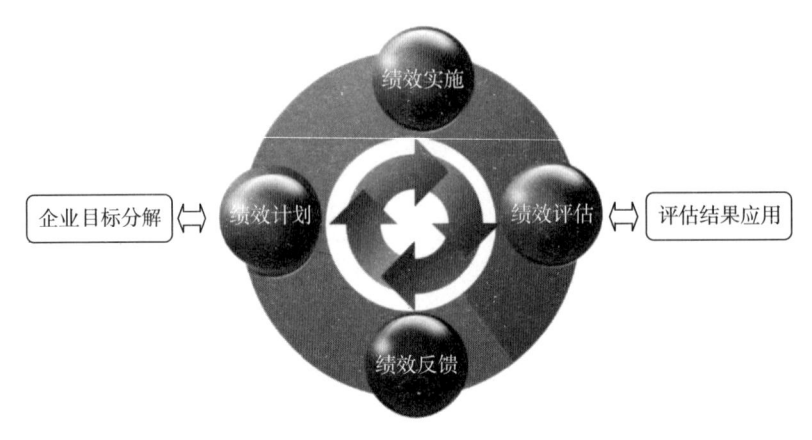

图 2-4 绩效管理的 PDCA

而绩效是指在一定的考核周期内，工作所达成的业绩和工作行为所产生的影响（此处的影响叫效果），也就是KPI和KBI。

绩效管理就是把绩效（KPI和KBI）放到管理的PDCA中去。所以说绩效管理就是指日常的管理活动要围绕着KPI和KBI展开，如果企业的经营活动与业绩和效果无关，基本上就属于浪费资源了。

而KPI和KBI的来源一方面是企业战略和年度计划，另一方面是职责和流程，所以说绩效管理是企业战略落地的工具。

二、绩效管理的 4 个根本

（一）一把手工程——公司总经理具有"总经理是绩效管理的第一责任人"思想

绩效管理是企业战略落地的工具，所以绩效管理是"一把手工程"，仅靠人力资源部来推动公司绩效管理，成功概率基本为零，每个公司的总经理必须要明确"自己是绩效管理的第一责任人"，要做到以下几个工作内容：

- 制定公司战略目标，对战略进行解码，并组织目标分解，评审各个业务部门的工作目标。
- 支持人力资源部推进绩效项目，主持相关会议并保证绩效项目推进的优先性。
- 对直接下属进行绩效辅导。
- 对直接下属实际完成工作情况进行评价。
- 组织与下属的绩效沟通。
- 监督检查各个业务部门绩效管理推进落实情况。

> **经验提示**
>
> 让总经理具有"总经理是绩效管理的第一责任人"思想的3种具体方法为：让总经理参加有关绩效管理的培训（事先要了解讲师的讲解内容）、推荐优秀书目、与总经理进行单独沟通。
>
> 这是做好绩效管理的基本前提，如果这个前提不具备，可能导致的结果就是：总经理自己不给下属定目标，不认真评价，不做绩效沟通。"上行下效"，自然，部门经理也就不会重视绩效管理了。

（二）获得业务经理的支持

推进绩效管理项目和推进其他人力资源项目最大的不同点在于：绩效管理需要所有业务部门经理全程推进，需要业务部门经理掌握绩效管理的技巧和方法，自己能够制定和分解目标，设计部门 KPI，组织绩效考核和沟通。而在此过程中，人力资源部所起的作用是推动和组织。

获得业务部门经理支持的两个技巧是：

- 获得高层的信任。
- 与业务部门经理建立良好的合作关系。

如果绩效管理工作不能够被业务经理接受和实施，那么最终的结果是两层皮：业务部门填表交表时会按照人力资源的格式去做，而真正的实际工作该怎么样还是怎么样。

（三）将绩效管理工作转化为日常工作

这是绩效管理项目落地的保证工作。从本质上讲，日常的工作计划就是 MBO，是绩效管理的一种模式，而我们日常说的绩效计划实际上是 KPI + MBO 的模式。所以说绩效计划和日常的工作计划是一回事，差异仅仅是形式上的。

要把绩效管理转化为日常工作，需要两个技巧：

- 把年度绩效计划拆分到季度、月度、周。
- 认真落实绩效计划。

（四）人力资源部要懂得在公司不同发展阶段和绩效基础下的绩效推进技巧和方法

绩效管理项目失败的一个重要原因就是人力资源部不懂得如何推进绩效管理项目，相比于其他人力资源工作，绩效管理成功的案例非常少，大部分绩效考核推进的思路都来源于教科书、演讲讲义中，而不是优秀公司的实践经验。

作为绩效管理项目推进负责人，人力资源经理人需要掌握以下绩效项目推进的技巧和方法：

- 一定要非常清楚绩效管理的目的，不给绩效管理施加不能实现的目标。
- 掌握项目推进的技巧和方法，能够根据公司的不同发展阶段，协助公司最高管理者梳理工作重点和目标，并组织有效分解。

- 同时还必须要对各类评估的流程、技巧了如指掌，能够指导各个业务部门经理进行有效评估。
- 根据各个业务部门经理的工作特点，采取不同的绩效管理项目推进方式。

> **经验提示**
>
> 很多绩效负责人醉心于研究 KPI 设计的方法和技巧。在绩效项目开始阶段，先让业务部门经理写 KPI，写不出来，就亲自上阵，制造出专业的"KPI 词典"，然后开始推行，结果使部门经理对此非常反感，认为人力资源部不懂业务、干涉业务部门的日常管理、设计的 KPI 脱离实际等。
>
> 事实上，以 KPI 设计为起始的绩效项目几乎都处于失败状态。最好的方式是和业务部门经理建立良好的合作关系，帮助业务部门梳理流程、工作重点和目标，在稳定成熟的业务中提炼 KPI 并标准化。

三、绩效管理的 4 个保证

（一）基于战略和预算的目标计划管理体系

公司的绩效管理过程实际就是目标管理过程，推进绩效管理项目首先要做的就是梳理设计公司的目标管理体系。

1. 基于战略的目标计划体系

设计目标要以公司战略为基础，同时要充分考虑到提升公司的核心运营能力。在设计公司目标前，要明确以下几个问题：

- 公司希望成为一个什么样的公司（有没有标杆）？
- 公司 3 年后的状态是什么？
- 公司今年的经营策略和重点是什么？

- 公司现在急需加强的能力是什么？
- 公司今年的各项目标是什么？

这是进行绩效管理的基础，一方面公司高层管理者要理清楚、想明白，同时人力资源部也必须要认识到目前公司存在的问题、未来的目标和方向、下一步要做的工作。

如图2-5所示，企业绩效管理的逻辑是先有使命（企业为什么存在），再有价值观（什么对企业最重要，什么可以做，什么不可以做），然后是愿景（企业要到哪里去，企业的希望是什么），最后是战略（企业的对策，实现企业愿景的选择路径是什么），通过战略地图诠释战略，通过平衡计分卡生成KPI，再给KPI配上目标值和战略行动计划（企业需要做什么），从战略到目标，最终落实到每个经理、员工的日程中，这是绩效的基本要求，要让每个员工每天的工作行为都为了公司的生存和发展，都紧紧围绕公司战略、目标展开。

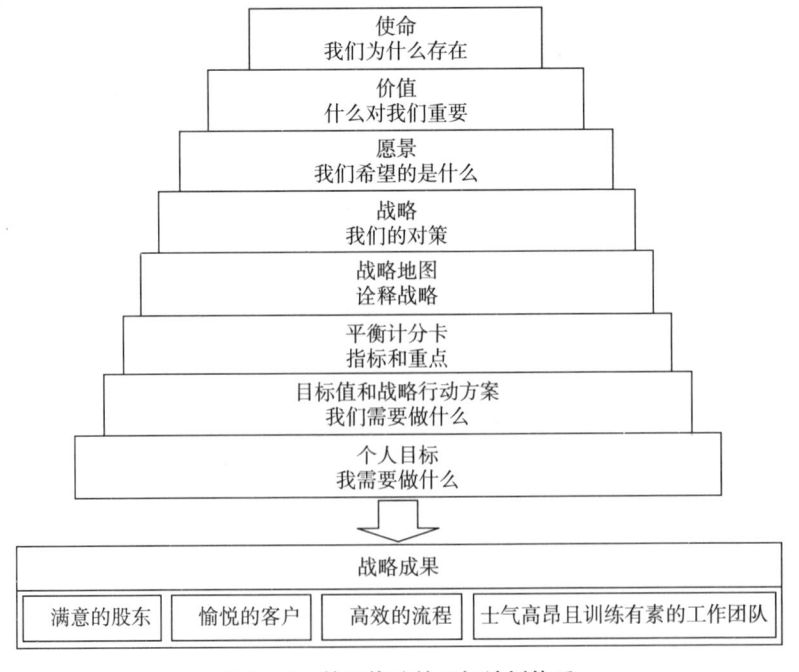

```
            使命
         我们为什么存在
          价值
        什么对我们重要
          愿景
       我们希望的是什么
          战略
        我们的对策
         战略地图
         诠释战略
        平衡计分卡
        指标和重点
     目标值和战略行动方案
       我们需要做什么
         个人目标
        我需要做什么
              ↓
           战略成果
  满意的股东 | 愉悦的客户 | 高效的流程 | 士气高昂且训练有素的工作团队
```

图2-5　基于战略的目标计划体系

第 2 节课　绩效管理的实战理论

图 2-6 是战略展开的一般模式。通过战略计划的层层实施和推进，最终达成 4 个结果：满意的股东、愉悦的客户、高效的流程、士气高昂且训练有素的工作团队。

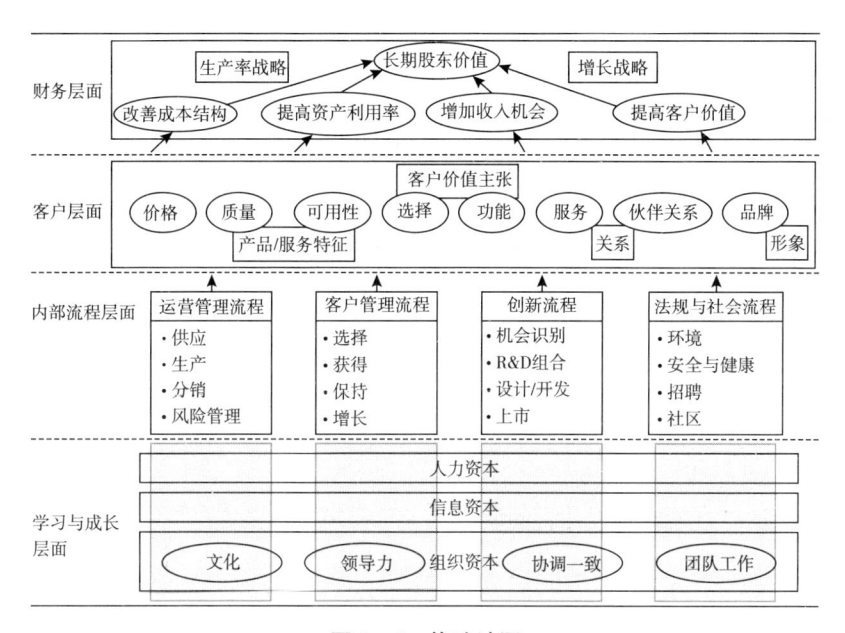

图 2-6　战略地图

2. 基于预算的目标计划体系

首次实施绩效项目的企业一般都会面临无从下手的问题，不管听没听过绩效管理的课程，看没看过绩效管理的书籍，企业经理和人力资源部都是很困惑的，不知道考什么，不知道该怎么操作，这里给大家一个务实的建议，即可以根据预算的逻辑关系设计目标管理体系。

公司的经营结果主要体现在两个方面：规模、利润。成熟的、具有一定规模的企业一般对企业的管理是预算管理。最终的结果是净利润，也就是图 2-7 所示的销售利润预算。为了达成比较理想的销售利润，需要扩大产品销售收入、控制销售成本；产品收入的预算取决于产品销量和定价；销售成本预算取决于产品成本控制和制造费用控制；产品销量预算受控于产品产量；产品成本受制于产品产量、原材料耗用、制造费用预算；原材料耗用和原料采购紧密相关。实际上，为了达成公司的规模和利润指标，公司价值链的各个环节是相通、相互制约的。

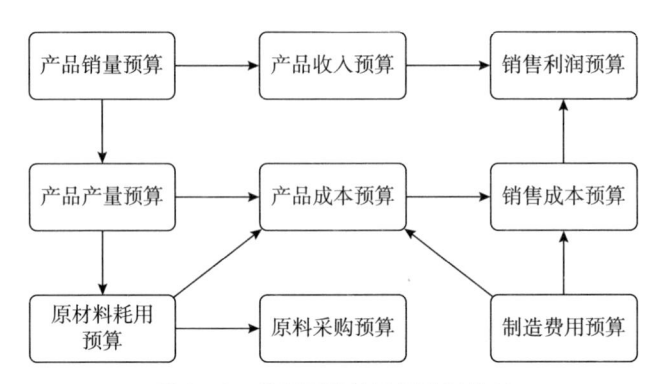

图 2-7 基于预算的目标计划体系

所以，绩效管理项目的成功推进需要和公司整体预算体系进行配合，公司的经营目标都是以基本的财务目标为基础，要明确各项指标的目标，同时要明确各个指标对应的职位，这样在做目标分解时才不会出现偏差，如表 2-4 所示。

表 2-4 指标对应的职位

指标	责任职位
收入	销售类/市场类
成本	采购类/生产类（通过控制进度、提高原材料使用效率）
毛利	业务单元负责人
费用	各个部门
净利润	最高管理层

公司各项经营目标都要以预算为基础，先从财务角度出发进行目标设定和分解，再加上其他各项工作目标，进而形成公司的目标管理体系。目标与指标体系设定完毕之后，要转化为工作计划，并在时间

维度下进行拆解。总之，指标纵向是拆分，横向是分工，时间维度是拆解，这三步一步都不能少。

绩效指标的设计方法有很多种，本书将介绍两种——BSC 和 KSF，在绩效指标设定和分解环节中会详细阐述。

（二）科学合理的绩效评估体系

设定目标是一项前瞻性工作，而绩效评估则是根据评审规则按照约定时间对目标实际完成情况进行评价，评估的目的在于帮助员工梳理工作目标和实际完成情况的差距，从而发现员工存在的问题，进行管理改进。

1. 科学合理的绩效评估体系所包含的内容

科学合理的绩效评价体系包含两个方面的内容：一是建立绩效管理的工作组织部门，包括绩效管理委员会和负责绩效运营的日常管理小组；二是绩效管理工作在企业开展的组织工作。

（1）考评组织部门的设置

为了保证企业绩效管理工作的顺利开展，应该建立绩效管理委员会。委员会由企业领导班子成员和财务部、人力资源部、战略规划部以及核心业务部门的主要负责人组成。

- 企业绩效管理的最高权力机构。
- 领导和推动企业的绩效管理工作。
- 研究绩效管理重大政策和事项。
- 设计方案与实施控制。
- 解释现行绩效管理方案的具体规定。
- 临时处理涉及绩效管理但现行政策未做规定的重大事项等。

（2）绩效日常管理小组（绩效管理委员会办公室）

绩效管理委员会下设绩效日常管理小组，可以由战略规划部、人力资源部、财务部组成。管理小组具体负责日常的绩效管理工作，比如企业、部门 KPI 指标数据的收集以及 KPI 指标考评分数的核算等。

战略规划部负责以下事务：

- 按照企业战略任务目标及企业年度目标，向委员会提出年度 KPI 及具体指标值的调整方案。
- 收集、整理、分析有关 KPI 内部反馈信息，及时提出调整建议。
- 提供年度和月度考评参数。
- 对 KPI 考评执行情况进行监督、检查，并汇总各考评部门的意见，根据考评情况提交奖惩报告。

人力资源部负责以下事务：

- 收集、整理、分析有关绩效管理运作体系的反馈信息，对考评体系的设计和调整提出建议。
- 向委员会提出所有部门 KBI 及指标值的调整方案。
- 对绩效结果的运用提出建议。
- 指导和督促绩效管理日常工作的开展。
- 负责汇总计算绩效分值并形成报告。

财务部负责从资金流向及运行效率上，运用各种财务指标收集信息，对企业各部门年度 KPI 指标的制定、执行及其完成情况进行统计、监督和检查。

2. 考评方式与方法

在绩效评估中，对组织的考评与对人的考评是两个不同的概念，前者是在绩效管理过程中对组织的人格化。之所以将组织视为被考评对象，给其确定绩效指标，一个重要原因是为了将员工的努力方向和组织职能工作相结合，这样就使员工的绩效和组织的绩效相结合，增加组织内部人员的团队意识。一般情况下，把组织的绩效作为领导者的绩效，也可以为领导者单独设计 KBI 指标。

(1) 根据指标类别不同，可以把考评方式分为两种

考核即"考量+核算"，是针对数量化的指标所采取的考评方法。根据事先制定的指标标准，结合实际完成情况，客观地对被考核者考核。在实际操作中，各级 KPI 都采用这种考评方式。

评议即"评价+议论"，是对难以量化的定性指标所采用的考评方法，具体操作是由几个考评者对被考评者的定性指标完成情况进行讨论，根据一致意见进行打分。在实际操作中，有些 KBI 采用这种考评方式。

(2) 根据考评者和被考评者的关系不同选择考评方式

考评者和被考评者的地位并不是固定的，根据两者的关系可以把考评方式分为上级考评、下级考评、同级考评、外部考评、隔级考评和 360 度考评等。目前最常用的是上级考评。其他形式的考核，尤其是 360 度考核，建议在干部晋升的时候使用，不作为绩效考评的方式。

(3) 考评的流程

图 2-8 是绩效评估体系的全流程，包括 4 部分的内容，具体如表 2-5 所示。

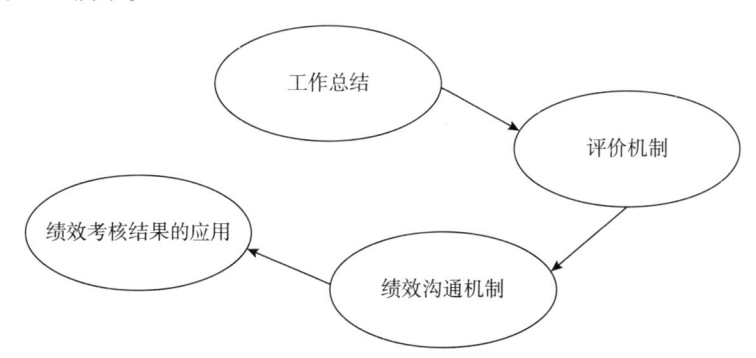

图 2-8　健康有效的绩效评估体系流程

表2-5　绩效评估体系

项目	工作内容
工作总结	按照月度、季度、年度进行工作总结，对各项工作目标的完成情况进行统计，同时对各类计划外的工作进行汇总
评价机制	包括员工自评、主管评价、间接主管审核等步骤，同时还需要明确评价的标准和方法，以保证评价结果的有效性
绩效沟通机制	这是绩效评估中最容易形式化和被忽视的内容，需要主管经理和员工进行有效沟通，沟通的主要目标是达到双方对各个目标及评估标准的统一
绩效考核结果的应用	考核结果与绩效工资、奖金、晋升、培训、调薪、评优等挂钩

（三）绩效辅导与面谈

1. 绩效辅导

绩效辅导阶段在整个绩效管理过程中处于中间环节，也是绩效管理循环中耗时最长、最关键的一个环节，是体现管理者和员工共同完成绩效目标的重要环节，这个过程的好坏直接影响着绩效管理的成败。

绩效管理强调员工与主管的共同参与，强调员工与主管之间形成绩效伙伴关系，共同完成绩效目标的过程。这种绩效伙伴关系在绩效辅导阶段主要表现为持续不断的沟通。具体来讲，绩效辅导阶段主要的工作有持续不断的绩效沟通、收集数据形成考核依据。

绩效管理的重点过程不仅包括目标设定和绩效评估，日常的绩效辅导也是绩效管理的关键环节。绩效评估只能发现员工的问题，不能立刻提升员工的能力，而绩效辅导是提升员工工作效率的最重要的方法。因此，人力资源经理需要建立内部工作安排、辅导的指导方法和技巧，并以干部管理培训和干部任职资格的标准方式传递到每个部门经理处，要保证每个业务部门经理都能够熟练掌握提升员工绩效的工作方法和技巧。

- 以结果为导向的工作任务布置。
- 督导技巧。
- 员工工作检查。
- 项目进度控制与过程管理。
- 员工辅导技巧（工具技能提升）。
- 员工激励。

2. **绩效辅导面谈的技巧**

在绩效面谈时，考评者应关注以下几个方面的技巧问题：

- 考评者一定要摆脱自己与被考评者的位置，双方应当是具有共同目标的交流者，是一伙的，面谈就是交流。
- 通过正面的鼓励或者反馈，关注和肯定被考评者的长处。
- 要提前向被考评者提供考评结果，强调客观事实。
- 鼓励被考评者参与讨论，发表自己的意见和看法，以核对考评结果是否合适。
- 针对考评结果，与被考评者协商，提出未来计划期内的工作目标与发展计划。

（四）积极的绩效改进

绩效改进是指确认工作绩效的不足和差距，查明产生的原因，制定并实施有针对性的改进计划和策略，不断提高竞争优势的过程。

绩效改进是绩效考核的后续应用阶段，是连接绩效考核和下一循环计划目标制定的关键环节。绩效考核的不仅仅是为了确定员工薪酬、奖惩、晋升或降级的标准，员工能力的不断提高以及绩效的持续改进才是其根本目的，而实现这一目的的途径就是绩效改进。

1. 绩效改进的基本步骤

绩效改进的形式多种多样，但其过程大致上可以分为以下几个步骤。

- 分析员工的绩效考核结果，总结员工存在的问题。
- 针对存在的问题，制订合理的绩效改进方案，并确保其能够有效实施，如个性化的培训等。
- 在下一阶段的绩效辅导过程中，落实已经制订的绩效改进方案，尽可能为员工的绩效改进提供知识、技能等方面的帮助。

2. 绩效改进的4个要点

绩效改进计划设计的目的在于使员工改变其行为。为了达到目的，必须符合以下4个要点。

- 意愿：员工自己想改变的愿望。
- 知识和技术：员工必须知道要做什么，并知道应如何去做。
- 气氛：员工必须在一种鼓励他改进绩效的环境里工作，而造就这种工作的气氛，最重要的因素就是主管。员工可能因畏惧失败而不敢尝试改变，这时，需要由主管去协助他们，帮他们建立信心。
- 奖励：如果员工知道行为改变后会获得奖赏，那么他改变行为的意愿就会强烈。奖励的方式可分为物质和精神两方面。物质方面包括加薪、奖金，或其他福利；精神方面则包括表扬、加重责任、更多的自由与授权等。

四、绩效项目实施的实战流程

图2-9是根据我在企业的绩效项目实施经验总结的绩效项目实施流程，这个流程包含5个阶段：策划阶段、计划阶段、准备阶段、实施阶段和评估阶段。

	策划阶段	计划阶段	准备阶段	实施阶段	评估阶段
工作要点	·高层大力支持 ·清晰界定公司战略和策略 ·明确组织结构和职责分工 ·定义绩效项目范围 ·确定工作方法 ·确定项目计划	·高层宣导 ·项目组沟通 ·确定入手点 ·信息收集 ·起草发布绩效考核流程 ·工具表单开发 ·全员培训	·建立和确定模型 ·历史数据收集 ·对奖金进行测算 ·讨论确定公司级工作重点和目标 ·工作重点和目标分解全部门、职位 ·设计、确定KPI要素 ·确定数据汇总 ·设计完成考核表 ·签署业绩合同	·评估工作计划 ·绩效辅导 ·中期监控 ·绩效考评 ·绩效沟通 ·结果评审及公布 ·兑现	·效果评估 ·项目总结 ·改进建议
关联职位	高层、人力资源总监、人力资源经理	高层、部门负责人、人力资源部	高层、部门负责人、全体员工、人力资源部	高层、部门负责人、全体员工、人力资源部	高层、部门负责人、全体员工、人力资源部

图2-9 绩效实施流程

（一）绩效项目策划阶段

策划阶段的主要工作有以下几项：

- 高层大力支持。
- 清晰界定公司战略和策略。
- 明确组织结构和职责分工。
- 定义绩效项目实施范围。
- 确定工作方法。
- 确定项目计划。

1. 高层大力支持

这就是前面讲到的一把手工程。如果企业的高管，尤其是总经理没有意识到在本企业内实施绩效管理项目的必要性，建议人力资源部门不要轻易启动，否则就会陷入"做绩效找死"的陷阱中。我曾经授课的一家传统信息技术企业，总经理和财务总监在是否实施绩效管理一事上没有达成共识，财务总监主要负责财务和人力资源，他很想在企业内推行绩效管理，可是总经理感觉没有必要。最后此事在财务总监的坚持下，授权人力资源部在企业内推进实施了绩效管理的项目，各个事业部的总经理对于此事心知肚明，不抵抗也不支持，导致绩效项目实施的结果是打分流于形式，没有起到战略落地的作用。

所以，企业高层的支持是绩效项目成功的关键。企业内人力资源有两个项目是一把手工程：人才发展、绩效管理。只有高层支持，这两个项目才能落地。人才的发展是长期的过程，见效周期慢，如果企业没有耐心，就会忽略此事，在紧要关头只能外包业务或者临时大批量招人，这样做会导致业务不稳定或者人员不稳定。而绩效管理项目属于利益再分配的事项，如果总经理不支持，业务部门经理一般不见兔子不撒鹰，所以争取高层领导尤其是总经理的支持是绩效项目成功的保证。

2. 清晰界定公司战略和策略

绩效管理是企业战略落地的工具，所以在导入绩效管理项目的前期要先梳理公司的战略，包括职能战略和业务战略。一般情况下，在企业导入管理项目时，先做企业战略的梳理是一个基础动作。

3. 明确组织结构和职责分工

当企业明确了战略目标和年度计划目标之后，紧接着要做的就是工作分析，分析为了达成这些目标，需要配置多少业务单位和一级部门，每个部门设置多少个岗位，岗位职责是什么，每个岗位又应该配置多少人。也就是说要设置好：

- 组织结构。
- 部门职责/岗位职责。
- 职务系列。
- 岗位编制。

如果职责分工不清，岗位设置混乱，难以想象在这样的管理环境下开展绩效的难度会有多大。

4. 其他

明确了目标和职责分工后，还要确定公司绩效管理项目的实施范围，是先在某些部门试行之后，再在全公司推广，还是一开始就在全公司铺开。如果企业管理基础不是很好，不建议一开始就全面开展绩效项目，建议先试点。

另外，项目实施是企业内部组建项目小组推进，还是要请第三方帮忙，一定要先想好。如果企业管理人员的基本功不扎实，建议花钱请靠谱的第三方来帮忙，一方面第三方有项目实施经验，另一方面花了钱高层自然会重视。还要做一个详细的项目计划，计划如果比较详细，会显得此事既重要又专业。另外要给项目组成员就工作计划和工作方法做专业的培训，这样也能保证项目的顺利实施。

（二）绩效项目计划阶段

计划阶段的主要工作包括：

- 高层宣导。
- 项目组沟通。

- 确定入手点。
- 信息收集。
- 起草发布绩效考核流程。
- 工具表单开发。
- 全员培训。

策划阶段是在企业高层还没有决定在企业实施绩效项目之前，项目是保密的，算是密谋。而在计划阶段，则需要企业高层在不同的场合都要宣讲企业要做绩效项目，今年就做，下个月就做，目的就是要广而告之，让各单位有个心理准备。

在合适的时机组建项目组，根据项目计划进行沟通，分派任务，展开工作。与企业不同层级的人员展开访谈，收集信息，逐步完善绩效逻辑模型，起草并发布绩效管理的制度流程和工作表单，展开全员培训。

有些企业在开展绩效管理的时候居然只有极少数人知道，做完决策后人力资源部就去推进了，直接要求各部门拟定 KPI，既不宣讲绩效项目的目的和益处，也不开展绩效管理方法和绩效管理制度流程的培训和宣贯，效果怎么会好？

但是，如果企业是集团性质的，人数过万，绩效的宣讲工作也是一项繁复的工程，工作量会很大。好在现在互联网的形式解决了不少技术问题，但是答疑的工作量还是少不了。

（二）绩效项目准备阶段

准备阶段的主要工作包括：

- 建立和确定模型。
- 历史数据收集。
- 对奖金进行测算。

- 讨论确定公司级工作重点和目标。
- 工作重点和目标分解至部门、职位。
- 设计、确定 KPI 要素。
- 确定数据汇总。
- 设计完成考核表。
- 签署业绩合同。

1. 建立和确定模型并测算

绩效管理的逻辑模型一定要经得住时间的检验。所以在设计之初，就应该考虑好方方面面的工作，不能有太大的遗漏。与薪酬相关的工作项目一定要创建模型，代入数据进行检验。大家想想看，如果你们公司去年的绩效奖金是 5 000 万元，今年在企业经营规模和利润没有太大变化的情况下，绩效奖金按照设计的逻辑需要发放 5 亿元，那高管能同意吗？所以建好绩效管理的模型后，一定要用过去几年的业绩数据进行验证，测算一下绩效奖金的规模，不能太夸张。

2. 目标的设定和分解

有些企业的年度计划制订流程是这样的：总经理要求部门经理提交下一年的计划目标，办公室或人力资源部汇总计划，总经理上调一个比例，下发计划。

基于公司的战略规划，设定公司年度的工作重点和目标，这很重要。高管要根据公司 3 年战略规划制订出每年的滚动计划，这样每年的工作重点就出来了，再把工作重点提炼为工作目标，根据由上而下、由下而上的逻辑逐层分解和研讨沟通，将公司的目标分解到部门和岗位。

3. KPI 的设定和分解

如前所述，KPI 体系是用来衡量目标的测评系统，各级经理根据上级的目标体系，考虑自己的岗位职责，拟定部门或个人的 KPI 体系，并把 KPI 指标分解给下一级单位。

公司的三级 KPI 指标体系拟定完毕之后，需要设定指标权重、指标值、评分标准、数据收集方式和考核人，这样就形成了业绩考核表格。绩效管理委员会、工作小组依据流程和各级经理人签订绩效合同。

（四）绩效项目实施阶段

绩效实施阶段的主要工作包括：

- 评估工作计划。
- 绩效辅导。
- 中期监控。
- 绩效考评。
- 绩效沟通。
- 结果评审及公布。
- 兑现。

绩效项目实施阶段的工作实际上就是我们日常绩效管理的工作，即绩效管理的 PDCA。各部门在绩效实施阶段，首先要评估工作计划也就是绩效计划，如果指标和资源配置没有什么问题，各单位就可以按照计划推进工作。在工作过程中，上下级之间根据工作中出现的问题进行沟通协调，上级对下级的工作困难和障碍进行辅导，提升下级的工作技能和工作效率。

在月末或季末对工作进展情况进行回顾，对工作中出现的问题进行评估改进，同时根据期初约定的奖惩方案，对员工进行客观公正的绩效考核后，进行奖惩兑现。这一步非常重要，一定要客观公正。

（五）绩效项目评估阶段

绩效项目评估阶段的主要工作包括：

- 效果评估。
- 项目总结。
- 改进建议。

这里谈到的评估不是绩效考核期对组织和人的评估，而是对绩效管理项目的效果进行评估。

整个项目实施一段时间后，特别是在每年年底，绩效工作小组要组织各单位的负责人对绩效项目的实施情况做一个评估，步骤如下：

- 本年度绩效考核的情况，即优良中差的比例分布。
- 本年度绩效流程和制度的优化情况，即采纳了多少条合理化建议，未采纳多少条。
- 对下一年度的绩效流程的优化建议。

如果企业绩效管理项目实施得比较顺利，年底要组织一次规范的总结汇报会议。如果本企业的绩效管理项目在实施的过程中问题不断、毛病多多，建议总经理在场，或者找个可以就餐的地方开会，这样大家会针对项目提意见，而不带过多的情绪。

五、4类人员绩效管理的责任

如图 2-10 所示，绩效管理的工作主要涉及 4 类人员。

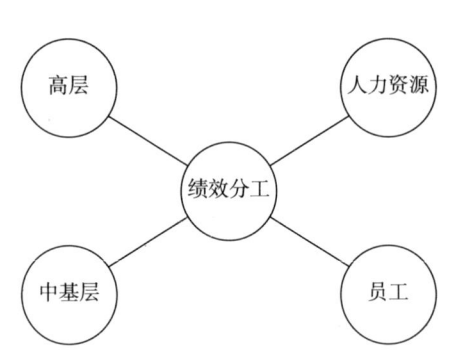

图 2-10　明确绩效分工

（一）3 类人员在绩效管理中的责任

分清角色是做好绩效管理的基础，而我们首先需要清晰地界定高层管理者、中基层管理者和员工的责任分工，如表 2-6 所示。

表 2-6　绩效分工

阶段	责任分工		
	高层责任	中基层责任	员工责任
战略规划	明确公司战略目标和规划 审批部门战略设计	制定部门战略	
目标制定与分解	制定年度经营方针、计划 制定公司年度、月度工作重点和目标 组织目标分解到各个部门 代表公司签署业绩合同 组织开发和设计战略成功关键要素和财务评价标准	制定部门工作重点和目标 组织目标分解到个人	制定个人年度、月度工作目标
KPI 指标设计	组织制定公司级的 KPI 体系 分解指标到部门，审核部门二级 KPI，确定绩效考核指标的权重	设计部门 KPI 指标 设计个人三级 KPI 指标	

续表

阶段	责任分工		
	高层责任	中基层责任	员工责任
绩效辅导	定期召开经营检讨会，检讨阶段性经营管理状况 制定对策 检查辅导各个部门工作完成情况 辅导业务部门经理和员工	提供员工完成任务所必需的有关资源 排除员工在完成任务中所遇到的障碍 检查督导各个员工工作目标完成情况 给予员工适时的指导	接受辅导
绩效评估	定期评价中层管理人员和部门的绩效 评审部门经理对员工绩效进行评价	自评 评价下属绩效完成情况	工作总结 自评
绩效面谈	组织与直接下属的绩效面谈 参与部门经理与员工绩效面谈 制订员工绩效改进计划	组织与员工面谈 制订员工改进计划	参加面谈
绩效结果应用	明确考核结果同浮动工资挂钩 明确考核结果与奖金挂钩 明确考核结果与干部调配关系	代表公司与员工沟通绩效考核结果	

> **经验提示**
>
> 如果经理认为绩效管理仅仅是对员工做的事，员工在整个过程中是被动的，那么冲突不可避免；相反，如果经理把绩效管理看成双方的一种合作过程，将会减少冲突。
>
> 当员工认识到绩效管理是一个帮助而不是责备的过程时，他们会更加配合和坦诚。绩效管理不是讨论绩效低下的问题，而是讨论成就、成功和进步的问题，重点放在这3个方面时，冲突将会减少，因为员工和经理是站在同一边的。

（二）人力资源部在绩效项目推进中的责任

在绩效项目推进过程中，人力资源部的主要工作如表 2-7 所示。

表 2-7　人力资源部的职责

阶段	责任
绩效项目计划	同公司最高管理者沟通绩效实施计划 制订详细的绩效推进计划
目标制定与分解	组织进行公司级目标分解 协助业务部门进行部门目标分解
KPI 指标设计	协助最高管理层设计公司级 KPI 协助部门经理设计部门级和员工级 KPI 整理 KPI 词典
绩效辅导	与各个业务部门经理沟通目标完成情况、遇到的问题，提示最高管理层进行绩效辅导 与员工沟通目标完成情况，与业务经理沟通辅导的实施情况
绩效评估	设计评估流程和相关表单 组织实施公司级绩效评估 参与部门绩效评估过程 对绩效评估结果进行汇总、签报
绩效面谈	组织实施公司级绩效面谈 参与部门绩效面谈过程 收集整理面谈记录和改进计划
绩效结果应用	协助总经理制订绩效结果与绩效奖金挂钩计划 落实绩效结果挂钩 处理绩效投诉

通过表 2-7 可以看出，在整个绩效管理项目推进过程中，人力资源部需要做的是推动工作，而不是标准的制定者，更不是考核的实施者。

六、建立绩效管理的 4 个流程

绩效管理工作在企业的运转需要制度和流程的保证，这里给大家介绍 4 个流程，如图 2-11 所示。

图 2-11　绩效管理的 4 个流程

（一）目标管理流程

目标管理流程是指从公司战略分解到员工工作计划的步骤，如图 2-12 所示。

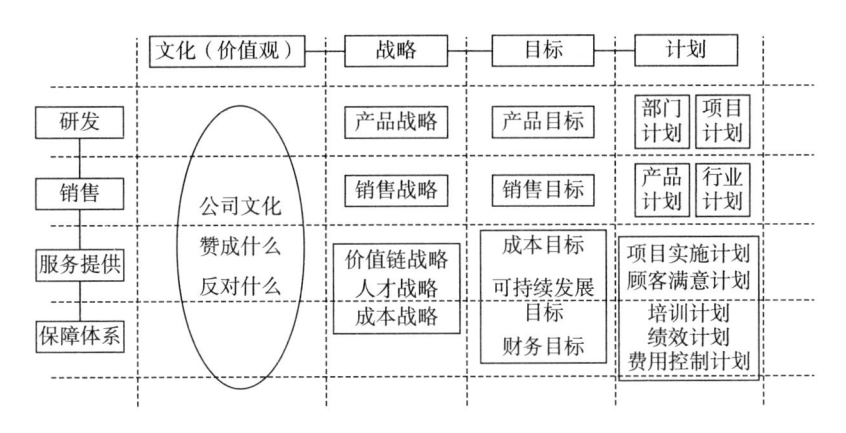

图 2-12　目标管理流程

目标要从以下两个维度进行分解。

1. 从战略到计划

没有落实到员工每天工作计划中的战略没有任何意义，绩效管理首先要明确公司的战略，再将公司的战略分解成一个个阶段目标，并将目标分解到员工的月度、周、日工作计划中。所有工作都围绕实现公司目标和战略展开，这是绩效管理的本质要求。

2. 从公司到各个业务部门，再到各个岗位

目标分解的另一个维度则是要将公司级战略目标分解到每个岗位的具体工作计划中，需要按照职责分工和责任承担进行目标分解，首先确定公司级目标，明确公司级目标的承担者；其次确定部门级目标，明确部门级目标的承担者；再到员工的具体目标和计划。承担不同职能的部门和岗位在目标分解的方法上会有很大差异。

> **经验提示**
>
> 通过组织目标的分解，可以：
> - 保证组织中所有的事情都有人做。
> - 保证所有人的努力都朝向组织的战略目标。
> - 组织能对外部环境的变化迅速做出反应，战略的调整能很快反映到每个人的行动中。
> - 形成良好的组织氛围和士气。
> - 使组织不断学习提高——有效的做法保留，无效的淘汰，有差距的不断提升。

（二）绩效管理流程

绩效管理是一个典型的 PDCA 管理循环过程，如表 2-8 所示。

表 2-8 绩效管理的 PDCA

项目	要点	内容
P 计划	制定绩效目标计划及衡量标准	KPI：做什么，要达到什么结果等 KBI：怎样做，做到什么标准等
	对目标计划的讨论	管理者与员工之间的良好沟通是达成共识、明确各自目标分解的前提，同时也是有效辅导的基础
	确定目标计划的结果	通过目标计划沟通达到管理者与员工双方明确并接受，在管理者与员工之间建立有效的工作关系，员工意见得到听取和支持，从而确定监控的时间点和方式

续表

项目	要点	内容
D 执行	绩效辅导	在确定了阶段性的目标和通过沟通明确了各自的目标之后，作为管理者的工作重点就是在各自目标实现过程中进行对员工的辅导
C 检查	绩效考评	在阶段性工作结束时，对阶段性业绩进行评价，以便能公正、客观地反映阶段性的工作业绩，目的在于对以目标计划为标准的业绩实现的程度进行总结，进行业绩的评定，不断总结经验，促进下一阶段业绩的改进
A 行动	结果应用	个人绩效回报形式包括：工资、奖金、股权、福利、机会、职权等。确定合理的具有以实现和激励为导向的业绩报酬方案。通过员工职位的KPI的设定，评定职位的输出业绩，对关键的业绩进行考核，综合工作能力、工作态度等方面，并将它们与报酬相结合

经验提示

绩效管理的根本目的在于绩效的改进：
- 改进与提高绩效水平。
- 将绩效改进的目标列入下期绩效计划中。
- 需管理者与员工双方的共同努力。
- 关键是提高员工的能力与素质。
- 绩效管理循环的过程是绩效改进的过程。
- 绩效管理过程也是员工能力与素质开发的过程。

（三）绩效考核流程

绩效考评结果是否公正，一方面取决于各个评估人员的评估公正性、评估能力的高低；另一方面则取决于考核流程，考核流程直接决定了考核的模式和分工。相比360度考核，采取自评（可选）+直接主管的评价更具有实操性。

标准的绩效考核流程见表2-9，详细的内容将在第6节课中阐述。

表2-9 绩效考核流程

阶段	主要工作		
	部门主管	员工	人力资源
工作总结与考核计划	准备内部工作总结评估	准备工作总结	设计考核表
考核实施	对照个人自评进行评价	个人自评	组织全员按期完成考核评估
绩效沟通	主持沟通	提供证据	参与沟通
绩效改进	提出改进建议	形成行动计划	
考核结果确认和兑现	对最终考核结果进行确认		汇总申报，兑现考核结果
设定新绩效目标	结合公司目标分解设定新绩效目标	与主管进行目标和权重确认	组织新一轮绩效考核实施

> **经验提示**
>
> 通过有效的绩效考核机制，可以让员工：
> - 有机会了解别人眼中的自己。
> - 完成或超越目标，个人能力得到提高。
> - 了解自己的努力方向。
> - 有机会得到升迁。
> - 根据个人优势和不足制定职业生涯规划。
> - 得到与自身价值相匹配的收入。

（四）绩效面谈和辅导流程

绩效面谈和辅导是最容易被忽视的绩效管理流程，相比目标分解和绩效考核流程，绩效面谈和辅导看起来更容易操作，但事实上绩效面谈很容易被忽视，绩效辅导由于种种原因都未能在企业内有效展开。

人力资源经理人需要根据公司业务特点设计标准的绩效面谈和辅

导流程,并作为业务经理的管理技能提升之一而组织统一培训,对于刚刚走上管理职位的新任经理或对绩效辅导技巧掌握度不高的部门经理,人力资源部还需要参与部门的绩效面谈和辅导流程。

> **经验提示**
>
> 通过绩效辅导:
> - 使管理者能够"通过他人获得成功"。
> - 帮助管理者不断强化下属正确的行为。
> - 主管不必介入员工的各项事务,因为员工知道自己该做什么。
> - 及时获得下属的信息。
> - 使管理者发现无效或低效的行为。
> - 发现员工的发展潜力和需要改进之处。

七、绩效管理的考核周期

绩效具有多因性和动态性,不同时间段内员工的绩效是不同的,为了让员工的绩效考核工作具有可比性和公平性,在考核时必须设定统一的时间尺度,即考核周期(见图2-13)。

影响考核周期的因素
1. 企业所在的行业特征
2. 职务职能类型
3. 评价指标类型
4. 绩效管理实施的时间

五类人员的考核周期
1. 营销或业务人员
2. 售后服务或技术服务
3. 中高层管理人员
4. 生产系统内员工
5. 研发人员

图 2-13　设计绩效考核的周期

（一）影响考核周期的因素

1. 企业所在行业特征

对于政府部门、事业单位和非营利性组织，其工作流程、工作任务和工作人员相对稳定，员工个人的绩效目标性、阶段性特点不明显，因此，一般以一年为考评周期。这样既能维持平和、稳定、有序的文化氛围，又能在一定程度上激发员工的工作热情。在这种绩效周期中，要求组织必须有稳定的管理方法和科学的考评技术，注重平时行为绩效信息的收集。

对于企业，在利益最大化的追求上面临复杂多变的市场环境，其工作目标、工作人员和工作流程等具有较强的阶段性和动态性，因而绩效管理也应该反映这种特性，所以，企业的员工考评周期一般为半年、季度或月度。这种绩效周期能够很好地实现员工工作认同、工作激励的心理与现实需求，也能很好地推动个人绩效与组织绩效的高速成长。但是，这种绩效周期由于实施的考评频率较高，其工作量较大，耗费的人力、物力、财力也较多，因此需要有健全的绩效管理机构与机制，需要有程序规范、简化有效的考评方法。

2. 职能职务的类型

考评对象的职位等级越高、岗位劳动复杂程度越高，其素质、能力、行为和业绩的反映周期也越长；反之，职位等级越低、岗位劳动复杂程度越低，反映周期也就越短。具体的绩效周期长短，一般要根据组织的目标管理要求、岗位任务的特点而确定，没有绝对的规律。可以总结为表 2-10 中的内容，但并不绝对，还是要看公司的实际情况。

表 2-10 不同考评对象的绩效周期

考评对象和岗位	绩效周期	说明
管理人员	高层决策人员以 2~3 年或聘任期限为绩效周期 中层管理人员以 1 年为绩效周期 基层管理人员（主管级，如班组长、工段长、科长）则以季度或者半年为绩效周期	优点是根据考评对象的职位等级、工作周期和岗位特点选择周期，针对性强 局限性在于没有顾及外部环境、内部条件与管理方式，缺乏动态性
操作人员	以月度或者季度为绩效周期	
研发人员	应用与开发型研发人员以项目开发周期为期限 基层与理论研究型研发人员以 1~2 年为周期	
营销人员	大区或者区域经理以 1 年为周期 片区经理或主管以季度和年度结合为周期（季度小考评、半年再考评、年底总考评） 营销人员以季度、月度和年度结合为周期	

3. 评价指标的类型

年度业绩考核表中的指标在拆分到半年、季度、月度的时候，可能有些不会出现在所有的阶段性考核表中，例如员工满意度指标。一般情况下，员工满意度指标半年或者一年做一次就好，不需要每月都做；如果员工满意度指标每月都做，对员工会形成强干扰，多数员工都会选择"满意"，这样的考评结果就没有意义了。

所以要考虑到指标结果的周期性。

4. 绩效管理实施的周期

按照绩效管理内涵，每个业务条线、每个部门的工作性质都不一样，正常情况下考核周期也应该不一致，而实际企业的考核周期却出奇的一致，这是为什么呢？

这样做的目的只有一个：避免混乱！仅此而已。等各级经理人明白了绩效管理的真实目的和意图之后，考核周期自然会与业务类型相匹配。

(二) 5类人员的考核周期

1. 中高层管理人员

对中高层管理人员的考核实际上是对整个企业或部门经营与管理状况的全面评估过程，战略实施和改进计划的效果都不是短期就可以取得成果的。因此，对中高层管理者的评价周期会适当放长，一般为半年或一年，并且随着管理人员层级的提高，考核周期也逐渐延长。另外，大型企业的中高层管理人员的考核周期一般比小型企业的要长，因为对于大型企业的中高层管理者来说，无论是制定战略还是实施战略，都会由于组织的复杂性而需要更长的时间。

2. 营销或业务人员

对营销或业务人员的考核，往往是企业中最容易量化的环节，因为其考核指标通常为销售额、回款率、市场占有率、客户满意度等所谓的"硬指标"。这些指标都是企业经营运作所关注的重要指标，作为企业的管理层，需要及时获取这些重要的信息并做出调整或决策。因此对营销或业务人员的考核周期根据实际情况应该尽可能缩短，一般为月度或季度，或者先进行月度考核再进行季度考核。

3. 生产系统内员工

对于生产系统内员工，出于强调质量和交货期的重要性，需要的是短期的激励。因此一般应采用短的考核周期，同时加强薪酬管理，缩短周期发放的时间，强化激励的效果。

另外，对于生产周期比较长的生产制造系统员工，如大型设备制造行业等，周期普遍较长，容易出现考核周期与指标周期不匹配的问题，因此可适当延长考核周期，按照生产批次周期来进行考核，年底时再以年为单位进行考核，即每个批次开始的时候制定目标，在批次或阶段结束的时候进行考核，年底算总账。

4. 售后服务人员或技术服务人员

售后服务人员的绩效与销售业绩有着密切的关系，因此，这些服务人员的考评周期应与业务人员一样，尽可能缩短。同样道理，车间技术服务人员的评价周期也要与生产系统人员的评价周期挂钩。

5. 研发人员

研发系统中普遍存在考核周期与指标周期不匹配的现象，而对研发人员的评价指标一般为任务完成率和项目效果评估，因此一般采用考核周期迁就研发指标周期的做法，即以研发的各个关键节点（如概念阶段、立项阶段、开发设计阶段、小批试生产阶段、定型生产阶段等）作为考核的周期，年底再根据各个关键节点和项目完成情况进行综合考评。

还有一种简单化的方式是按照计件的形式考核。企业成立技术委员会，对每个研发项目进行评审，然后给出项目绩效奖金额度，各个项目小组来投标即可。对于无人投标项目，技术委员会或者主管领导按照工作量来匹配即可。

（三）根据考评目的和用途设置绩效周期

根据考评目的和用途，通常可以这样设置绩效周期：

- 全面的、正规的综合性考评以一年为周期或以一个聘用期为周期，主要用于关键员工的胜任特征、工作业绩和发展潜力的考评。
- 常规的、简要考评以季度或者月度为周期，主要用于一般员工的工作行为、工作态度、阶段业绩的考评。
- 一般员工（操作人员、行政人员）以半年或年度为周期考评。

- 特殊用途，如选拔、晋升、开发性培养等用途的考评，可以根据需要随时进行。

八、绩效考核的冰山模型

（一）常规的绩效考评项目

绩效考核考什么是一个比较有意思的话题，不同的企业考的都不一样。比如某建筑设计总院只考核人均利润这一个指标，一般的国企从德、勤、能、绩4个维度分别考核多项指标，阿里巴巴考核业绩指标和企业价值观指标（"六脉神剑"占考核权重的50%）。

一般企业的绩效考核项目包括以下4项。

1. 工作业绩考评

工作业绩考评是对企业从业人员的结果或履行职务工作结果的考核与评价。它是对企业员工贡献程度的衡量，是所有工作绩效考评中本质的考评，直接体现员工在企业中的价值大小。在企业中，工作业绩主要指能够用具体数量或金额表示的工作成果，是最客观的考评标准。例如利润、销售收入、产量、质量、成本、费用、市场份额等。

2. 工作行为考评

工作行为考评是对员工在工作中表现出的相关行为进行的考核和评价，衡量其行为是否符合企业规范和要求，是否有成效。由于是对行为进行考评，很难有具体数字或金额来精确表述。因此，在实际考评中，企业常常用频率或次数来描述员工的工作行为，并据此进行评价，也属客观性考评指标。例如出勤率、事故率、客户满意度、员工投诉率、合理化建议采纳次数等。

3. 工作能力考评

工作能力考评是考评员工在职务工作中发挥出来的能力。例如，在工作中判断是否准确、工作效率如何、工作中协调能力怎样等。根据被考评者在工作中表现出的能力，参照标准或要求，对被考评者所担当的职务与其能力是否匹配进行评定。这里的能力主要体现在4个方面：

- 专业知识和相关知识。
- 相关技能、技术和技巧。
- 相关工作经验。
- 所需体能和体力。

4. 工作态度考评

工作态度考评是对员工在工作中付出的努力程度给予评价，即对其工作积极性的衡量。常用的考评指标有主动精神、创新精神、敬业精神、自主精神、忠诚感、责任感、团队精神、进取精神、事业心、自信心等。工作态度是工作能力向工作业绩转换的中介力量，在很大程度上决定了能力向业绩的转化。当然，同时还应考虑到工作完成的内部条件（如分工合适、指令正确、工作环境等）和外部条件（如市场变化、原材料供应等）。

（二）绩效考核冰山模型

我根据不同企业实施绩效项目的经验，总结出了绩效考核的冰山模型，如图2-14所示。

绩效考核究竟是考核行为还是结果？在实际操作过程中，企业所处的环境不同、完成目标的管理工作中的具体特点不同以及经营者的偏好不同，考评的侧重点也会有所不同。

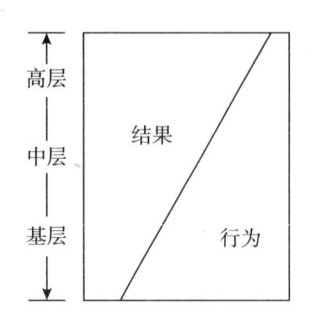

图 2-14　绩效考核冰山模型

从表 2-11 中可以看到：职务越高，结果项目（KPI）占的比重越大；职务越低，行为项目（KBI）占的比重越高。

表 2-11　绩效考评项目

绩效考评项目	适用的对象	适应的企业阶段
完成了工作任务	体力劳动者 事务性和例行性工作的人员	
结果	高层管理者 销售、售后服务等可量化工作性质的人员	高速发展的成长型企业 强调快速反应，注重灵活、创新的企业
行为	基层员工	发展相对缓慢的成熟企业，强调流程、规范、注重规则的企业
结果+过程	普遍试用各类人员	
过程（过往和预期）	知识工作者，研发人员	

所以，绩效考核的冰山模型介绍的还是绩效概念的实质，即绩效考核只考核 KPI 和 KBI，而其他项目实际上也是通过 KPI 和 KBI 呈现出来的。

附件1　验证绩效管理系统的有效性

测试表

是否形成一种持续的计划、指导、评定和奖励体制	☐
是否与特定的业务目标挂钩并有高层管理人员驱动	☐
绩效评估的内容是否包括可量化的目标与不可量化的行为能力目标	☐
组织内部是否透明和公开化	☐
是否有其他配套制度	☐
是否进行多维的绩效评估	☐
是否建立自上而下的系统实施绩效管理	☐
绩效管理系统是否与员工的职业生涯规划紧密相连	☐
是否引入一些以客户为中心或强调团队精神的绩效指标	☐
是否进行阶段性的绩效回顾和沟通	☐

附件2　绩效考核的基本方法

绩效考核方法分类表

	大类名称	小类名称
绩效考核方法	品质主导型考核法	排序法、配对比较法、强制分布法
	行为主导型考核法	评级量表法、行为观察量表法、关键事件法、行为锚定评价法
	业绩主导型考核法	业绩报告法、目标管理法
	综合型考核法	360度考核反馈、BSC法、KPI法、OKR法

品质主导型考核法

排序法

排序法是用来考评员工某一单因素绩效特征或综合绩效特征的一种简便而又流行的方法，包括简单排序和交错排序。

简单排序法是诸多方法中最简单的一种，即按照全体被考评的员工的整体工作表现由好到差依次排列，也可以按照成员特定的一些表现进行分等排列，如按照出勤率、出席会议记录、准备报告的质量等。

通常，这种方法比较适合规模较小的组织。当组织的成员增加以后，就难以区分每个人的工作表现了，特别是一般员工之间就更难以区分了。

交错排序法是指上级主管人员按照整体的工作表现从员工中先挑出绩效最好的，再挑出最差的，然后挑出次最优的，再挑出次最差的……如此循环，直至排完。

这种方法往往是十分高效的，不论由单个人的上级主管去排列还是由下属成员自己排队。该方法尤其适合作为一个团体履行同一职责的员工。

排序法在实际中容易操作，一般由员工的直属上司实行，其结果一目了然。但因为这种方法是在员工间进行比较，实质上是迫使员工相互竞争，容易对员工造成心理压力。

短期来看，排序法能够刺激一些员工更努力地工作，争取取得头名排位，但这种方法也会刺激人们积极或消极地干涉别人的工作。当一名员工过分地专注于某一个目标，而不再关注其他的重要目标时就会发生这种事。排序法刺激了这种事情的发生，而这与组织的利益是不一致的。

> **案例**
>
> 销售房屋是一件难做的工作，佣金虽高，但行业内竞争激烈。华龙房产公司决定为业绩最好的销售人员提供一笔奖金。经理每个季度都要列出员工个人的销售数量，并据此进行排名，奖励最佳者。结果却出现了一些有害的负面效应。

> 一些员工开始只干能帮助自己排名第一的事情。他们不干文字工作,电话信息被误传,或干脆"消失"。他们为争取一个新客户而竞争,几乎是躲在电话旁伺机猛扑过去抢电话。他们停止了合作,也不顾职业道德了,争论变得越来越频繁和激烈。短期看来,某些员工的销售量增加了;然而从长远看,公司作为一个整体却并不那么成功。由于缺乏内部的团结和合作,公司整体的市场份额被逐步蚕食。

配对比较法

配对比较法也叫两两比较法或对偶比较法,是较为细化和有效的一种排序方法。其具体做法是:将每位被考核者按照所有评价要素,如工作质量、工作数量、工作态度等,与所有其他员工一一比较,优者记为"+"或"1",劣者记为"-"或"0",然后计算每一个被考核者所得正负号的数量或具体得分,排出次序。例如,在下表所示的比较中,员工乙的工作态度是最好的,而员工甲的创造性是最好的。

配对比较法示例

就"工作态度"这一评价要素做比较						就"创造性"这一评价要素做比较					
被评价者 比较对象	甲	乙	丙	丁	戊	被评价者 比较对象	甲	乙	丙	丁	戊
甲		+	+	-	-	甲		-	-		
乙	-		-	-	-	乙	+		-	+	+
丙	-	+		+	-	丙	+	+			+
丁	+	+	-		+	丁		-			+
戊	+	+	-	-		戊		-		+	

强制分布法

强制分布法也称为强制正态分布法,该方法是根据正态分布原理,即俗称的"中间大、两头小"的分布规律,预先确定评价等级以及各等级在总数中所占的百分比，然后按照被考核者绩效的优劣程度将其列入其中某一等级。如下所示。

强制分布法示例

优秀	良好	中等	较差	最差
10%	20%	40%	20%	10%

强制分布法适用于被考核人员较多的情况，操作起来比较简便。由于遵从正态分布规律，可以在一定程度上减少由于考核人的主观性所产生的误差。此外，该方法也有利于管理控制，尤其是在引入员工淘汰机制的企业中，具有强制激励和鞭策功能。

行为主导型考核法

评级量表法

评级量表法是被采用的最普遍的一种考核方法。这种方法主要是借助事先设计的等级量表来对员工进行考核。使用评级量表法进行考核的具体做法是：根据考核的目的和需要设计等级量表，表中列出有关的绩效考核项目，并说明每一项目的具体含义，由考核者对被考核者每一考核项目的表现做出评价和计分，最后计算出总分，得出考核结果。如下所示。

评级量表法示例

考核项目	考核要素	说明	评定
基本能力	知识	是否充分具备现任职务所要求的基础理论知识和实际业务知识	A B C D E 10 8 6 4 2
业务能力	理解力	是否能充分理解上级指示，干脆利落地完成本职工作任务，不需上级反复指示和指导	A B C D E 10 8 6 4 2
	判断力	是否能充分理解上级指示，正确把握现状，随机应变，恰当处理	A B C D E 10 8 6 4 2

续表

考核项目	考核要素	说明	评定
业务能力	表达力	是否具有现任职务所要求的表达力（口头、文字），能否进行一般的联络说明工作	A B C D E 10 8 6 4 2
	交涉力	在与企业内外的对手交涉时，是否具有使对方诚服、接受、同意或达成协商的表达交涉力	A B C D E 10 8 6 4 2
工作态度	纪律性	是否严格遵守工作纪律和规定，有无早退、缺勤等情况。能否对待上下级、同级和企业外部人士有礼貌，严格遵守工作汇报制，按时提交工作报告	A B C D E 10 8 6 4 2
	协调性	在工作中，是否充分考虑到别人的处境，是否主动协助上级、同级和企业外人员	A B C D E 10 8 6 4 2
	积极性责任感	对分配的任务是否不讲条件，主动积极，尽量多做工作，主动进行改良、改进，向困难挑战	A B C D E 10 8 6 4 2

评定标准：
A——非常优秀，理想状态
B——优秀，满足要求
C——略有不足
D——不满足要求

分数换算
A——48 分以上
B——24~47 分
C——23 分以下

合计分

评语

评定人签字

行为观察量表法

行为观察量表法是指由考核者根据员工的具体行为为特征的描述来确定绩效水平的考核方式。在应用这种考核方法时，首先要给考核者提供一份描述员工规范的工作行为的表格，将员工的实际工作行为与表中的描述进行对照，得出考核的结论。

行为观察量表法示例（局部）

岗位名称： 机关中层管理人员

说明：通过指出员工表现出下列每个行为的频率，用下列评定量表在指定区间打分。

　　　　5 = 总是　　4 = 经常　　3 = 有时　　2 = 偶尔　　1 = 从不

1. 克服改革中阻力的能力

（1）向下属说明改革的细节　　　　　　　　　　　　　　　5 4 3 2 1
（2）解释改革的必要性　　　　　　　　　　　　　　　　　5 4 3 2 1
（3）与员工讨论改革会给他们产生什么影响　　　　　　　　5 4 3 2 1
（4）倾听员工所关心的问题　　　　　　　　　　　　　　　5 4 3 2 1
（5）在推进改革的过程中寻求下属的帮助　　　　　　　　　5 4 3 2 1
（6）如果需要，确定下一次会议的日期以便为员工所关心的问题做出答复　5 4 3 2 1

总分 = _____

不合格　　合格　　中等　　良好　　优秀
6~10　　11~15　　16~20　　21~25　　26~30

关键事件法

关键事件法是以记录直接影响工作绩效优劣的关键性行为为基础的考核方法。所谓关键事件，是指员工在工作过程中做出的对其所在部门或组织有重大影响的行为。这种影响包括积极影响和消极影响。使用关键事件法对员工进行考核，要求管理者将员工日常工作中非同寻常的好行为或非同寻常的坏行为认真记录下来，然后在一定时期内，管理人员与员工根据所做记录来讨论员工的工作绩效。

关键事件法通常可以作为其他评价方法的很好补充，其优点在于：首先，对关键事件的记录为考核者向被考核者解释绩效考核结果提供了一些切实的实施依据；其次，它可以确保在对员工进行考核时，所依据的是员工在整个考察周期内的工作表现，而不是员工在近期内的表现，也就是说可以减少近因效应所带来的考核偏差；最后，通过对关键事件的记录可以使管理者获得一份关于员工通过何种途径消除不良绩效的实际记录。

案例

美国通用汽车公司在1955年运用了"关键事件记录法"对员工的绩效进行考评。通用汽车公司首先成立了一个委员会，专门领导这项工作。

该委员会根据公司的实际情况，制定了以下的考评项目："体质条件""身体协调性""算术运算能力""了解和维护机械设备的情况""生产率""与他人相处的能力""协作性""工作积极性""理解力"等。

然后，要求工厂的一线领班根据下列要求，对各自部下的最近工作行为的关键事件进行描述：

（1）事实发生前的背景。
（2）发生时的环境。
（3）行为的有效或无效事实。
（4）事实后果受员工个人控制的程度。

例如，一位领班对他的一个下属的工作"协作性"是这样记录的。

有效行为：虽然今天不该约翰加班，但他还是主动留下加班到深夜，协助其他同事完成了一份计划书，使公司在第二天能顺利地与客户签订合同。

无效行为：总经理今天来视察，约翰为了表现自己，当众指出了杰克和麦克的错误，致使同事之间关系紧张。

通用汽车公司采用了"关键事件记录法"后，出现了令人吃惊的结果：员工的有效行为越来越多，公司的效益也直线上升。正如委员会主任——人力资源部部长所称："大多数员工并不愿意做错事，如果领班能不厌其烦地指出员工的不足之处，他们会设法纠正的……"

行为锚定评价法

行为锚定评价法最大的特点就是明确定义每一评价项目，同时使用关键事件法对不同的工作要求进行描述。因此，行为锚定评价法为考核评价者提供了明确而客观的评价标准。其主要缺点是设计和实施成本比较高，经常需要聘请人力资源管理专家帮助设计，而且在实施以前要进行多次测试和修改，因此需要花费许多时间和金钱。

设计行为锚定评价法的步骤是：第一，管理者确定工作所包含的活动类别或者绩效标准；第二，管理者为各种绩效标准撰写一组关键事件；第三，由一组处于中间立场的管理者为每一个评价指标选择关键事件，并确定每一个绩效等级与关键事件的对应关系；第四，将每个评价指标中包含的关键事件从好到坏进行排列，建立行为锚定评价等级体系。

行为锚定评价法示例

评价等级	关键行为特征
考核指标：客户服务行为	
7	把握长远盈利观点，与客户达成伙伴关系
6	关注客户潜在需求，起到专业参谋作用
5	为客户而行动，提供超常服务
4	个人承担责任，能够亲自负责
3	与客户保持紧密而清晰的沟通
2	能够跟进客户的回应，有问必答
1	被动的客户回应，拖延和含糊的回答

业绩主导型考核法

案例

C公司是一家小型非上市高科技企业，在经历了一次成功的创业之后，决策层决定进行企业管理的重组，逐步建立起科学而规范的管理机制。在人力资源管理方面，公司决定着手建立并推广以目标管理为主的绩效考核系统，这将有助于员工绩效的改进以及为企业的人事决策提供依据。公司为此请了人力资源管理专家来进行绩效考评系统的设计，并在之后的管理工作中加以推广应用。但人力资源部绩效主管反映，人力资源系统在公司内部推广以来的效果并不如预期的那么理想。

绩效考评目标不能完成，考评的结果仍然不能为公司的决策提供可靠的依据，员工的工作绩效并没有达到有效的改进。

经过调查，发现公司在以下几个关键环节上未能妥当处理：

（1）绩效考核的目标是由主管确定的，而不是通过与员工持续的沟通共同确定的，绩效目标未能得到员工的理解承诺，缺乏激励和责任。

> （2）主管缺乏从经理向教练角色的认知转换。
> （3）绩效考评未能很好地与企业的战略目标相结合，不能与企业管理的其他方面相配合。
> C公司绩效考评系统失败的经历提醒我们：绩效考评不光是对考评方法的选择，关键还是要在实际的运用过程中很好地把握它。这就要求我们能够掌握方法的优缺点和实施的关键节点。

业绩报告法

业绩报告法是考核者利用书面形式对被考核者的工作进行评估的一种方法。这种方法多适用于管理人员的自我评估，并且测评的人数不宜太多。业绩报告通常谈及被考核者的成绩和长处、不足和缺点、潜在能力、改进意见和培养方法等方面。这种方法操作起来灵活简便，考核者可以针对被考核者的特点进行评价，具有较强的针对性。但是它只是从总体上进行考核，不考虑考评维度，也不设计具体的考核标准和量化指标，因此难以进行相互对比，并且考核人员的主观性所带来的偏差也比较大。

业绩考评表示例

姓名	学历	专业
部门	入职时间	现任岗位
项目		
目前工作	1. 本月（年）你所实际担任的工作是什么？ 2. 在执行工作时，你曾感到有什么困难？	
工作目标	本月（年）你的工作目标是什么？	
目标实现	本月（年）你的目标实现程度如何？	
原因分析	你的目标实现（或不能实现）的原因是什么？	
贡献	你认为本月（年）对公司较有贡献的工作是什么？ 你做到了什么程度？	
工作构想	在你担任的工作中，你有什么更高的构想？请具体说明。	

目标管理法（略）

综合型考核法

360 度考核反馈

360 度考核反馈是一种较为全面的绩效考评方法，它是指帮助一个组织的员工（主要是管理人员）从与自己发生工作关系的所有主体那里获得关于本人绩效信息反馈的过程。这些信息的来源包括：上级监督者自上而下的反馈、下属自下而上的反馈、平级同事的反馈、被考核者本人的自我评价、企业外部的客户和供应商的反馈。

BSC 法（略）

KPI 法（略）

OKR 法（略）

附件 3　绩效管理问卷设计

绩效管理调查问卷是诊断企业绩效管理问题最常用的也是最有效的工具。问卷内容如下。

企业绩效管理问卷

编号：
姓名：　　　　岗位：　　　　岗位等级：　　　　任职年限：
学历：　　　　部门：　　　　二级部门：　　　　主管姓名：

本调查问卷的目的在于了解与分析各部门和岗位的绩效管理的现状。
问卷的结果不会对您有任何的不良影响，请您根据题目的要求进行作答。

【答卷说明】
（1）对于下面的问题描述，请根据您所在的单位目前的实际情况认真作答。
（2）请为每个题目选择一个合适的答案。
（3）对于要求您书面作答的题目，请直接写在问卷指定的答题处。

1. 您对企业的中长期规划：
   A. 非常清楚　　　　B. 清楚　　　　C. 有所了解
   D. 不了解　　　　　E. 从未听说过

第 2 节课　绩效管理的实战理论

2. 您对企业的年度计划：
   A. 非常清楚　　　　　B. 清楚　　　　　　C. 有所了解
   D. 不了解　　　　　　E. 从未听说过
3. 您对本部门的职责：
   A. 非常清楚　　　　　B. 清楚　　　　　　C. 有所了解
   D. 不了解　　　　　　E. 从未听说过
4. 您对本部门的年度工作任务：
   A. 非常清楚　　　　　B. 清楚　　　　　　C. 有所了解
   D. 不了解　　　　　　E. 从未听说过
5. 您所在部门的员工能够紧密合作完成工作：
   A. 总是　　　　　　　B. 大多数情况
   C. 有时候　　　　　　D. 从不
6. 您的直接上级每年都与您分析您的工作目标：
   A. 总是　　　　　　　B. 大多数情况
   C. 有时候　　　　　　D. 从不
7. 每年您完成上级交给的任务：
   A. 非常轻松　　　　　B. 如期完成但略有难度
   C. 很吃力但能如期完成　D. 无法完成
8. 企业的岗位说明书：
   A. 非常完备　　　　　B. 有，但很简单
   C. 有，但只是摆设　　D. 没有
9. 您对自己的工作职责：
   A. 非常清楚　　　　　B. 基本清楚
   C. 不太清楚　　　　　D. 不清楚，领导吩咐什么做什么
10. 您实际的工作与您的岗位说明书：
    A. 非常一致　　　　　B. 基本一致
    C. 不太一致　　　　　D. 不知道一致不一致
11. 您作为企业的成员之一：

A. 非常自豪　　　　　B. 有点儿自豪

C. 没有感觉　　　　　D. 生怕别人知道

12. 企业员工能够交流分享新的想法和知识：

A. 总是　　　　　　　B. 大多数情况

C. 没有感觉　　　　　D. 从不

13. 您认为企业目前的业绩良好的原因有（可多选）：

A. 人员素质　　　　　B. 先进的管理　　　　C. 客户资源

D. 产品以及服务质量　E. 母公司的支持以及企业规模

其他（请注明）：

14. 您认为企业目前最主要的优势在于（可多选）：

A. 人员素质　　　　　B. 先进的管理　　　　C. 客户资源

D. 产品以及服务质量　E. 母公司的支持以及企业规模

其他（请注明）：

15. 违反企业制度和与同事搞好关系，后者有时候：

A. 非常重要　　　　　B. 重要　　　　　　　C. 不能确定

D. 不太重要　　　　　E. 不重要

16. 您向上级或企业领导反映的事情，能够妥善解决并及时反馈：

A. 总是　　　　　　　B. 大多数情况

C. 有时候　　　　　　D. 从不

17. 企业的规章制度：

A. 非常完备　　　　　B. 有，但很简单

C. 有，摆设　　　　　D. 没有

18. 企业的规章执行：

A. 非常严格　　　　　B. 不是很严格　　　　C. 不按制度执行

19. 企业所有员工目标一致，共同的愿望很强：

A. 非常同意　　　　　B. 同意　　　　　　　C. 不能确定

D. 不同意　　　　　　E. 很不同意

20. 您的上级主管有时很官僚，并不真正了解您工作的具体情况：

A. 非常同意　　　　　B. 同意　　　　　　C. 不能确定
D. 不同意　　　　　　E. 很不同意

21. 企业在未来 3 年里，能在销售额和利润增长方面有一个大的飞跃：

    A. 非常同意　　　　　B. 同意　　　　　　C. 不能确定
    D. 不同意　　　　　　E. 很不同意

22. 企业组织架构的设置：

    A. 非常合理　　　　　B. 合理　　　　　　C. 不能确定
    D. 不合理　　　　　　E. 很不合理

23. 企业的主要业务流程：

    A. 非常合理　　　　　B. 合理　　　　　　C. 不能确定
    D. 不合理　　　　　　E. 很不合理

24. 您能及时了解企业的动态与新的政策：

    A. 总是　　　　　　　B. 大多数情况
    C. 没有感觉　　　　　D. 从不

25. 企业有必要对员工的工作进行考评：

    A. 非常同意　　　　　B. 同意　　　　　　C. 不能确定
    D. 不同意　　　　　　E. 很不同意

26. 绩效考评对企业和员工来说：

    A. 非常重要　　　　　B. 重要　　　　　　C. 不能确定
    D. 不太重要　　　　　E. 不重要

27. 您对自己的绩效指标：

    A. 非常清楚　　　　　B. 清楚
    C. 有所了解　　　　　D. 不清楚

请详细列出您的考评指标：

28. 您的绩效指标与企业的发展目标紧密相关：

    A. 非常同意　　　　　B. 同意　　　　　　C. 不能确定
    D. 不同意　　　　　　E. 很不同意

29. 您参与了自己的绩效指标的制定：
    A. 总是　　　　　　　B. 大多数情况
    C. 没有感觉　　　　　D. 从不

30. 您认为您的绩效指标：
    A. 非常合理　　　　　B. 合理　　　　　　C. 不能确定
    D. 不合理　　　　　　E. 很不合理

如不合理请给出您的修改建议：

31. 您认为现在的考评方式：
    A. 非常合理　　　　　B. 合理　　　　　　C. 不能确定
    D. 不合理　　　　　　E. 很不合理

32. 您认为您的考评结果：
    A. 非常合理　　　　　B. 合理　　　　　　C. 不能确定
    D. 不合理　　　　　　E. 很不合理

33. 企业的薪酬和考评结果的联系：
    A. 紧密　　　　　　　B. 有联系但不紧密　C. 有很少的联系
    D. 没有联系　　　　　E. 不能确定

34. 企业的晋升和考评结果的联系：
    A. 紧密　　　　　　　B. 有联系但不紧密　C. 有很少的联系
    D. 没有联系　　　　　E. 不能确定

35. 企业的培训和考评结果的联系：
    A. 紧密　　　　　　　B. 有联系但不紧密　C. 有很少的联系
    D. 没有联系　　　　　E. 不能确定

36. 您能够通过绩效考评发现工作中的不足：
    A. 总是　　　　　　　B. 大多数情况
    C. 没有感觉　　　　　D. 从不

37. 您对在企业实行末位淘汰制：
    A. 非常赞成　　　　　B. 赞成　　　　　　C. 无所谓
    D. 不赞成　　　　　　E. 很不赞成

38. 每次考评结束，您的主管会就考评结果与您进行交流：
    A. 总是   B. 大多数情况
    C. 没有感觉   D. 从不
39. 绩效考评结束后，您能很快得到反馈：
    A. 总是   B. 大多数情况
    C. 没有感觉   D. 从不
40. 总体而言，您对企业的绩效管理工作：
    A. 非常满意   B. 满意   C. 无所谓
    D. 不满意   E. 很不满意
41. 您认为企业的绩效管理还有需要修改的地方，比如：
42. 您对本次问卷调查有什么意见或建议：

我的职场感悟

务必提升经理人的绩效管理能力和意识

企业绩效管理项目不能落地，除了企业前期准备工作不到位、领导者不重视之外，最主要的原因是经理们没有掌握绩效管理的技能，不具备绩效管理意识。我根据在企业推进绩效项目的经验，总结出以下9个能力。

设定团队目标的能力

该能力体现了部门经理对于团队的整体把控能力。你的团队为什么要有这么多的编制？这不是取决于你的官瘾有多大，而是取决于你要承担的公司分配给你的任务有多少。我曾经在2016年12月给上海的一家互联网金融公司讲绩效指标设计课程，对公司的高管进行分组实战，可是结果却出乎意料，各模块的副总和总监居然不能很好地把自己负责的业务条线的2017年的目标设计出来。如果实际情况也是这样的话，此公司目标能够达成也恐怕是因为运气好。作为部门经理，一定要根据公司大的目标要求设定出适合本部门的小目标，这是一个基本能力，也必然会涉及关键成功因素法等工具的使用。

目标分解的能力

对部门目标的设定与分解是部门经理的基本功，如果目标不能够分解，会出现这样的现象：部门有1亿元的销售指标，部门经理加班加点可能会完成8 000万元，剩下的2 000万元，部门的其他20个人都完成不了，大家还会觉得部门经理独权，人员的流动性也会很大。这说明部门经理的角色没有完成转变。

设计量化指标的能力

指标的设计有两大类，一类是KPI，另一类是KBI。至于能力指标则不建议考核，因为此类指标基本上都是给分项，只考苦劳不考功劳。KPI指标基本上是公司级的量化指标逐层拆分到部门二级和岗位三级，部门经理使用任务分工矩阵逐级拆分即可；而KBI指标属于职责类的行为指标，由部门经理根据公司和部门的实际情况，使用关键成功因素法设计即可。

分配任务的能力

工作计划＝目标＋关键行动措施，如果目标清晰了，业绩考核表内的每一项目标都要配上关键行动措施，转化为工作计划，部门经理再根据计划分配任务即可。当然，任务分配过程中会涉及工作的委派与授权能力提升的问题。

绩效辅导的能力

员工有了目标、计划和任务，剩下的就是干活了。可是员工会面临各种工作情境，有的时候就需要部门经理的工作指导。有统计数据表明：员工岗位技能的提升，70%是在部门经理的指导下达成的。所以培养员工的过程实际就是绩效辅导的过程，而最佳的带队伍的状态是部门经理是员工的偶像，员工则是部门经理的粉丝。

绩效沟通的能力

绩效管理的 PDCA 循环实际上完全是绩效沟通的过程，指标的设定与分解要与员工沟通，执行过程中的辅导也需要大量的沟通，而评估与改进本身就是沟通，所以沟通是绩效管理的最重要的能力。

辅导员工持续改进的能力

绩效管理的目的不是判员工的生死，也不是为了收拾员工，最主要的目的还是为了达成目标，员工达标，则部门达标，部门达标，则公司达标，这个是绩效管理的战略意义所在。所以部门经理要在绩效管理的全周期内，始终关注员工的绩效达成和改进的情况，随时帮助员工的改进行为。

绩效考核的能力

绩效考核也算一个能力吗？算，而且是很重要的能力！有的部门经理通过考核打分，激发了团队的战斗力；而有的部门经理通过考核打分，拆散了一个部门。绩效考核环节一定要根据期初的目标、目标的考核标准，以及期末的业绩达成情况来实事求是地打分，绝对不能脱离实际，这样会破坏了绩效管理的严谨性。

检查日常工作进度的能力

绩效管理实际上就是我们日常的工作计划管理，如果绩效计划做好了，却没有日常的工作检查、没有督导、没有进度计划会议，那么绩效计划最终一定会落空。

第3节课
使用BSC法设计企业三级绩效指标体系

据调查，世界500强企业中有70%的企业运用了BSC，足见它的作用和价值。BSC即平衡计分卡，它反映了财务与非财务衡量方法之间的平衡、长期目标与短期目标之间的平衡、外部与内部的平衡、结果与过程的平衡、管理业绩与经营业绩的平衡等多个方面。本节课将重点介绍基于平衡计分卡的企业绩效评价指标体系，把企业"策略"成功转变为"行动"。

本节课学习内容：
- 从战略到绩效。
- 使用BSC设计KPI。
- BSC的实操案例——以某保险公司为例。

一、从战略到绩效

（一）从战略到绩效的逻辑

图 3-1 描述的就是从战略到绩效的路径和逻辑。

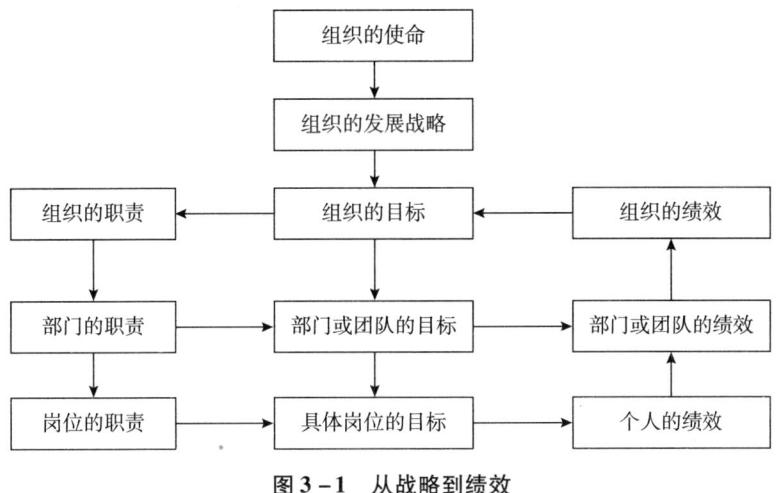

图 3-1 从战略到绩效

1. 从使命到岗位目标

企业一般先确立使命，因为使命是企业存在的理由，没有使命企业走不远，就像没有使命感的人没有耐力一样。然后再确立价值观，明确哪些事情可以做，哪些事情不可以做。通过价值观的确立，保证企业在面对取舍的时候意志坚定；通过价值观的传递，让员工跟企业能够合拍。有企业价值观的员工在面对诱惑的时候，才会有定力、扛得住。

价值观之下是企业的愿景，愿景是企业的理想王国，也是高管团队描绘出的振奋人心的美好图画。

组织战略是企业达到愿景的路径选择。战略对于企业而言就是选择的问题，毕竟企业资源有限，基于使命、价值观和愿景的战略选择特别考验高管团队的决策力，企业基于组织能力和环境分析做出的战略规划决定了一个企业的未来。

一般情况下，国内企业的战略规划是3年期的，因为当前国内外的形势发展太快，规划期做得太长，容易脱离实际，对企业的现实指导作用也不大。企业基本上都是选择3年为一个规划周期，每执行一年，就滚动一次。即使是明确的战略规划也要在发展过程中不断更新调整。

企业的战略确定之后，拆分到年度，就是企业年度的计划目标，然后再依次拆分到部门和岗位，形成部门和岗位的目标。这样，公司、部门、岗位三级目标体系就搭建完成了。

2. 从使命到职责

从使命到价值观、到愿景、到战略的路径确定以后，企业高管团队要根据每一年的滚动计划在年底或年初的时候审核公司的组织架构和组织能力，尤其是人员能力；盘点清楚完成公司的年度计划目标所需要设计的一级单位的数量（一级部门、分子公司），一级单位的业务范围和职责，每个一级单位需要设计的二级部门、三级部门数量以及各部门的职责范围，每个部门需要设计的岗位数量以及岗位的职责范围；基于组织分工将公司的年度计划目标拆分到一级单位（一级部门、分子公司）、二级部门、三级部门，再拆分到岗位；最后再做企业人才盘点，企业晋升、培训、裁员等人才发展计划，同时基于岗位空缺情况做招聘规划。

3. 从目标到绩效

公司各级单位在一定时间内、在各自的职责范围内的目标完成情况就是绩效。

需要注意的是，绩效是各级单位依据自己的职责范围承接上级单位赋予的目标，而不能超职责范围。

之所以先介绍企业从战略目标到绩效的逻辑关系，是因为这个关系和绩效的概念一样重要。接下来我会介绍任务分工矩阵，通过任务分工矩阵分解企业的一级目标，规则就是按照职责划分。但是在实际工作和课堂演练中，我发现各级经理人往往忽视了这一点，从而给公司的管控带来人为的混乱。

二、使用 BSC 设计 KPI

（一）公司的 4 种战略

前面的章节已经介绍过绩效管理是企业战略落地的工具，所以在实施绩效管理项目前，需要提前启动企业的战略规划工作。现在很多企业在做绩效管理项目之前并没有确定战略，这就意味着会为了绩效而绩效，就如同好多企业实施 ERP 项目之前，没有做工作分析和制度体系建设一样。实际上，在没有做好战略准备前，忙乱地去推进企业绩效管理项目，往往会导致失败。

企业战略一般分为 4 类：总成本最低战略、产品领先战略、全面客户解决方案战略和锁定战略。

1. 总成本最低战略

总成本最低战略会使客户享受到"总成本最低"的购物体验，比如沃尔玛、美国西南航空和小米公司。它们提供高竞争性的价格与稳定的质量、快速购买和虽不全面但极好的产品，而其中竞争性价格是总成本最低战略的显著特征。但是单纯的低价并不足以引起竞争成功，实施总成本最低战略的公司必须保证质量可靠，使客户发现和修正缺陷的成本最低。同时，客户成本还包括购买和收到产品和服务所需要的时间成本，就像国内一线城市在京东购物基本能实现当日早上订货当日到达。

采取总成本最低战略的公司通过给客户提供虽有局限，但能够满足大部分目标客户需要的选择来缩减成本。比如沃尔玛提供的仓储式单位要比全服务超市或者百货商场少得多；麦当劳、肯德基仅出售少数种类的汉堡。通过减少项目和服务范围，公司减少了产品和服务成本，也就降低了客户总成本。

图3-2是总成本最低战略的通用战略地图，关键内部流程发生在运营管理部分。遵循总成本最低战略的公司需要和卓越的供应商保持长期联系。另外这些公司拥有高效的运营流程，可以保证把供应商的输入快速转换为提供给客户的产品和服务输出；转换流程不仅在行业内成本最低，而且必须稳定、优质、快速反应；对客户的分销流程也必须是低成本、及时和零差错的。公司直接管理运营，使可用性最大化和客户损害最小化。

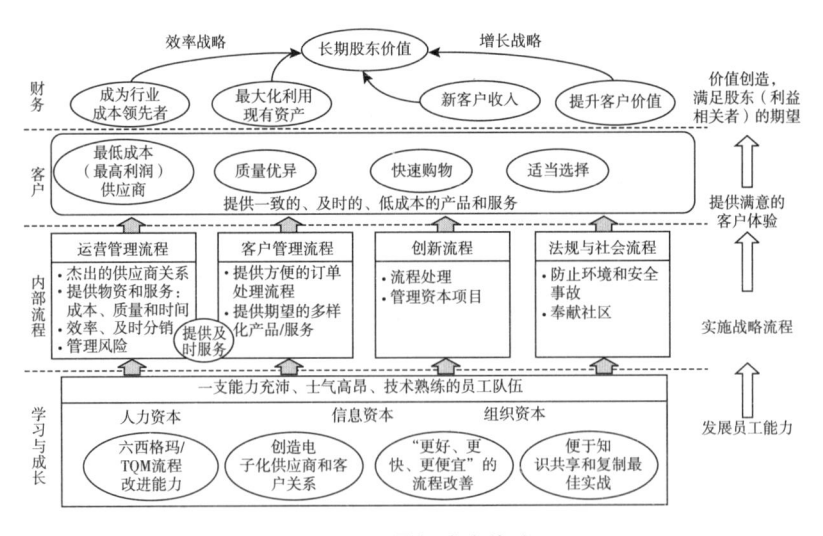

图3-2 最低成本战略

总成本最低战略要求客户管理流程为客户提供便利。比如简单易行的订货流程，预定航线、酒店，租车，旅游路线规划等。总成本最低战略使公司不仅要为诸如票据、交货情况、缺陷和返还率等运营事务提供优秀的售后服务,而且要理解最大客户群体最偏爱哪些产品和服务。比如沃尔玛对任何一类产品,常常在自己的零售品牌产品之外只备有两种领先品牌。这些公司擅长做市场调查,了解最大客户群体最希望得到的产品和服务,并通过提供有限的产品和服务来降低运营成本。

需要强调的是,采取总成本最低战略的公司是产品的追随者而不是领导者,并不会在产品和服务上投入大量的资金。为了使自己的产品和服务不过时,必须能复制并创新,比如小米前些年对苹果手机的模仿。这类公司在推出新产品时,为了能在行业中以最低价格获得最大的利润,必须强调设计选择。创新的焦点在于流程而不是产品。公司持续追求流程创新,这些创新可以降低成本,提高质量,改善订单、转换、分销和客户管理流程。一旦公司业务扩展,它们能够快速、有效地提高能力,在采购、运营和分销流程等方面获得规模效应。

法规与社会流程也很重要,不仅能减少员工和社区的危险,而且可以防止引起公司成本提高的事故和环境问题。高层管理者常常把事故率作为运营业绩的领先指标,因为"如果员工不关心自己,他们就不会关心公司的设备和流程"。

学习与成长流程为改善流程而强调提高员工的能力,对员工进行全面质量管理、六西格玛、适时管理和作业成本法等知识和技能培训,使他们能获得降低成本、缩短周转期和提高质量的能力和知识。公司信息技术的一个目标涉及加强客户购买体验、降低公司和客户订购以及获得产品和服务的成本。供应商和客户的交易电子化对于降低成本非常重要,可以使订购和分销流程方便快捷、无差错。另一个信息技术目标是为员工提供关于成本、质量、流程和客户的准确、及时的数据,在持续改善活动中把这些数据授权给员工,以便获得最佳的实践,之后用于内部经验共享和流程创新。

采取总成本最低战略的公司的组织成本应该放在局部流程学习和共享整个组织的最佳实践上,其目的不应该是使公司中最有效率的部门的成功经验成为秘密，而应该是引入最优的流程创新，并使其他部门获得对创新的最大利用。公司文化应该强调"更好、更快、更便宜"的战略主题。

采取总成本最低战略的公司对人的要求是建立一支训练有素的队伍。

2. 产品领先战略

英特尔、苹果、奔驰等公司强调产品创新和产品领先。采取产品领先战略的公司的价值主张强调前卫客户看中并愿意支付更高价格的产品的特征和功能。战略目标包括突出的表现，以及比竞争对手的产品更优越的速度、精度、尺寸或能耗等特征。采取产品领先战略的公司希望其创新或者增强的功能首先面世。由于是首次，公司可以对那些重视该产品特征和功能的早期客户定出高价，或者也可以通过它在这个以巨大转换成本或系统锁定为特征的市场上获得较高的市场份额。

图3-3是产品领先公司的通用战略地图，关键内部流程在创新部分，公司必须在预测客户需要、优秀产品与服务和发现新机会方面表现优秀。公司在以下3个方面维持最佳平衡。

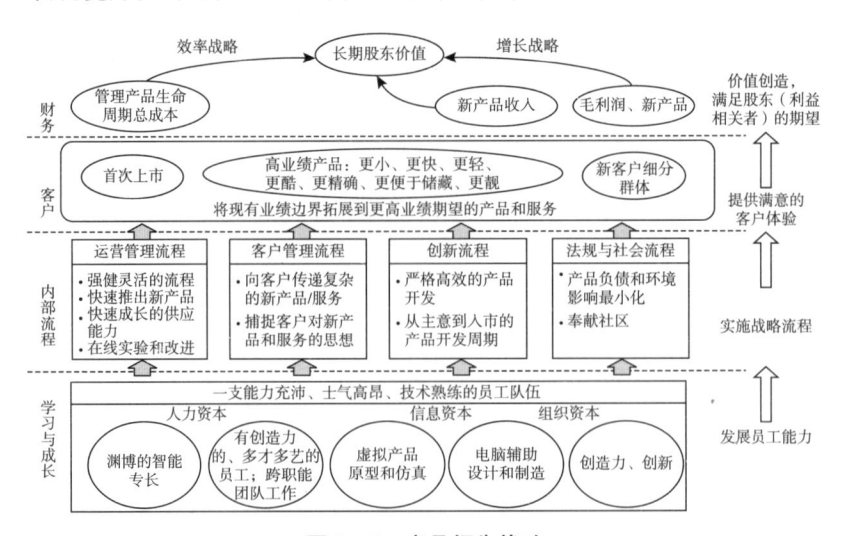

图3-3 产品领先战略

- 基础研究创造新的科技突破。
- 在新产品平台引入这些突破。
- 通过递增的但仍然创新的衍生产品来提升现有平台的产品。

公司必须拥有把产品快速打入市场的优秀产品开发流程，也必须精于专利申请和品牌管理流程以保持产品创新。

采取产品领先战略的公司的运营管理流程不再是成本最低，而是坚定对新产品的持续开发。公司希望运营流程快速响应，保证市场份额渗透不再受生产能力的制约，且运营流程必须灵活，允许基于市场反馈对产品特征进行较小变动。一旦产品特征稳固，公司也允许进行试验来减少生产成本。运营流程的灵活性和改善对产品领先公司的重要性远大于高度稳定产品的低成本生产，公司从创新产品的创新特性中获得的边际利润除了补偿较高的产品成本外尚有结余。

产品领先公司希望确定前卫客户并从中获得信息，因为前卫客户常常对新特征和功能有独到的见解，与有价值的客户保持紧密联系的公司将能赋予这些新产品或功能更多的思想。同时，公司也需要向客户传授功能提高的益处，客户代表必须向客户阐明如何才能捕捉到新产品特征的价值。

采取产品领先战略的公司由于持续推出新产品，必须尽力避免产品的负面影响，公司的目标必须关联到提高产品安全性、员工和客户健康以及新产品短期生产的环境影响。由于以创新为基础的公司产品生命周期很短，所以必须对总的环境成本，包括产品的整个生命周期保持高度关注。

采取产品领先战略的公司对人的要求是创新意识和创新能力强、知识广博、多才多艺，只要最好最贵的人才，而不考虑性价比。

3. 全面客户解决方案战略

采用全面客户解决方案战略的公司给客户的印象是：公司会理解

他们的业务和个人事务，也相信公司会开发出适合他们的客户化解决方案。比如金融服务业的高盛公司、石油业的美孚公司、家电业的海尔公司。这类公司会让客户感觉：它懂我！

提供客户解决方案的公司的目标关联到解决方案的全面性（销售多种捆绑在一起的产品和服务）、额外服务（售前、售后）和客户关系质量。通常情况下，通过单一的低水平的产品获得新客户的成本是较高的，公司一旦花高代价获得了新客户，就必须通过各种方式留住他，比如加深客户关系、提供多类型产品。由于较高的获客成本，使当年的客户利润有可能为负，所以需要留住客户，通过提供解决方案获利。比如国内的保险公司一般是通过车险获得客户，再通过保险产品包和理财产品包获得利润。

图3-4是采取全面客户解决方案战略公司的通用战略地图，关键内部流程在于客户管理。公司充分理解了什么是客户价值，与客户建立了牢固可信的关系，并把既有产品和方案融入个别的客户化方案，最终帮助客户取得成功。运营管理流程通过为客户提供宽范围、系列化的产品和服务，支持了客户管理流程。这个过程包括捆绑供应商的产品和服务，捆绑公司自己的产品和服务，以及通过无缝的分销渠道把供应商和公司自己的捆绑式产品和服务传递给客户。与产品领先战略一样，采取全面解决方案战略的公司，其运营流程中不要求成本最低，只要找到一个为客户创造价值的新方法即可。客户访谈和调查是很好的工具，调查理解客户对未来的需要和偏好，比单一的产品创新更有说服力，调查也可以直接为客户接触与使用公司的产品和服务找到一个新方法。

对于采取全面客户解决方案战略的公司来说，其法规与社会流程的重点是获得法律批准，扫清横跨行业的障碍来提供服务。这些公司也希望利用其卓越的服务能力在它们所运作的社区创造较高的社会价值。

在员工能力方面强调员工具有为其目标客户群提供不同产品和服

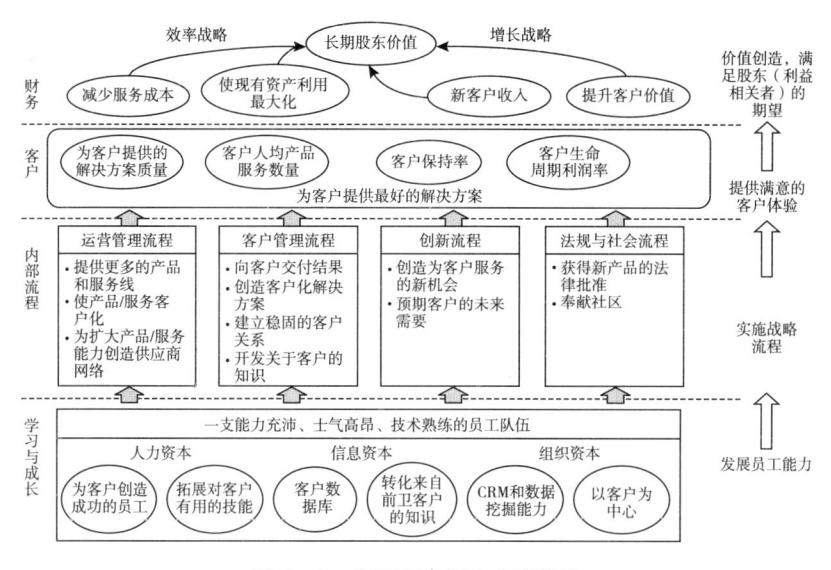

第 3 节课　使用 BSC 法设计企业三级绩效指标体系

图 3-4　全面客户解决方案战略

务的技能和知识。员工也必须对目标客户及其偏好有高度的敏感，要有宽泛的技术基础，保证客户通过一个业务代表而不是多个代表获得服务。

在信息技术方面关注客户数据和分析能力，以获得更多关于客户偏好和购买品种的资料。强有力的客户数据库是客户中心型公司的秘密武器。CRM 软件可以使公司对每个客户与公司的交易概况有一个完整、全面的了解。通过 CRM 软件和作业成本系统，公司能够准确衡量每个客户的赢利性，并获得有价值的信息，这些信息可以帮助公司将不赢利的客户关系转变为赢利的客户关系。挖掘数据能力帮助公司基于偏好和购买行为，在确定客户群和向客户销售方面拥有独特的洞察力。知识管理系统关注的重点是把从前卫客户那里获得的知识转化为开发新产品和服务品种，以及更好地为其他客户服务。

组织资本目标反映了在客户之间培育客户中心型的气氛和文化。员工必须理解客户的重要性以及和客户保持长期关系的价值。

4. 锁定战略

锁定战略是一个比较特殊的战略，它通过设置较高的转换成本来锁定客户。

吉列公司数十年来通过低价策略销售剃须刀架，使客户持续购买它们的剃须刀片，因为它们的剃须刀片与获得专利权的吉列刀架配合得最出色。微软和思科公司的股票市场价值比其他无形资产的账面价值高出数千亿美元，很大程度上是因为它们的软件和硬件不仅已经成为行业标准，而且竞争者很难复制，同时客户的转换成本也很高。安卓和 IOS 系统也是同样的原理。淘宝和京东上的商家也被牢牢锁定在各自的平台上，在获得收益和成功的同时，想要转换平台也是很困难的事情。

图 3-5 是锁定战略的通用战略地图，我们从以下 4 个层面进行详细阐述。

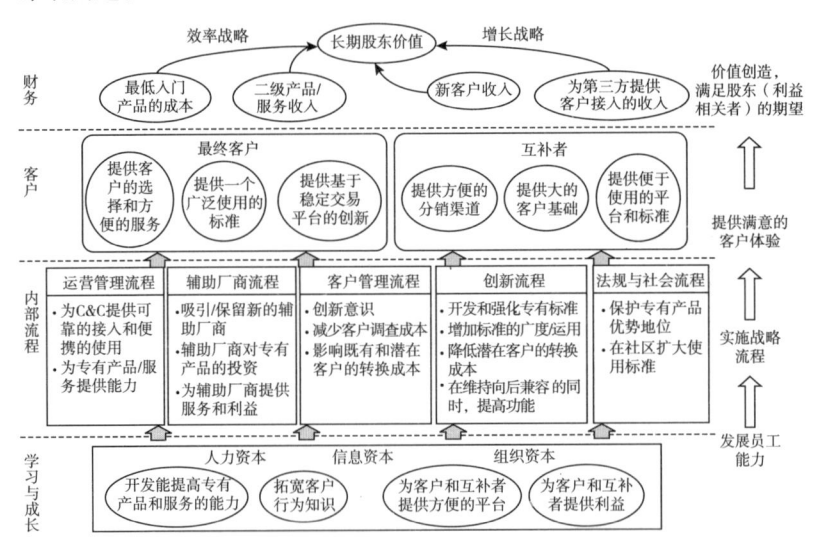

图 3-5 锁定战略

（1）财务维度

互联网形式下，锁定战略强调的是大规模地获取客户，更强调的是收入增长而不是生产率。因为成功要素之一是快速扩大市场份额，公司利用低价吸引客户和辅助厂商。公司的生产率目标是降低供应入门级的成本，收入增长目标是新客户的收入、向基础产品使用者销售产品和服务的高利润收入，以及为第三方提供公司大规模忠实客户群接入的收入。

（2）客户维度

公司必须确定吸引和保持专有标准客户的价值主张。第一，标准对客户来说是易于使用的；第二，客户必须相信标准也被其他人广泛使用。而对于专有标准，客户将希望通过持续创新来加强其威力和便利性，同时希望与从前的版本兼容，这样在专有标准上的既有投资就不会荒废。

公司既要强调客户的获得率和保护率，还要衡量最终客户的获得率、保持率与辅助厂商的关系深度。

（3）内部运营维度

锁定战略要求强有力的创新流程，公司首先必须开发作为锁定战略的专有产品和保护标准。公司要为产品和服务提供一个交易平台，这个平台便于辅助厂商和公司后续产品的使用。公司一旦确立了某种产品或服务作为专有水准或主流交易平台，那么它的创新流程就应该持续加强与核心产品的功能，并保持对以前产品的兼容性，既提高了客户转换成本，又不增加客户购买费用。创新流程也应该寻找方法来拓宽核心产品的运用，从而吸引更多的客户、辅助厂商和先发制人的竞争者。

（4）学习与成长维度

锁定战略对创新流程依赖度很强，所以必须拥有在专有技术方面优秀的科技人才和工程师。

信息资本常常是系统锁定战略的核心，信息资源为客户、辅助厂商和竞争者提供了平台，CRM 和客户数据库常常是锁定公司的有价值资产。

执行锁定战略的公司的文化必须以客户和辅助厂商为中心，成功的关键是提供额外的服务和快速反应。这样，客户和辅助厂商会意识到如果转向另一家公司，这家公司是否能够提供卓越的服务将充满不确定性。

（二）如何使用 BSC 设计 KPI

关键绩效指标中的"关键"两字即是指在某一阶段，一个企业在战略上要解决的最主要的问题，因此 KPI 尤其是企业层面的 KPI 来源于企业战略目标或者企业年度重点工作计划。在企业的战略体系建立以后，接下来的工作就是建立相应的绩效指标体系，以追踪和检查这些战略目标的完成情况。至于怎样从目标转化为指标体系，需要用到不同的工具。这里先介绍如何从 BSC 的角度进行 KPI 设计和指标分解。

1. 战略地图

战略地图确切地说是描述了组织如何通过达到企业战略目标而创造价值。战略地图在企业的战略与企业实际工作之间搭建了桥梁，也在企业的战略和绩效指标之间建立了联系。

图 3-6 是战略地图的全貌。战略地图从 BSC 的角度解释了企业战略是如何逐层制定、分解并实施的。图中的箭头指向表示了支撑与价值传递的方向，比如在财务层面，企业的主旨是价值创造，满足股

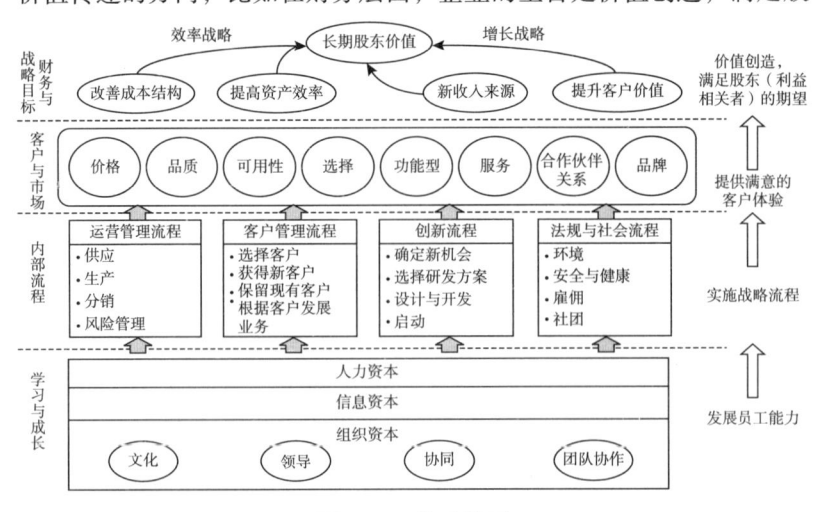

图 3-6 战略地图

东和利益相关者的期望，为了这一战略主旨，企业在财务层面制定了两个子战略，即增长战略和效率战略。为了实施这些战略，又在客户层面、内部流程和学习与成长层面制定了一系列相应的战略和工作要求。由此，企业从以上方面构架了自己的战略体系。

通过战略地图，可以把企业战略分解为一系列的"战略衡量项目"，即战略地图中的内容。每个战略衡量项目既是战略的重要组成单元，又是被衡量的对象。战略地图中的每个衡量项目展开成为一项或数项 KPI，通过对这些指标的测评，高层管理者就可以看到战略实施进程的全貌。

战略地图中的每个战略衡量项目可以使用一个或数个绩效指标来衡量。战略性衡量是战略主题的具体表达，同时又是设计、分解绩效指标的基础。通过列出一组战略性衡量项目以及相互之间的逻辑关系，战略地图可以把战略"说清楚，讲明白"，参见表 3-1。

表 3-1 某航空机场根据战略地图提取 KPI

战略地图		企业KPI	
战略：增加机场利润	目标项目	指标名称	目标值
利润	利润率	利润率	15%
增加营业收入	营业收入增长	每个座位收入	年增长5%
飞机数减少	较少的飞机数量	飞机耗用成本	年减少2%
顾客管理	维系老顾客	重复顾客数	达到70%
	吸引新顾客	新顾客数	年增长率10%
准时服务 票价优惠	最低价格	航空局评比	第一
	航班准时	准时起飞率	98%
缩短起降周期时间	快速起降	地面停留时间	30分钟
战略性工作	发展必需技能	工作齐备程序	3年达到
战略性系统	发展支持系统	信息系统就绪	100%
地勤人员整合	地勤人员战略性	战略任职程度	100%

2. 任务分工矩阵

战略地图完成了战略的分解以及企业年度 KPI 的制定,但是完成企业的战略目标还需要把企业的战略落实到一级单位、二级单位和岗位。任务分工矩阵就是为了完成任务而设计的工具。根据企业各部门的职责分工和业务流程,把战略地图中的战略性衡量项目落实到各单位各部门,具体做法见表 3-2。

表 3-2 任务分工矩阵分解企业工作任务

部门 工作任务	企管部	人力资源部	生产部	市场部	财务部	…	销售部
利润增加			√	√	√		√
应收账款管理					√		√
新业务开拓			√	√			√
…							
企业文化	√	√					

根据战略地图,可以把企业的所有战略目标分解为一系列的工作任务(比如利润增加、顾客满意、安全管理等),把所有的工作任务列在矩阵第一列,在矩阵的第一行列出企业的所有部门(比如企管部、人力资源部、市场部等)。如果工作任务在哪一个部门的工作职责范围内,需要该部门去完成,就在相应的地方画"√",于是这样就形成了基于工作职责的"任务—部门"矩阵。比如利润增加主要由生产部、市场部、财务部和销售部完成,就在任务和部门交叉的方格内画"√"。通过这种方法,把企业的战略目标分解成为部门的工作;同样,部门还可以进一步把工作分解到二级部门甚至岗位。

任务分工矩阵的另一个作用是分解企业的 KPI,使企业的 KPI 落实到部门层面来完成。其做法与任务分工相同,不同的是在任务分解企业 KPI 的同时,要注明承担部门对企业 KPI 的承担程度(用百分比表示承担的权重），注明哪个部门是主要承担部门，哪个部门是辅助承担部门，这样做的目的是在考评时根据企业 KPI 的考评分值来核算部门得分，以表示部门对企业 KPI 的贡献，具体做法如表 3-3 所示。

表 3-3　任务分工矩阵分解企业 KPI　　　　　　　　　　　　　　（%）

岗位 KPI	企管部	人力资源部	生产部	市场部	财务部	…	销售部
利润率			10	10			80
应收款回收率					20		80
新业务收入完成率			20	30			50
…							
关键人才流失率	5	75	5	5	5		5

3. 目标分解鱼骨图

在绩效管理中，通过运用鱼骨图进行目标分解，其主旨是将通过任务分工矩阵分解到部门的工作任务，运用鱼骨图分解为部门 KPI；同样，这种方法也适用于二级部门和岗位 KPI 的设计。运用鱼骨图分解并提炼 KPI，可以帮助企业在实际工作中抓住主要问题，解决主要矛盾。

鱼骨图分析的主要步骤如下。

首先，确定部门（二级部门、岗位）战略性工作任务，确定哪些因素与企业战略目标有关。

其次，确定业务标准，定义关键成功因素，满足业务重点所需的策略手段。

最后，确定关键业绩指标。

这样，通过企业—部门—二级部门—岗位的层层分解、互为支持的方法，确定各级单位的 KPI，并用定量或定性的指标确定下来，如图 3-7 所示。

由任务分工矩阵得到的人力资源部的工作任务（战略衡量项目）

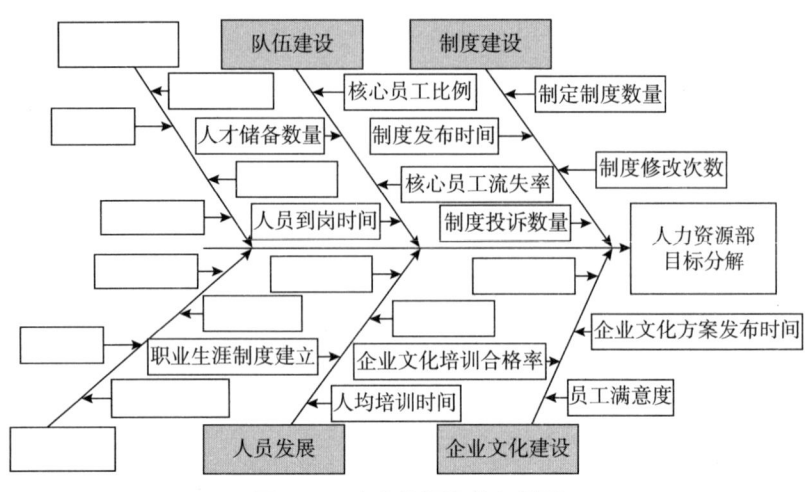

图 3-7　人力资源部的鱼骨图

主要有 4 个：队伍建设、制度建设、人员发展、企业文化建设。分别将这 4 个工作任务放在鱼背和鱼腹的位置，再根据企业实际情况为每一个工作任务设计若干 KPI。比如围绕制度建设的 KPI 有 4 个，即制度建设数量质量、制度发布时间、制度修改次数、制度投诉数量。

4. 确定关键绩效指标的原则

在设计关键绩效指标的时候，必须符合 SMART 原则，即表 3-4 所示。

表 3-4　SMART 原则

原则	含义
S（Specific）明确	所下达的目标要非常明确，或者说要"质量化"而不是"定向化"，不允许用模糊的数据或语句来描述。比如过去国有企业对员工考核主要是"德、勤、能、技、德"几个方面，这些指标比较模糊，难以考核
M（Measurable）可衡量	指标可以量化、可以衡量。比如市场部今年要完成销售额 2 500 万元，完成利润 300 万元，产品合格率要达到 100%，优良率要达到 80%。 管理上有个规律：如果目标不可衡量，则不可考核；如果不可考核，则不可管理

续表

原则	含义
A（Attainable）可达成	目标必须是能够达到的。如果目标根本无法达到，那么就没有完成任务的信心。比如说今年把市场范围扩大到广州，这是可以达到的；但要把市场范围扩大到全世界，恐怕难以实现 目标如果太低，则没有激励性
R（Relevant）相关联	目标之间是相互关联相互影响的，比如规模和利润之间一定是此消彼长的关系
T（Time-based）有时间限制	要规定一个期限，规定在什么时间之内完成任务或实现目标

5. 关键绩效指标词典

完整的关键绩效指标包括指标的编号、名称、定义、设定目的、责任人、数据来源、计算方法、计分方式、考评周期等内容，这些构成了 KPI 词典。在企业所有 KPI 设计完毕后，要把所有的 KPI 汇总组成 KPI 库。

6. 关键绩效指标的时间维度分解

以上所制定的指标属于年度 KPI 体系，为了更好地跟踪年度指标的完成情况，保证其顺利完成，有必要在时间维度上对指标进行进一步分解，如图 3-8 所示。

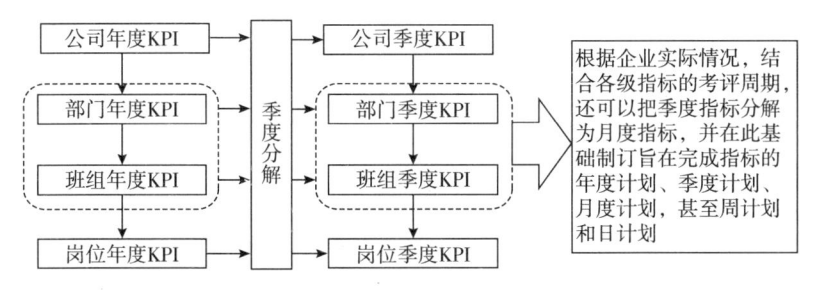

图 3-8 企业 KPI 指标时间维度分解

按照考评周期的不同，把年度指标分解为季度指标以作为季度考评的对象与依据。还可以进一步分解到月、周、日的层次，对指标的完成情况进行追踪。当然，为了完成 KPI，各级部门和人员都要制订相应的工作计划，所有工作都要围绕计划进行。这样绩效计划就体现了绩效指标的目标导向性，即各级绩效计划的完成意味着绩效指标的达成。

（三）某知名保险公司使用 BSC 设计 KPI 体系的案例

该保险公司是排名比较靠前的一家国内保险公司，员工将近 30 万，公司的绩效管理使用的是平衡计分卡的方法，具体操作如下。

1. 战略制定与方案指引

以集团领导工作报告为公司战略目标与方向指引的主要输入项，形成公司战略指引方案。

公司战略制定与执行可分为诊断—设计—解决方案。诊断步骤包含两个要素：制定绩效的统一目标，并确定组织是否有意愿和能力去实现这个目标。设计中明确为了实现战略目标，公司需要做什么。解决方案包含在实现战略目标的过程中，公司如何管理过程、检测和改进以确保持续前进。如表 3-5 所示。

表 3-5　公司战略制定

诊断		设计	解决方案	
统一目标	认识差距	明确路径	行动计划	检测改进
明确战略目标，并确保组织上下对目标认知一致	组织现状实现战略需要的能力与支持	经过组织上下不断地研讨，明确实现战略的路径	建立正确的架构，明辨正确的事情	不断检测，保持组织在正确的轨道持续前行

集团领导的工作报告重点提炼，如表 3-6 所示。

表 3-6　工作报告重点

统一目标		目标解读
纲领	要素	路径
"集团整体要在以传统管理方式实现价值转型的基础上，逐步发展成以科技为驱动的价值发展型公司，各总部要转型为智能化的管理、支持与服务平台。"	科技、价值发展、智能化	1. 人工智表、区块链、云计算、大数据等技术的创新和应用 2. 推动管理体系还贷、服务系统升级 ……

第 3 节课 使用 BSC 法设计企业三级绩效指标体系

续表

统一目标		目标解读	
纲领	要素		路径
"2018 年，集团要坚定不移地坚持价值发展导向。"	价值发展		1. "红黄蓝"分类管理 2. 考核激励简单化、直接化 ……
"抓住'客户是我们的一切'这条工作主线。"	客户		1. 完善所有开发县的客户调查制度 2. 开发 90 后、00 后专属产品与特色服务 ……
"客户是公司之本，总部要切实强化以客户为中心的思想，并真正落实到经营管理制度和各个工作环节之中。"	客户		1. 实施客户价值工程 2. 突破梦想客户工程 ……
"阳光要把科技驱动上升为公司战略，将其作为建立公司核心竞争力的关键举措，加大投入，加快推进实施。"	科技、核心竞争力		1. 全方位提升保险主业的科技应用能力 2. 深化数据建设，加快人工智能技术应用 ……
"我们要打信息化的战争，要集聚智能化的平台，要成为一个有影响力的智能化的平台。"	信息化、智能化、有影响力		1. 以凤凰平台为基础，全面建设"阳光智能平台" 2. 研发保护客户利益需求的产品 ……
"人才与数据是企业的核心价值，人力资源是现在企业发展的核心动力。"	人才、数据、核心价值		1. 把影响战略推进的核心人才引进来 2. 把系统内的后备干部潜质人才选出来 ……
"建设平台型公司，实现去中心、去中介，构筑功能强大的服务支持平台，运用互联网科技等现代先进技术手段沟通服务客户、武装前线将士，形成公司的体系化的作战能力。"	平台型、服务支持平台、互联网科技、客户		1. 推进凤凰工程 2. 全面建设"阳光智能平台" ……
"互联网客户经营。"	互联网客户		1. 继续深化理赔、保全脱媒，优化客户体验 2. 构建三个生态圈，提高获客与互动能力 ……

125

2. 战略地图的绘制

根据集团领导的战略指导，结合公司实际情况和优势，确立了全面客户解决方案的战略，具体如图3-9所示。

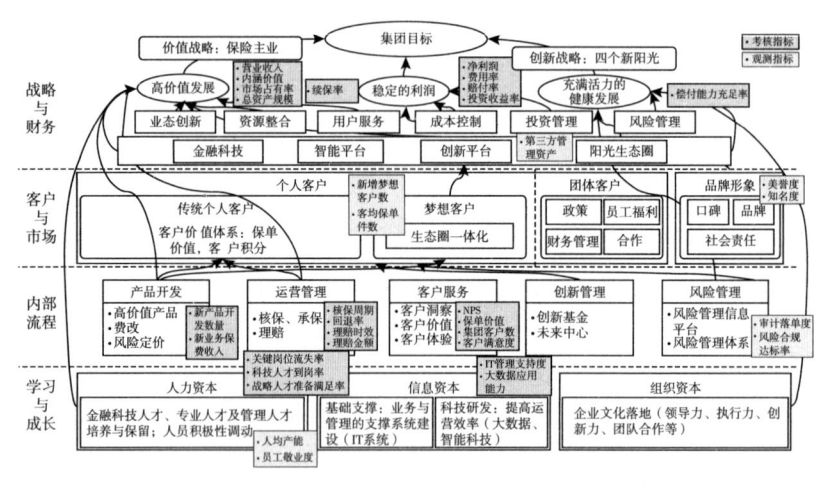

图3-9 某保险公司集团战略地图

从财务指标看，公司的目标是长期股东价值/股东价值最大化、增长并加强公司价值、可持续的利润增长/增加净利润、向投保人和客户提供有价值且积极赢利的销售支持。接着将目标分解为改善成本结构、提高资产利用率、创新收入来源、提升客户价值。

全公司包含保险主业和4个新业态，分别是数据、金融、健康和海外。

保险是集团的核心业务板块，未来一段时间都将是集团的主要收入来源、利润来源和价值来源。"4个新业态"则是集团在商业模式、产品服务、运营生态、经营区域4个维度上的重大拓展，旨在顺应未来数据化趋势，满足客户多元化需求，实现协同效应，降低经营风险。

数据业态是对商业模式的拓展，主动拥抱移动互联时代，深度运用云计算、大数据、区块链、人工智能等前沿科技，为客户提供科技感十足的金融保险产品，满足客户个性化、沉浸化、敏捷化、共享化的服务需求。

金融业态是对产品服务的拓展，围绕大金融、大资管，提供涵盖投资、融资、保险的全品种产品和服务，全方位满足客户财富保值和增值的需求。

健康业态是运营生态上的拓展，围绕大健康、生态圈，为客户提供优质的生活服务、医疗服务、健康服务、养老服务，帮助客户不断提高生活品质。

海外业态是经营区域上的拓展，立足国内，以全球视野进行资源配置与优化。

3. 集团战略指标的设计

基于战略地图，将集团的战略性经营单元 KPI 化后，提炼出了以下 KPI 体系，如表 3-7 所示。

表 3-7 基于集团战略的指标设计

维度	子维度	考核类	观测类
财务层面	营业收入（保费收入）	● 总保费收入 ● 承保利润 ● 内涵价值	● 市场占有率 ● 优势业务占比 ● 标保达成率
	成本控制	● 费用率 ● 赔付率	产险综合成本率 寿险新业务价值及增速
	投资	● 总资产规模 ● 投资收益率	第三方管理资产
客户与市场	客户价值	● 保单价值 ● 客户积分 ● 集团客户数	● 新增梦想客户数 ● 客均保单件数
	品牌与形象	● 续保率	● 客户满意度 ● 品牌美誉度、知名度

续表

维度	指标		
	子维度	考核类	观测类
内部流程	产品开发	• 新产品开发数量 • 新业务保费收入	
	运营管理	• 核保周期 • 回退率 • 理赔时效 • 理赔金额	大数据应用能力
	客户服务	• NPS	
	风险管理	• 偿付能力充足率	风险合规达标率
学习与成长	人力资本	• 招：200名科技人才（5名领头人） • 选：100名三级机构负责人、200名县级机构负责人 • 培：300名讲师、1 500个线上课程 • 留：离职率	• 员工敬业度 • 关键岗位人才准备度 • 人均产能
	信息资本		• IT管理支持度
	组织资本		• 执行力 • 领导力 • 团队合作

4. 设计一级部门的 KPI

在公司的战略地图和关键指标形成之后，一级部门承接公司的指标沿着"部门战略目标—部门战略措施—措施评价（KPI）"路径，推导衡量其职责的关键绩效指标，如图 3-10 所示。

从公司的战略地图和目标，承接到部门的战略目标，分析战略举措，产生部门级别战略地图。

一级部门 KPI 设计及筛选的原则如图 3-11 所示。

基于图 3-11 所示的原则，可以设计出部门的战略地图，如图 3-12、图 3-13 所示。

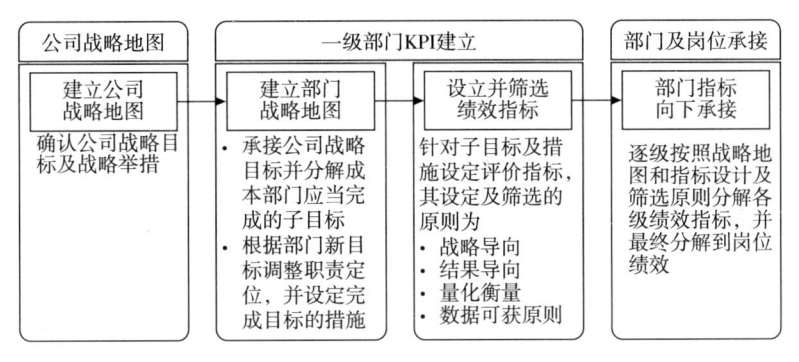

第 3 节课　使用 BSC 法设计企业三级绩效指标体系

图 3-10　从公司战略目标分解到一级目标的逻辑架构

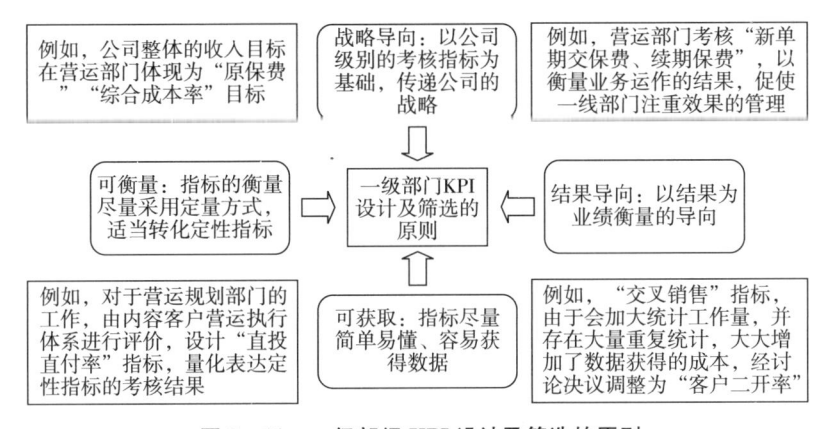

公司战略地图
- 建立公司战略地图
  - 确认公司战略目标及战略举措

一级部门KPI建立
- 建立部门战略地图
  - 承接公司战略目标并分解成本部门应当完成的子目标
  - 根据部门新目标调整职责定位，并设定完成目标的措施
- 设立并筛选绩效指标
  - 针对子目标及措施设定评价指标，其设定及筛选的原则为
    - 战略导向
    - 结果导向
    - 量化衡量
    - 数据可获原则

部门及岗位承接
- 部门指标向下承接
  - 逐级按照战略地图和指标设计及筛选原则分解各级绩效指标，并最终分解到岗位绩效

图 3-11　一级部门 KPI 设计及筛选的原则

一级部门KPI设计及筛选的原则

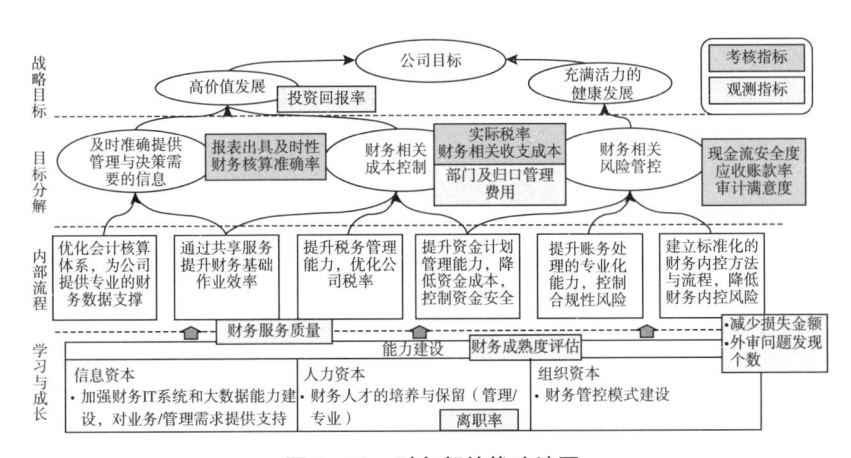

- 战略导向：以公司级别的考核指标为基础，传递公司的战略
  - 例如，公司整体的收入目标在营运部门体现为"原保费""综合成本率"目标
- 结果导向：以结果为业绩衡量的导向
  - 例如，营运部门考核"新单期交保费、续期保费"，以衡量业务运作的结果，促使一线部门注重效果的管理
- 可衡量：指标的衡量尽量采用定量方式，适当转化定性指标
  - 例如，对于营运规划部门的工作，由内容客户营运执行体系进行评价，设计"直投直付率"指标，量化表达定性指标的考核结果
- 可获取：指标尽量简单易懂、容易获得数据
  - 例如，"交叉销售"指标，由于会加大统计工作量，并存在大量重复统计，大大增加了数据获得的成本，经讨论决议调整为"客户二开率"

图 3-12　财务部的战略地图

| | | | 考核指标 |
| | | | 观测指标 |

战略目标：高价值发展 — 公司目标 — 充满活力的健康发展
　　　　投资回报率

目标分解：
- 及时准确提供管理与决策需要的信息
- 报表出具及时性财务核算准确率
- 财务相关成本控制
- 实际税率 财务相关收支成本部门及归口管理费用
- 财务相关风险管控
- 现金流安全度 应收账款率 审计满意度

内部流程：
- 优化会计核算体系，为公司提供专业的财务数据支撑
- 通过共享服务提升财务基础作业效率
- 提升税务管理能力，优化公司税率
- 提升资金计划管理能力，降低资金成本，控制资金安全
- 提升事务处理的专业化能力，控制合规性风险
- 建立标准化的财务内控方法与流程，降低财务内控风险

财务服务质量　　能力建设　　财务成熟度评估　　减少损失金额 外审问题发现个数

学习与成长：
- 信息资本：加强财务IT系统和大数据能力建设，对业务/管理需求提供支持
- 人力资本：财务人才的培养与保留（管理/专业）　离职率
- 组织资本：财务管控模式建设

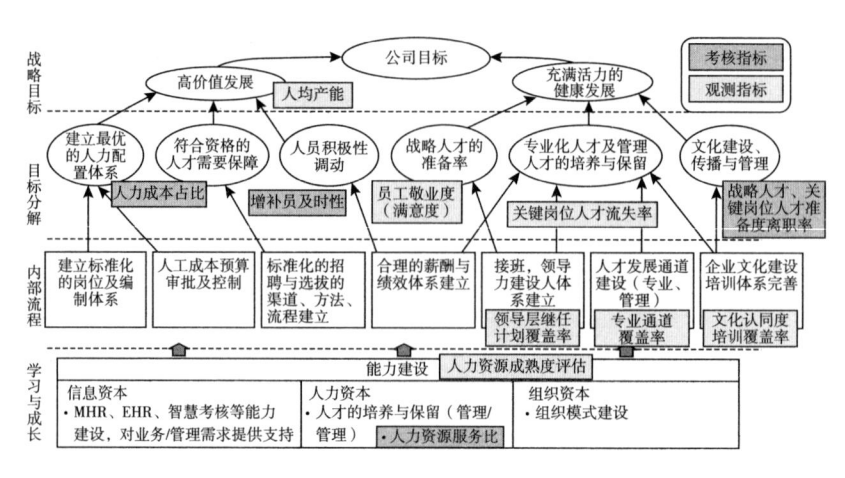

图 3-13 人力资源部的战略地图

依据 KPI 的筛选和提炼的原则，提取出的部门 KPI 如表 3-8、表 3-9 所示。

表 3-8 财务部指标一览

战略目标	战略举措	考核指标	观测指标
收入与利润	• 及时准备提供管理与决策需要的财务信息	实际税率（综合流转税税负、所得税税负）	投资回报率
	• 提升税务管理能力，优化公司税率	财务相关收支成本	部门及归口管理费用
	• 提升资金计划管理能力，降低资金成本	财务核算准确率 报表出具及时性	—
长期稳定发展	• 提升财务处理的专业化能力，控制合规性风险	现金流安全度	减少损失的金额
	• 建立标准化的财务内控方法与流程	应收账款率	—
		审计满意度	—
	• 通过共享服务提升财务基础作业效率，提升财务服务质量	—	财务服务质量
	• 财务能力建设	—	财务成熟度评估

表3-9 人力资源部指标一览

战略目标	战略举措	考核指标	观测标指
收入与利润	• 建立最优的人力配置体系 • 标准化的招聘与选拔的渠道、方法、流程建立 • 人员积极性调动	人力成本占比 增补人员及时性 —	人均产能
长期稳定发展	• 通过激励性的薪酬、有效的绩效管理保障员工的留存 • 人才发展通道建设（专业、管理）	离职率	员工敬业度
	• 加强阳光文化建设与管理	—	文化认同度
	• 专业化人才及管理人才的培养与保留	关键岗位人才准备度	关键岗位人才流失率
	• 战略人才的引进与发展	战略人才准备度	战略人才适岗度
	• 通过接班人体系建立，为公司发展提供人员保障	—	领导层继任计划覆盖率
	• 通过专业通道建设，为专业人才的提升提供资源	—	专业通道覆盖率
	• 通过培训体系优化，提升培训质量	—	培训覆盖率
	• 发展和提升人力资源专业和服务能力	人力资源服务比	—
	• 持续提升人力资源的专业能力	—	人力资源成熟度评估

基于同样的逻辑，可以设计二级部门和岗位的 KPI 体系。

附件 BSC 法

BSC 的核心思想，是通过财务、客户、内部经营过程、学习与成长 4 个指标之间相互驱动的因果关系来实现绩效考核、绩效改进以及战略实施、战略修正的目标。一方面通过财务指标保持对组织短期业绩的关注；另一方面通过员工学习、信息技术的运用，与产品、服务的创新来提高客户的满意度，共同驱动组织未来的财务绩效，展示组织的战略轨迹，如图 3-14 所示。

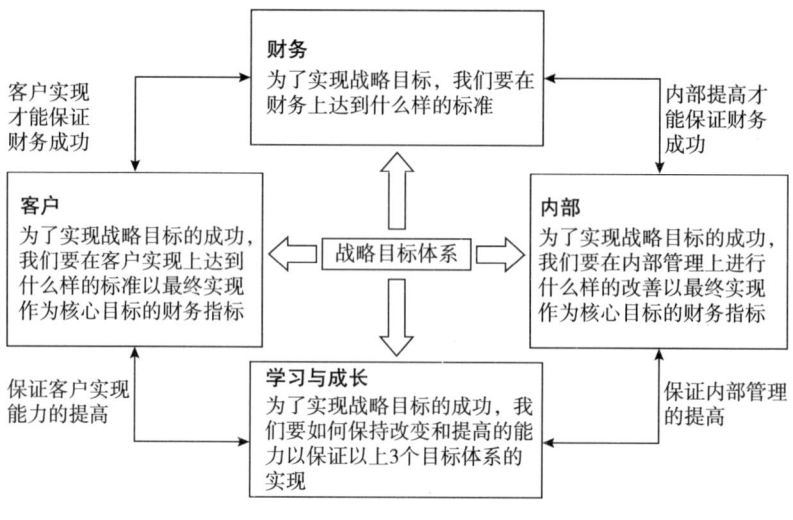

```
                           财务
        ┌──────→    为了实现战略目标，我们要在   ←──────┐
客户实现         财务上达到什么样的标准              内部提高才
才能保证              ↑                              能保证财务
财务成功              ↓                              成功
   ┌──────┐                                    ┌──────┐
   │ 客户 │                                    │ 内部 │
   │为了实现战略目标的成功，│ ←─ 战略目标体系 ─→ │为了实现战略目标的成功，│
   │我们要在客户实现上达到 │                    │我们要在内部管理上进行 │
   │什么样的标准以最终实现 │                    │什么样的改善以最终实现 │
   │作为核心目标的财务指标 │                    │作为核心目标的财务指标 │
   └──────┘              ↑                     └──────┘
                         ↓
保证客户实现    ┌──────────────────┐    保证内部管理
能力的提高      │    学习与成长     │    的提高
        ┌──────→│为了实现战略目标的成功，我 │←──────┐
                │们要如何保持改变和提高的能 │
                │力以保证以上3个目标体系的 │
                │实现                      │
                └──────────────────┘
```

图 3-14　平衡计分卡

依据 BSC 建立的企业 KPI 体系，兼顾了对结果和过程的关注。但是基于战略分解产生的全面的 KPI 体系，还要同本年度指标的精细筛选相结合。战略分解产生的是全面的体系，某一年度指标的具体采用必须经过经营检讨来确定。

BSC 包含以下 4 个维度。

财务维度

追求正向的财务结果是公司运营的主要目标，也是公司股东评估董事会、总经理的核心要素。通过对财务维度的绩效进行度量可以显示企业策略的实施与执行，同时能看出对于改善本期净利是否有所贡献。

财务目标通常与获利能力有关，如快速的销售成长、毛利率、纯利率或现金流量等。衡量标准往往是营业收入、资本运用报酬率，或附加经济价值（EVA）等。在不同的公司发展阶段，不同的战略公司会设计不同的财务目标，如表 3-10 所示。

表 3-10 财务维度

公司发展阶段	财务目标关注焦点
创业阶段	销售收入、现金流
快速发展阶段	销售收入、现金流、财务毛利
稳定成长阶段	投资回报率、纯利、纯利率、费用控制

处于不同生命周期的企业可依照公司策略，分析出各财务类指标作为绩效衡量的标准，如表 3-11 所示。

表 3-11 财务指标类 KPI 实例

指标类别	指标侧重	指标名称
财务指标	财务效益状况	净资产收益率、总资产报酬率、销售营业利润率、成本费用利润率、资本保值增值率
	资产运营状况	总资产周转率、流动资产周转率、应收账款周转率
	偿债能力状况	资产负债率、流动比率、速动比率、长期资产适合率
	发展能力状况	销售营业增长率、资本积累率、总资本增长率、固定资产成新率、3 年利润平均增长率、3 年资本平均增长率

客户维度

客户是企业获利的主要来源，因此满足客户的需求便成为企业追求的主要目标。实现财务类指标必须要关注客户维度指标，管理层要明确公司定义的客户和市场区域，并随时监督公司在这些目标区域中的表现。同时通过对客户维度的管理，帮助公司明确传达自己的价值主张来吸引和保留目标客户，提升客户的忠诚度。而核心客户的衡量指标，包括客户满意度、客户延续率、新客户争取率及客户获利率等，如表 3-12 所示。

表 3-12 客户指标类 KPI 实例

指标类别	指标侧重	指标名称
客户指标	价格状况	价格流动比率
	服务状况	促销效益比率、客户满意度、客户档案完整率
	品牌状况	产品上架率、投诉处理及时率、货款回笼率、销售收入达成率、市场占有率

内部流程维度

能够为客户提供持续性产品或者服务，需要强有力的内部流程支持。内部流程维度的目的在于满足财务及客户维度目标，在制定这个维度的目标与指标时，要先做企业价值链分析，对旧有的营运流程进行改善以达到满足财务及客户需求的目标，建立一个能解决目前及未来需求的完整内部过程价值链。企业的内部价值链包括销售、市场、服务、生产、研发、采购、物流、人力、财务、资源管理等各个层面，需要有机地将各种流程整合起来，而提高流程的有效性和运转效率是保证客户服务和财务指标的基础，如表3-13所示。

表3-13　内部流程指标类KPI

指标类别	指标侧重	指标名称
内部运营指标	质量状况	原辅料采购计划完成率、原料质量一次达标率、正品率、工艺达标率
	成本状况	采购价格综合指数、原辅料耗损率、单位成品供货周期、生产能力利用率
	效率状况	配送及时率、设备有效作业率、产品供货周期、生产能力利用率

学习与成长维度

这个维度主要着重于员工绩效的衡量，员工成长相当于企业的无形资产，有助于企业的进步。而这个维度主要的目标是为其他3个方面的目标提供基础架构，并且是驱动前3个维度获得卓越成果的动力。为了创造长期的成长与进步，确立企业的基础架构，企业的学习与成长来自3个方面：人、系统、组织程序。在其他3个维度中，往往会显示人、系统、程序的实际能力以及其和目标间的落差。企业可通过学习与成长维度以达到缩小落差的目的，其衡量指标包括员工的满意度、延续率、培训、技术等，如表3-14所示。

表 3-14　学习与成长指标类 KPI

指标类别	指标侧重	指标名称
学习与发展指标	学习指标	培训覆盖率、核心人才流失率、人才适配度
	发展指标	技术与产品储备度、产品创新程度
	…	…

🎯 我的职场感悟

高管要求员工就平时表现互相评价给分，以此作为年终奖的发放依据，这合理吗？

这个问题涉及考核方法，如果将员工互评作为考核方法，最终的结果有可能会出现以下几种情况。

人缘好者最优、平庸员工最优

如果将员工互评作为年终奖金的发放依据，在实际工作中最可能出现的结果是公司司机和前台得分最高。因为公司内部平级之间的员工一般都会感觉自己比其他人干得好。我曾经在部门内部使用过员工互评，发现员工给部门内的同事评分时，谦虚点的会把自己排在前三位，不谦虚的会把自己排在第一位。一般情况下，员工会把跟自己关系差的或对自己"威胁"大的人排在后面；会把跟自己关系好的或能力一般的人放在前面。这样最终结果出来后，会发现互评最好的一般是公司内部人缘最好的或对其他人威胁小的司机和前台，是不是很可笑？

采用这种方法的高管的心理

采用这种方法的高管一般来说是抱着以下几种心理：

1. 不想得罪人。既然是员工互评出来的结果，那么大家应该接受，不要再来求情了，毕竟群众的眼睛是雪亮的。

2. 不会考核。高管观念比较陈旧，不了解绩效考核的方法，想来想去才琢磨出了这个方法。

我的亲身经历

此种方法会被别有用心的人利用。在 2002 年的时候，我跟在公司混日子的销售部门的一把手关系不是很好，而在年底考核时，高管正好使用了这种考核方法，于是在考核前，这位一把手对部门的员工提出要求：给我所在部门的每个人打最低分。结果可想而知。所以，在评分结果出来后的次月，我跳槽到了新公司，工资涨了 50%。

第 4 节课
使用CSF法设计企业三级绩效指标体系

使用关键成功因素法(简称CSF法)设计公司的三级关键业绩指标体系(KPI)是绩效管理PDCA的第一步绩效计划的关键动作,本章将会手把手地教你建设企业三级KPI体系的模型,同时用企业案例做出说明。

本节课学习内容:
- 关键成功因素法(CSF)的介绍。
- 公司三级目标体系的搭建。
- CSF绩效指标的设定与分解。

一、关键成功因素法

使用平衡计分卡设计公司战略地图、提炼 KPI 实际是技术含量很高的工作，需要比较高的职业素养和比较规范的企业管理基础，所以对于国内大多数的中小型企业来说是很困难的。接下来介绍一种不太复杂又很实战的指标设定的思路和方法，这种方法就是关键成功因素法。关键成功因素法使用的工具鱼骨图在前面的章节中已做过介绍。

（一）关键成功因素法的概念

关键成功因素（critical/key success factors，CSF/KSF）是在探讨产业特性与企业战略之间关系时常使用的观念，旨在结合自身的特殊能力，对应环境中重要的要求和条件，以获得良好的绩效。关键成功因素指的是对企业成功起关键作用的因素，而关键成功因素法就是通过分析找出使得企业成功的关键因素，然后再围绕这些关键因素来确定系统的需求，并进行规划。

关键成功因素的重要性置于企业其他所有目标、策略和目的之上，寻求管理决策阶层所需的信息层级，并指出管理者应特别注意的范围。若能掌握少数几项重要因素（一般关键成功因素有 5~9 个），便能确保相当的竞争力，因为它是一组能力的组合。如果企业想要持续成长，就必须对这些少数的关键领域加以管理，否则将无法达到预期的目标。

关键成功因素法的优点是能够使所开发的系统具有很强的针对性，能够较快地取得收益。应用关键成功因素法需要注意的是，关键成功因素解决后，又会出现新的关键成功因素，就必须重新开发系统。

（二）使用头脑风暴法设计战略及战略目标

中小企业的战略，一般情况下不会花大价钱请外部咨询公司来协助制定。一方面，外面的方法比较高端，和本公司匹配度低；另一方面，本公司经理人员的职业素养和管理技能也不一定能接得住。即使公司花大价钱请了外部的咨询机构协助设定了一套比较科学完整的战略，在实施落地的时候也会存在诸多制约，最终可能不了了之。

一般情况下，中小型企业的战略规划或者年度计划的设定基本上是三个路径：

- 公司总经理根据外部经济环境的发展趋势，结合企业内部的能力，在年底或年初的时候设定几个大的目标，比如销售额、利润，再配合几个管理目标，下发执行。
- 公司总经理要求下属部门拟定下一年的工作计划，结合自己的感悟，拟定次年的计划，下发执行。
- 公司总经理组织中高管层召开头脑风暴会议，总结今年的工作，同时拟定下一年的工作计划和目标。或者召开战略规划头脑风暴会议，拟定公司的战略目标。

实践中，第一种和第二种方式比较常见，但是效果不是很好，而第三种方法目前正在被越来越多的中小型企业所采纳，尤其是国内新一代学历较高的创业者们。

鉴于头脑风暴的方法已经普及，本书不再赘述。

（三）公司三级目标体系的搭建

一般使用头脑风暴法设计公司一级的目标体系，然后使用任务分工矩阵将公司级的目标分解到部门，再分解到岗位，形成比较完善的目标体系。具体的操作将在后文中阐述。

（四）使用关键成功因素法设计三级 KPI 体系的步骤

- 使用关键成功因素法设计公司一级的 KPI 体系。
- 使用任务分工矩阵将公司一级的 KPI 分解到部门二级。
- 使用关键成功因素法设计部门二级的 KPI 体系。
- 使用任务分工矩阵将部门二级的 KPI 分解到二级部门或者三级岗位。
- 设计三级岗位的 KPI 体系。
- 给各级 KPI 体系设计权重。
- 给各级 KPI 体系设计目标值。
- 给各级 KPI 体系设计评分标准。

以上 8 个步骤就是设计企业三级 KPI 体系的操作步骤，与使用 BSC 设计企业三级 KPI 体系类似，不过在关键成功因素法（鱼骨图）的使用上还有所差异。具体的操作将在后文中详细阐述。

二、公司三级目标体系的搭建

（一）目标管理的实战逻辑

目标体系的搭建是一个技术活，而目标的设计是绩效管理的先行步骤，因为 KPI 体系是衡量目标达成程度的测评系统。

一项国际调查显示，在公司中，员工 30% 的工作与实现公司目标没有任何关系。工作中 40% 的内部问题和大家对于目标有不同的理解有关。对于中国企业来说，相当一部分"内耗"是因为相互抱有不同的目标，或者说是由目标的冲突引起的。

如果不设定目标，只能出现两种情况：一种情况是经常布置工作（下指令），另一种情况是"忙着救火"。

目标是企业管理最有效的一个抓手。

如果企业没有基于战略和职责的目标体系，在和员工面谈时，但凡涉及工作成果、薪酬待遇的问题，员工的口径会出奇地一致：凭本事干活！

如果企业员工都在心里默认凭本事干活，那企业的文化就陷入困境了。因为凭本事干活，意味着干多少对员工来说都是多的，而薪酬待遇永远是达不到要求的，因为给多少都会是少的！

基于公司的战略和岗位职责设计目标管理体系，其目的就是为了让每一位员工都承担相应的工作目标责任。只有员工把岗位工作范围内的目标责任达成了，才能获得相应的收益。换个说法就是：经理们只有把员工的工作时间都安排上合适的工作目标任务，并适当地进行监督检查、评估改进，员工的绩效目标的达成才有保证，部门和公司的目标达成也才能落到实处。

1. 目标管理的概念

目标管理是以目标的设置和分解，目标的实施及完成情况的检查、奖惩为手段，通过员工的自我管理来实现企业经营目的的一种管理方法。从激励的角度看，目标激励是最有效的激励方式。

2. 目标管理的程序

前文中已经介绍过目标管理的基本逻辑，图4-1是目标管理相对比较完善的流程。

设定目标 → 审议组织架构和职责分工 → 确定下级目标

签订目标责任书 → 实现目标过程的管理 → 总结与评估

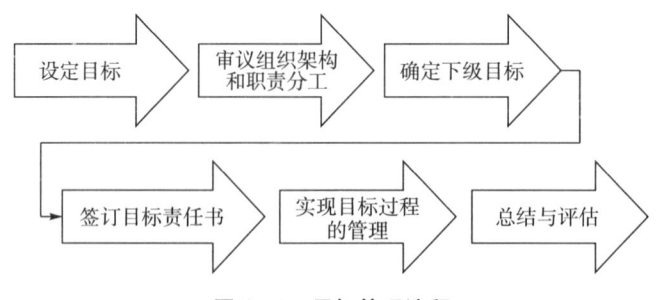

图4-1　目标管理流程

目标管理的流程共分为6步。

- 设定目标：结合内外部的情况和能力水平，使用头脑风暴法设计公司一级的目标体系。
- 审议组织架构和职责分工：公司高层领导根据设定的年度计划目标，评审承接这些目标的组织架构和职责分工情况，做出必要的组织优化和调整的动作。
- 确定下级目标：上下级沟通协调之后，拟定下级的计划目标。
- 签订目标责任书：上下级就实现目标所需的条件和目标实现后的奖惩达成协议。
- 实现目标过程的管理：在目标执行过程中，根据设定节奏和标准进行管控，必要时调整计划和目标。
- 总结和评估：执行周期结束后，就工作目标的达成情况，根据期初确定的标准进行评估，兑现奖惩承诺，同时拟定下一周期的计划目标。

3. 目标管理的 5 要素

目标管理策略的落地最终还是要取决于 PDCA 管理动作的规范情况，至少要明确目标是什么、达到什么程度、怎么办、什么时候完成目标、是否达成了既定目标这 5 个方面，如表 4-1 所示实例。

（二）目标的设定与分解实战

1. 目标设定的步骤

第一步：建立信息网

设定公司的目标之前，一定要收集外部的行业信息、竞争对手的信息、国家的政策方针和产业政策，做个 PEST 分析。同时对企业的内部情况做个 SWOT 分析，包括优势与劣势、机会与威胁，为进一步的决策做好准备。

表 4-1 餐厅经理的目标管理

	要素	内容	餐厅经理的目标示例
目标设定	1. 目标是什么?	实现目标的中心思想、项目名称	提高销售额、毛利
	2. 达到什么程度?	达到的质、量、状态	销售额 5 000 万元 毛利 2 000 万元
目标实施	3. 怎么办?	为了完成目标应采取的措施、手段、方法	1. 在东部地区新开一家分店 2. 通过增加新菜品开发,实现新增销售收入 500 万元 3. 通过服务品质管理将上座率提高 10 个百分点
	4. 什么时候完成目标?	期限、预定计划表、日程表	1 月: 2 月:
评价	5. 是否达成了既定目标?	完成结果的评价	实际销售收入 5 500 万元 毛利:1 100 万元

第二步:确定关键目标领域

在第一步的基础上,企业要做好选择:是基于机会和优势设计战略目标,还是基于机会和克服劣势设计战略目标。总之企业要基于 PEST 和 SWOT 分析的结论,确定企业发力的方向,即关键结果领域。

第三步:进行能力分析

公司高管团队要在确立企业的关键目标领域之后,仔细盘点企业的资源状况和能力水平,如果目标和现实能力之间存在差距,要做能力建设。

第四步:提出基本假设

公司基于以上三步的分析,评估外部环境是乐观的还是悲观的,内部人员能力提升的程度是相对困难的还是容易的。

第五步:编写有效目标

企业高管层召开头脑风暴会议,拟定战略目标或者年度计划目标,按照 SMART 原则编写目标。

第六步：制订计划

目标定好之后，工作仍然没有结束，还要给每一个目标配上资源，转化为工作计划，并且要在时间维度内做拆分，否则目标设定好了也是白搭，只能看不好用。

第七步：分配资源

根据制订的工作计划，在实施的过程中按照规划分配资源，让目标驱动企业的运行。

第八步：协调

协调各方面的关系，毕竟资源是有限的，企业内经常会出现部门之间为了争夺资源而产生不愉快的冲突。所以，在计划实施前，要拟定好资源配置原则，当出现问题时，根据重要性和紧急性协调关系和资源。

第九步：确定权限

执行工作计划时，每一个流程都会有一些节点，而节点就是权限划分。所以企业管理层在确定好公司的目标后还要做工作分析，目的还是要划分权限，避免流程不畅或者管理混乱。

第十步：制定目标的反馈

在执行计划时，一定要设置好目标反馈和跟踪的原则和节点，以确保目标有人执行、有人监督，出了问题有人担责，方便纠偏。

2. 目标设定的逻辑

（1）目标的数量

一级目标、二级目标和三级目标的数量最好控制在 3~5 个，基于企业管理的实践，目标数量太多太少都不是很理想。

（2）目标设定的原则

从图 4-2 可以看到，目标设定要遵循 SMART 原则，包括具体性、可衡量性、可达到性、相关性和时间性。

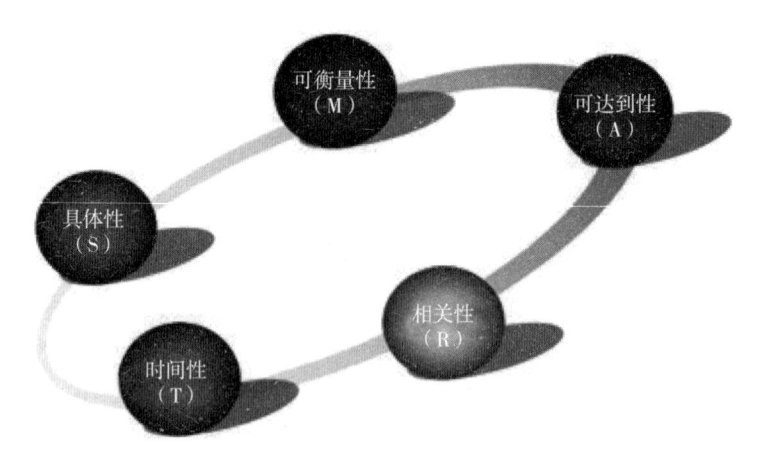

图 4-2　目标设定的原则

(3) 目标设定的依据

从图 4-3 可以看到，目标设定的依据包括公司战略规划、公司年度计划、同事意见、顾客意见、员工意见、主管目标、职位说明书和市场/同行/竞争对手。

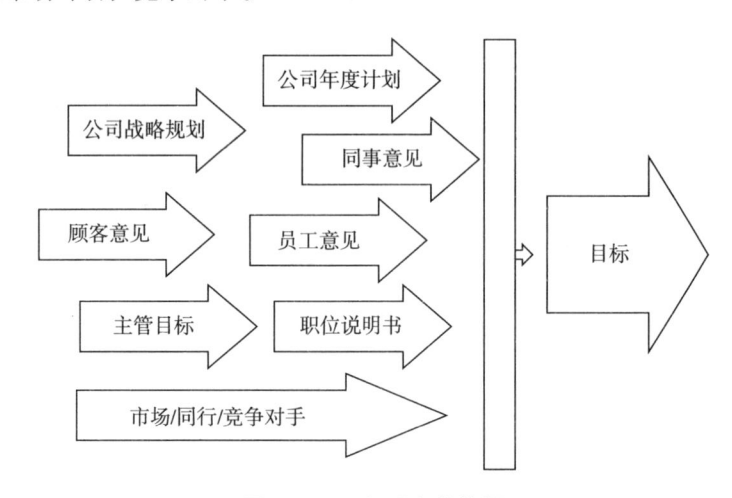

图 4-3　目标设定的依据

(4) 目标设定的方法

目标设定的方法有定量和定性两类，如图 4-4 所示。定量的方法包括滑动平均法、指数平均法、趋势外推法、线性回归法 4 类。定性的方法包括头脑风暴法和拍脑袋法两种。

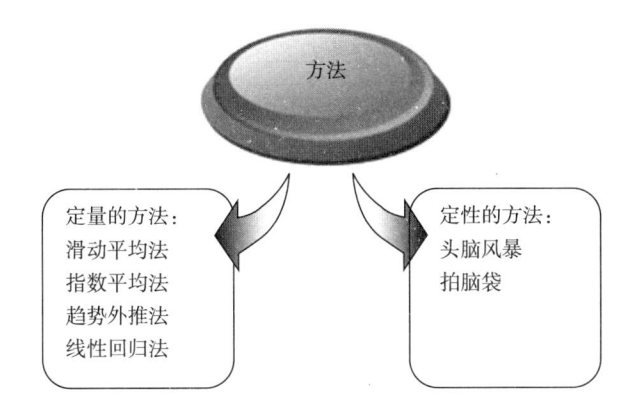

图 4-4　目标设定的方法

不同企业选择的方法不同。定量的方法看似科学，实际上不比定性的方法准确多少，毕竟管理是一门实践的科学。在管理的实践中，一般都是依靠定量结合定性来实施的。

(5) 目标设定的程序

目标设定的程序，一般是高层拟定公司级的目标体系，中层拟定部门的目标体系，基层拟定基层的目标体系，如图 4-5 所示。在目标制定的过程中，会经历自上而下、自下而上的沟通，最终形成一个完善的适合企业实际情况的目标体系。

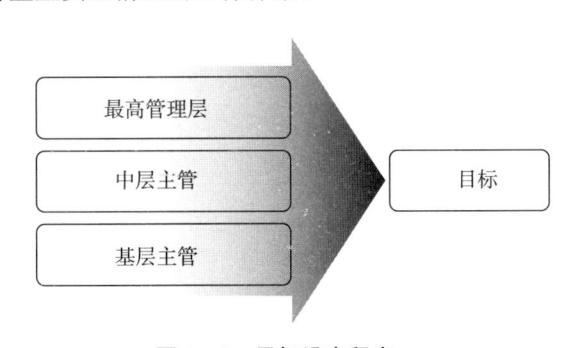

图 4-5　目标设定程序

3. 分解公司目标的三个步骤

第一步： 制定公司一级目标

公司总经理组织高管团队在每一年度、月度开始前，制定公司下一年度、月度工作目标。常规下公司级经营性指标由董事会下达，一般中小型企业的经营指标是由经营团队拟定的，如表4-2所示。

表4-2　公司级目标实例

维度	目标项目	说明
财务效益	净资产收益率 总资产报酬率	企业盈利能力
资产营运	总资产周转率 流动资产周转率	企业运行的效率高低
负债能力	资产负债率 已获利息倍数	企业偿债能力，杠杆
企业发展状况	营业额增长率 资产累计率	企业成长情况

除表4-2所示外，企业还需要根据实际管理运营状况，设定非财务类指标，指标主要用来衡量企业资产运营之外的其他因素，考核企业或者企业领导人除了绝对的财务数据之外的其他一些目标：

- 产品/服务质量控制。
- 新产业研发能力。
- 产品的市场占有能力。
- 行业或区域影响力。
- 流程化和标准化管理水平。
- 管理团队素质状况。
- 员工素质状况。

公司一级经营目标设计完毕后，要组织公司管理层会议对目标的可行性进行讨论，一方面对目标的完成进行预估，另一方面要组织目标的分解。

第二步： 分解部门二级目标

公司级目标确定后，需要组织专门的目标分解会议对公司级目标进行分解，目标分解会议由公司最高管理者主持，各部门负责人参加，会议的主要内容就是分解公司级目标到各个部门。分解按照职位级别和类别来进行。

在正式会议前，需要由主管领导协同部门经理按照表4-3所示流程商谈部门目标。

表4-3 目标商讨会议流程

步骤	内容
上级回顾公司目标	略
请部门经理结合工作职责和公司目标，拟出3~5个目标，并按照"紧急性—重要性"顺序填写	目标1 目标2 目标3 目标4 目标5
与部门经理讨论目标	部门经理关于目标的说明 你的提问（为什么） 你的建议（希望在哪些方面加以改进） 分歧点是否得到解决（请下属自己确认）
让部门经理写出"矫正"后的目标（讨论）	目标1 目标2 目标3 目标4 目标5

各个业务部门的目标设定要素如表4-4所示。

表4-4 部门目标分解

部门	目标要素	部门	目标要素
销售部门	销售额 销售数量 毛利额 毛利率 新客户拓展数量 客户满意度 人均销售收入/毛利	采购部门	采购成本 原料质量 毛利率 采购效率
市场部门	市场占有率 品牌建设及拓展 媒体宣传计划执行 市场活动计划执行 目标群体受众率	财务部门	预算执行 核算及时准确性 资金的有效筹划和利用
生产部门	生产数量 产品质量 生产成本控制 人均产量 流程优化	人力资源部门	员工满意度 人员流失率 培训计划完成 人力资源项目完成 后备干部储备计划完成
研发部门	新产品开发 新产品市场占有率 研发项目管理 研发团队建设	行政部门	信息系统建设 员工满意度 后勤工作效率

> **经验提示**
>
> 在横向目标的分解过程中,部门和部门之间目标的协调是首要考虑的方面,尤其要避免各部门为了自己的利益而争执不休,忽视了企业总体目标的实现。
>
> 在会议上进行目标讨论和分解是一种非常可行的办法,各个部门人员都可以根据公司战略目标发表自己的看法,同时听取其他部门为实现公司战略而对自己部门的意见和要求、需要的支持等,经过充分的磨合,这样分解的各部门目标就不会推诿、扯皮。

第三步： 分解个人三级目标

个人目标要与部门目标保持一致，部门经理的目标，就是下属目标制定的指导原则，而且个人目标要在部门目标的基础上进行进一步细化，使之更具有可操作性。表4-5是分解个人目标的小工具。

表4-5 个人目标分解

步骤一：向下属回顾公司和部门目标
步骤二：让下属结合工作职责和部门目标，拟出三个目标，并按照"紧急性—重要性"顺序填写
步骤三：表达期望（让下属知道：在新的目标中，你的期望是什么）
步骤四：让下属按 SMART 原则衡量目标（不符合 SMART 原则者不可作为目标）
步骤五：与下属讨论目标
下属关于目标的说明
你的提问（为什么）
你的建议（希望在哪些方面加以改进）
分歧点是否得到解决（请下属自己确认）
步骤六：让下属写出"矫正"后的目标（你与下属经讨论共同设定的目标）
目标1 目标2 目标3

（三）目标分解流程

1. 目标的分解

目标分解具体流程如图4-6所示。

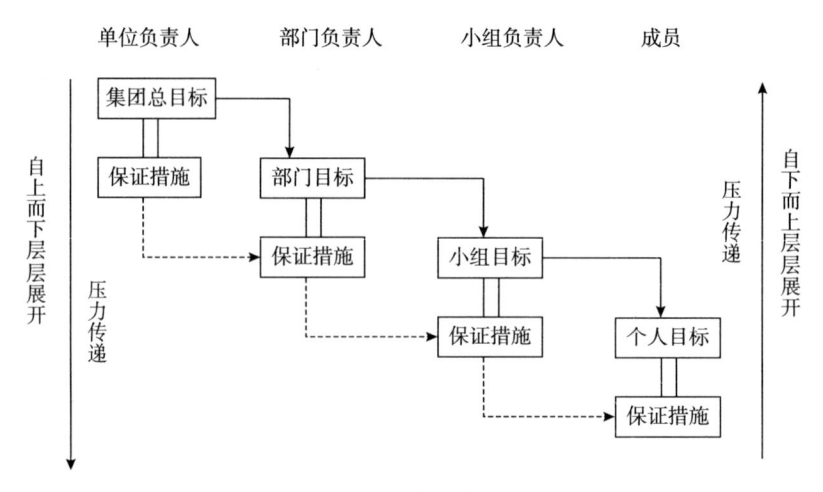

```
单位负责人      部门负责人      小组负责人      成员

    集团总目标
       │
    保证措施 ──→ 部门目标
                  │
               保证措施 ──→ 小组目标
                             │
                          保证措施 ──→ 个人目标
                                        │
                                     保证措施
```

自上而下层层展开　　压力传递　　　　　　　　　　　　压力传递　　自下而上层层展开

图 4-6　目标分解流程

(1) 从企业战略出发

如果企业没有编制长期发展战略，严格说就根本谈不上目标管理。在明确企业发展战略规划的前提下编制目标才会落到实处。

为此，企业需要建立一个公司级的非常设目标管理单位——目标管理委员会，鉴于目标管理是一项重要工作，该委员会通常由企业的总经理或者总裁亲自担任负责人。

人力资源部是目标管理的具体执行机构，执行内容包括下达目标、检查跟踪等。

(2) 目标层层分解

根据管理层级，由公司最高管理层组织制定公司级目标，年度公司经营目标需要上报董事会批准。董事会批准后，形成公司年度目标计划，由目标管理委员会的执行机构打印成文，下达各个部门和单位。

各单位领导与上下级一起制定本部门的具体目标，这是目标管理的一个特征。目标不是上级强加给下级的，而是上下级沟通之后共同认定的。

部门把这些目标再分解给下面的班组和每一个员工，做到"人人有事做，事事有人做"，每个人都能清楚地了解上级的目标和个人的目标。

（3）目标自下而上层层保证

> **案例**
>
> 公司要求市场部的经理完成销售额 2 000 万元。市场部的经理下面有 4 个业务员，分别负责北京、东北、西南和西北地区的销售。2 000 万元平均给每个人是 500 万元。但是，如果就这样给他们下达 500 万元的任务，只要其中有一个人没完成，总任务就完不成了。所以要把每个人的指标加大一点，4 个人的总和应该超过总量。比如 4 个人每人 600 万元，加起来就是 2 400 万元。这时候如果其中有一个人没完成任务，加起来可能是 2 200 万元或者 2 100 万元，总的任务还是可以完成的。

通过层层目标分解，可以让公司的战略目标分解到具体的几百上千项的详细工作目标，通过个人目标的完成实现部门目标，通过部门目标的完成实现公司目标。

目标自下而上层层保证的两个条件是：

- 下级制定的目标要覆盖上级目标，无论是在目标值上还是在目标项目上。
- 为保证目标能够完成，公司必须制定相关的保证措施予以支持，保证措施包括物力、财力、人力的支持。

> **经验提示**
>
> 在进行各个工作方面的目标分解时，注意不要有遗漏也不要使几个下级的工作发生重复。平行的业务工作，分解的时候相互不要有交叉，也不要有空白。

2. 设定目标值

目标的目标值通常设计为两个：一是目标指标，二是挑战指标。

（1）目标指标

目标指标是指正好完成公司对该职位某项工作的期望时，职位应达到的绩效指标标准，通常反映在正常市场环境中、正常经营管理水平下的部门或单位应达到的绩效表现。目标指标的确定，可根据批准的年度计划、财务预算及职位工作计划，由公司提出指导性意见，各级经理和员工共同商讨认同，按各级管理权限分别审核确认。

> **经验提示**
>
> 确定目标指标时首先可参考过去相类似指标在相同市场环境下完成的平均水平，并根据情况的变化予以调整；其次可参照一些行业指标、技术指标、监管指标、国际指标，从而确定合理的水平；再次应参考为上级职位相关指标所设定的目标值，保证下级单位对上级单位目标值的分解；最后应结合本公司战略的侧重点，服务于本公司关键经营目标的实现。目标指标的设定，侧重考虑可达到性，其完成意味着职位工作达到公司期望的水平。

（2）挑战指标

挑战指标是评估者对被评估者在该项指标完成效果上的最高期望值。因此挑战性目标值的内在含义可看作是对被评估者在某项指标上完成效果的最高期望。

设定挑战性目标时，要在基本目标设定的基础上，考虑实际工作绩效是否很容易在基本目标上下有较大波动，对波动性较强的指标，应设定较高的挑战性目标。

无论是目标指标，还是挑战指标，均应由评估者和被评估者来协商确定。指标值要在听取评估者和被评估者意见后，按管理权限审定。指标值每年核定一次，指标一经确定，一般不做调整。如遇不可抗拒因素等特殊情况确需调整，由被评估者向评估者提出书面申请，并按规定程序审批。未获批准的，仍以原指标值为准。

> **经验提示**
>
> 在确定过程中，尤其要注意公平地为各职位设定指标，对相同类型的职位统一要求，尽量避免同样类型职位的指标值在相同情况下有高有低。对同样类型的职位，其指标值的差异可以因自然条件、当地经营环境与企业资源多少产生，但不应由于个人能力与过去绩效水平不同而产生差异。例如，不能由于某员工工作能力与管理水平高，就给其设定较高的目标值，造成对其的衡量标准高于他人，所得绩效分值低于其应得的水平。

（四）目标体系图

通过上述各个环节，最终形成如图4-7所示的完整的目标体系。

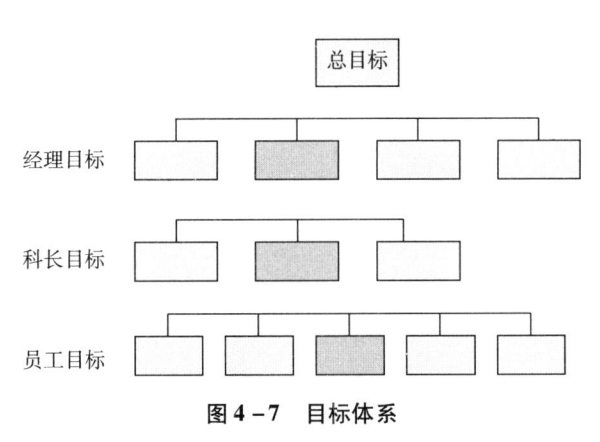

图4-7 目标体系

三、CSF 绩效指标的设定与分解

（一）关键成功因素法的简要步骤

关键成功因素法其实就是通过分析企业获得成功或取得市场领先地位的关键因素，提炼出导致成功的关键业绩模块（又称"KPI 维度"），再把业绩模块层层分解为关键要素，为了便于对这些要素进行量化考核与分析，须将要素细分为各项指标，即 KPI。

通过关键成功因素法选择 KPI，分为三个步骤。

第一步：寻找关键要素

通过鱼骨图分析，寻找企业成功的关键要素，即确定企业 KPI 维度，明晰企业要获得优秀业绩所必需的条件和要实现的目标。

第二步：分解关键要素

对模块进行解析和细化，即确定 KPI 要素。KPI 要素为我们提供了一种"描述性"的工作要求，是对维度目标的细化。

第三步：确定 KPI

对于任一关键要素，可能有众多用于反映其特性的指标，但根据 KPI 考核方法的要求和便于考核人员的实际操作，我们需要对众多指标进行筛选，以最终确定 KPI。

> **经验提示**
>
> 指标筛选的原则：
> - 有效性。该项指标能够客观、最为集中地反映要素的要求。
> - 量化性。尽量使用定量化衡量指标，避免凭感觉、主观判断来影响考核，保证结果的公正、公平。
> - 易测算性。考核测算的数据资料能够比较容易获得，并且计算过程要尽量简单。

（二）利用关键成功因素法设计分解三级 KPI 指标体系

1. 设计公司一级 KPI 体系

用关键成功因素法设计公司一级 KPI 体系分为 3 步，如图 4-8 所示。

第 4 节课　使用 CSF 法设计企业三级绩效指标体系

图 4-8　设计公司一级 KPI 的步骤

(1) 分析公司成功的关键是什么

如图 4-9 所示，分析企业成功的关键一共分为 3 步。

图 4-9　分析企业成功关键的步骤

(2) 利用鱼骨图找出公司成功的关键因素

在对公司成功因素进行分析时，可以利用鱼骨图进行分解，找出公司成功的关键因素，并进行再次细分，以此确定公司成功的关键因素。在管理动作上要以这些关键因素为核心内容。

如图 4-10 所示，鱼头部分是战略目标/年度目标，鱼背和鱼腹是目标达成的保证措施，保证措施也就是 KPI 维度，KPI 维度再拆分为 KPI 要素，将符合条件的 KPI 要素转化为 KPI。

综上所述，销售收入这个目标（KPI 维度）可以用 3 个 KPI（销售收入达成率、新老产品占比、新老区域占比）来衡量，所以 KPI 体系是目标体系的测评系统。

同样，其他的 KPI 维度也可以提炼出相应的 KPI 体系。

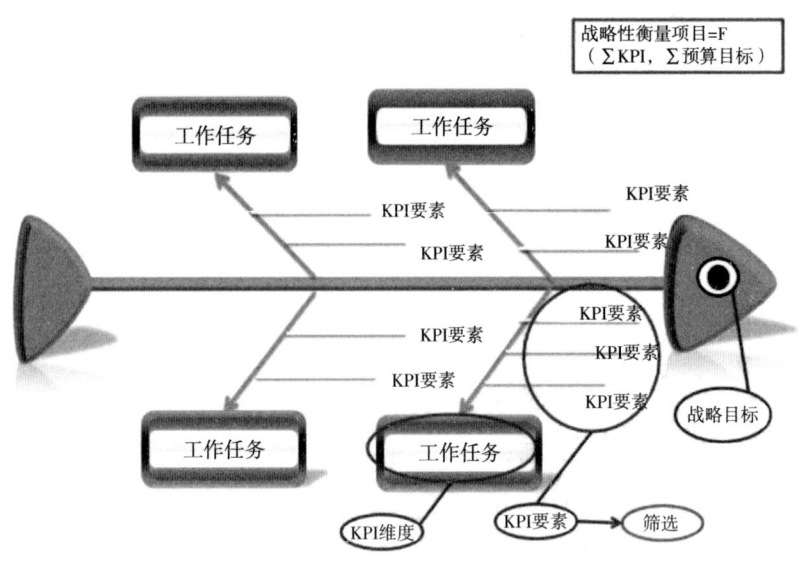

图 4–10　鱼骨图

> **案例**
>
> 　　假设企业的年度销售目标是 10 亿元（KPI 销售维度），这是企业战略目标拆分到当年的一个年度计划目标。为了更好地测量 10 亿元销售收入指标的完成质量，我们可以进行以下分析：
> - 依据目标管理的 PDCA 逻辑，为了更好地衡量 10 亿元的目标，年底的时候按照销售收入的达成率来考核是一般企业的常规做法。
> - 企业如果存续一段时间后，总会有新产品和老产品，往往新产品是企业的战略重点所在，所以评估 10 亿元销售收入的质量，可以设计新老产品占比这个 KPI 指标，同时这个指标也是衡量研发部门质量的指标之一。
> - 企业业务范围除了原有区域之外，还会拓展到新的区域，所以即使企业产品比较单一，也会存在新老区域业务占比这个 KPI 指标。

（3）设计公司一级 KPI

根据公司年度发展战略和董事会下达的目标，或者公司管理层头脑风暴设定的目标,由公司总经理组织制定公司的年度经营指标,年度经营指标以量化形式表达,同时根据年度经营指标设计情况设计公司一级 KPI,如图 4-11 所示。

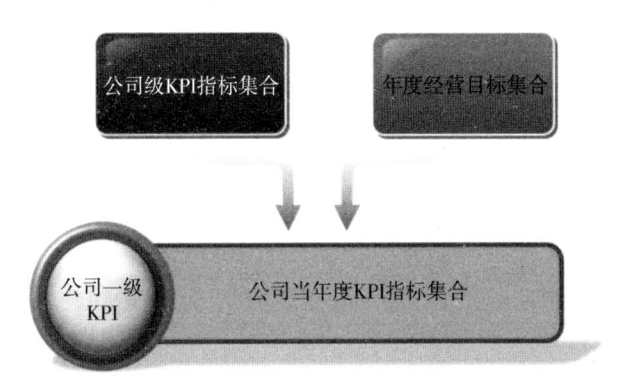

图 4-11　公司一级 KPI 的导出

将使用鱼骨图设计出的公司级的 KPI 指标集合,与公司年度经营目标集合相匹配,可以抓取出公司当年的公司级的 KPI 集合,如表 4-6 所示。

表 4-6　某通信工程公司年度 KPI 指标设计

类别	指标名称	定义	权重(%)
KPI	收入完成率	某一时期本期实际收入与计划收入的比率	30
	利润完成率	某一时期本期净利润与计划净利润的比率	20
	应收款回收率	某一时期实际收款与应收账款的比率	10
	新业务增长率	某一时期新业务收入与计划收入的比率	10
	工程任务完成率	某一时期实际完成工程量与本时期任务工程量的比率	10
	工程质量合格率	某一时期质量检查合格工程与总工程量比率	15
	关键人才流失率	某一时期关键人才(独立完成销售、管理、技术职能)流失额与总人数的比率	5

2. 设计部门二级 KPI

根据公司一级 KPI 指标体系，结合内部各个部门设置和分工情况，需要针对各个业务部门设计二级 KPI 体系。二级 KPI 体系同公司的目标分解同时进行，在公司级工作重点和目标分解到部门时，要根据历史数据和部门工作重点设计部门的二级 KPI 体系。

部门的二级 KPI 指标要包括所有公司一级 KPI 指标，同时还要包括与本部门工作职责相关的 KBI 指标。

（1）将公司一级 KPI 集合使用任务分工矩阵分解到各部门

如表 4-7 所示，使用任务分工矩阵将公司一级 KPI 指标分解到各部门，表格的左侧纵向是公司一级 KPI 体系的罗列，右侧是部门的分工。

表 4-7　任务分工矩阵分解企业 KPI 实例　　　　　　　　　　（%）

岗位 KPI	企管部	人力 资源部	生产部	市场部	财务部	…	销售部
利润率			10	10			80
应收款 回收率					20		80
新业务收入 完成率			20	30			50
…							
关键人才 流失率	5	75	5	5	5		5

在拆分的过程中要注意以下两点。

第一，拆分到部门的 KPI 一定是该部门职责范围内的。

在绩效实战中，很多企业把不是该部门职责范围内的 KPI 分配给了该部门，比如跟钱相关的事项，财务部门一定跑不了；跟人相关的事项，人力资源部门一定会受"牵连"；还有企业把一些 KPI 强行安置到所有部门，这些做法都是有待商榷的。

第二，拆分到部门的 KPI 是有权重的。

与拆分工作目标任务不同,使用任务分工矩阵拆分 KPI 是要把责任程度拆分到位的,哪些部门负责哪些 KPI,负责 KPI 的程度是多少,一定要到位。在实际工作中,通过拍脑袋拆权重的现象非常严重,脱离了企业的实际,让能力很弱的部门承担了公司核心 KPI 的很大一部分权重,这是很不理性的。

(2)使用关键成功因素法设计部门二级 KPI 体系

使用任务分工矩阵将公司的 KPI 体系分解到部门,但是每个部门还有一些关键职责对应的工作,所以再次使用 CSF 法设计部门二级 KPI 体系,起到了查漏补缺的作用。

将部门承担的工作任务作为鱼头,鱼背和鱼腹放置达成目标的保证措施,经过层层分解,设计出部门二级 KPI 体系。在设计完毕之后,一定要检查设计出来的 KPI 体系是否遗漏了从公司一级 KPI 体系拆分过来的 KPI(如表 4-8、表 4-9、表 4-10 所示)。

表 4-8 某通信工程公司年度 KPI 指标设计——销售部(负责产品服务销售)

类别	指标名称	定义	权重(%)
KPI	收入完成率	某一时期本期实际收入与计划收入的比率	30
	利润率	某一时期本期利润与收入的比率	30
	费用率	某一时期费用率与计划费用率的比率	20
	应收款回收率	某一时期实际收款与应收账款的比率	10
	新业务增长率	某一时期新业务收入与计划收入的比率	5
	关键人才流失率	某一时期关键人才(独立完成销售、管理、技术职能)流失额与总人数的比率	5

表 4-9 某通信工程公司年度 KPI 指标设计——工程部(负责工程项目实施)

类别	指标名称	定义	权重(%)
KPI	费用率	某一时期费用率与计划费用率的比率	30
	工程任务完成率	某一时期实际完成工程量与本期任务工程量的比率	30
	工程初验率	某一时期完成初验工程量与完工工程量的比率	10
	工程质量合格率	某一时期质量检查合格工程与总工程量比率	15
	客户满意度	某一时期工程客户满意度完成比率	10
	关键人才流失率	某一时期关键人才(独立完成销售、管理、技术职能)流失额与总人数的比率	5

表4-10 某通信工程公司年度KPI指标设计——商务部（负责原料/集成产品采购）

类别	指标名称	定义	权重（%）
KPI	收入完成率	某一时期本期实际收入与计划收入的比率（与销售部门连带考核）	20
	直接成本控制率	某一时期设备采购成本与合同销售额的比率	50
	供货及时率	某一时期设备供货周期与客户需求周期的比率	10
	采购出错率	某一时期设备采购错误与总采购量的比率	10
	库存率	某一时期库存量与总采购量的比率	5
	关键人才流失率	某一时期关键人才（独立完成销售、管理、技术职能）流失额与总人数的比率	5

3. 设计岗位三级KPI

（1）使用任务分工矩阵将部门二级KPI拆分到岗位三级

如表4-11所示，将部门的KPI使用任务分工矩阵分解到岗位。

表4-11 任务分工矩阵拆分三级指标　　　　　　　　　　　（%）

岗位 KPI	岗位1	岗位2	岗位3	岗位4	岗位5	…	岗位n
KPI1			10	10			80
KPI2					20		80
KPI3			20	30			50
…							
KPIn	5	75	5	5	5		5

（2）设计岗位三级KPI需要考虑3个方面的问题

如图4-12所示，岗位三级KPI指标体系的设计涉及3个方面的信息输入。

- 岗位说明书：岗位应当负的责任。这是反复强调的内容，需要员工把职责范围内的事情做到位。
- 部门的KPI：就是从上级部门拆分而来的KPI。

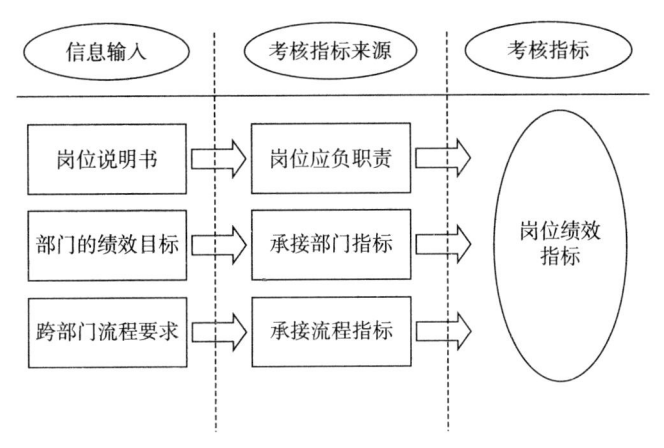

第4节课　使用CSF法设计企业三级绩效指标体系

图4-12　设计岗位绩效指标的考虑因素

- 跨部门的流程要求：这个较为复杂，一般管理相对规范的企业，都会设计周边绩效指标，而这个指标主要考核部门的配合度。每个部门配合程度如何，不是由部门经理决定的，最主要是由在岗位上的员工能力和态度决定的。所以，设置岗位KPI的时候，一定要考虑跨部门的流程要求。

由部门二级KPI体系进行分解，根据个人职责分工，设计制定个人三级KPI体系。三级KPI体系同部门的目标分解同时进行，在将部门级工作重点和目标分解到岗位时，要根据历史数据和岗位工作重点设计岗位的三级KPI体系。

岗位三级KPI指标体系要包括所有公司二级KPI指标，同时还要包括本职位负责的三级关键因素（见表4-12和表4-13）。

表4-12　KPI指标的有效性

来自对公司战略目标的分解	□
关键绩效指标是对绩效构成中可控部分的衡量	□
KPI是对重点经营活动的衡量，而不是对所有操作过程的反映	□
KPI是组织上下认同的	□

表4-13 某通信工程公司勘测专业工程师KPI指标设计

	考评项目	权重	评分标准
工程勘测基本业务（80分）	1. 勘测综合及时率	15分	勘测全部及时得20分，每单不及时减5分，允许负分
	2. 勘测错货投诉	20分	A类：每单扣15分 B类：每单扣10分
	3. 勘测报告质量	15分	勘测报告质量得分为100分时得15分，98~99分时得10分，95~97分时得5分，95分及95分以下得0分。出现一单低于95分的报告加扣3分，出现一单低于90分的加扣10分，允许负分
	4. 合同问题反馈	5分	反馈一单有效合同问题，得0.5分，最高5分
	5. 工堪是否浪费	20分	在不定期的勘测质量抽查中，每发现1处电缆或安装材料的浪费，超过15%扣5分，依次累加。超过20%扣8分，超过25%扣10分，无浪费则得20分
	6. 勘测结果签字确认	5分	勘测报告、图纸、勘测备忘录是否有局方签字，违反一次扣5分，允许负分
	7. 纸面文档不合格单数		每出现一单不合格：扣5分
	8. 未及时递交报表次数		每出现一次：扣5分
	9. 工程安装未准备指导书		每出现一次：扣5分，允许负分
其他（20分）	1. 邮件收发、手机响应及时性	5分	工程师出现无故不接手机、手机关机、不按时收发邮件等现象，一次扣5分
	2. 周边部门（市场、用户、工程师）评价	5分	周边部门评价良好得5分，否则不得分；用户书面表扬一次，奖励5分；用户对合作工程现场的有效投诉，根据严重程度，可扣10分、15分或20分
	3. 工作规范性	5分	按工程勘测业务流程工作，无违规现象得5分；不按流程工作，违反相关合作规范、制度，一次扣5分，允许负分
	4. 案例、论文提供	5分	工程师每月撰写一篇勘测设计方面的案例或论文得5分，否则不得分；撰写的技术文章、案例，若公司发表，每篇奖励5分，以10分为限

（三）设计 KPI 指标值和评分标准

1. 设计 KPI 指标值

KPI 指标项目完成后，需要根据公司目标分解情况，设计具体的 KPI 指标值。KPI 指标值区别于目标值。

- 目标值是一个具体的数字，如月度完成销售额 15 万元。
- KPI 指标则是以指标形式展开，如月度完成销售额，可以设计为销售指标完成率；而销售指标完成率则是一个比率值，可以设计为实际完成情况/目标额。

如果单纯地依靠目标值考核，考核效果不是很直观，而如果根据完成比率进行考核，效果则会好很多，80%完成、100%完成能够具有比较意义，便于评分操作。

一般情况下，指标值的设定要看该 KPI 之前年度的达成情况，不能拍脑袋乱定。

2. 设计 KPI 指标评分标准

在 KPI 指标权重和指标值设定后，下一步需要设定针对基于 KPI 指标实际完成情况的评分标准，即在什么样的情况下得多少分。

在设计具体的 KPI 指标评分标准，有三种方式可以选择：

- 直接按照完成比率×权重。
- 按照一定的基准设计加减分项目（见表 4-14）。
- 根据不同的完成比率设定不同的权重得分（见表 4-15）。

表 4-14　设定 KPI 指标评分方法（一）

指标	考核要素	权重	评价标准
KPI	1. 产量	25 分	按照标准折合为标准产量，以 90 箱/台班为基数，得分为 20 分，每加减 1 箱则加减 1 分。折算标准参照相关文件规定
	2. 消耗	15 分	按照标准折合为标准消耗，以 1.5 千克/件为基数，得分为 13 分。每加减 0.01 千克/件，则减加 0.1 分，15 分封顶，8 分保底，折算标准参照相关规定
	3. 质量检验	20 分	自检滞后减 2 分/次、自检遗漏项减 1 分/项、记录不真实减 2 分/次、记录不及时减 1 分/次、记录不规范减 1 分/次，不保底

表 4-15　设定 KPI 指标评分方法（二）

指标	考核要素	权重	评价标准 A	B	C	D
KPI	销售预测	30 分	90%≤销售预测准确率≤100%　　30~29 分	80%≤销售预测准确率<90%　　28~25 分	60%≤销售预测准确率<80%　　24~20 分	销售预测准确率<60%　　19~10 分
	项目管理	20 分	项目进度报表上报及时率 100%，完整性好；项目分析对计划和预测能提供强有力的依据；对大项目监控得力　　20~19 分	项目进度报表上报及时率≥80%，完整性好；项目分析对计划和预测能提供比较有力的依据，对大项目监控比较得力　　18~15 分	项目进度报表上报及时率≥60%，完整性较好；项目分析对计划和预测能提供一定的依据，对大项目监控效果一般　　14~12 分	项目进度报表上报及时率≤60%，完整性差；项目分析对计划和预测能够提供的依据不明显，对大项目监控不得力　　11~6 分

当然，也可以将方法（二）和方法（三）结合，如图 4-13 所示。

- 员工绩效考核系数

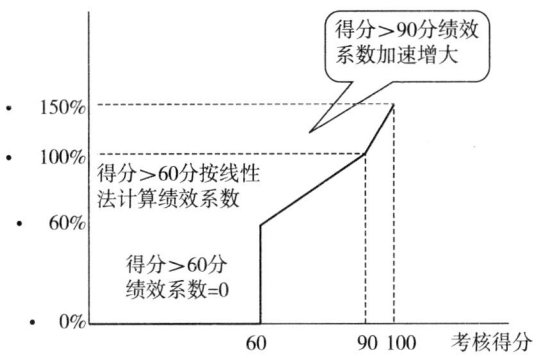

```
        150%  ─ ─ ─ ─ ─ ─ ─ ─ ─ ─ ─ ─
                                    ╱
              得分>90分绩效
              系数加速增大
        100%  ─ ─ ─ ─ ─ ─ ─ ─
                           │
              得分>60分按线性
              法计算绩效系数
         60%  ─ ─ ─
                  │
              得分>60分
              绩效系数=0
          0%  ─────────────────────
                  60        90 100   考核得分
```

图 4-13　设定 KPI 指标评分方法（二）+（三）

3. 建立内部数据统计体系和机制

> **案例**
>
> 　　很多公司花费了大量的精力，挖空心思建立了很多 KPI 指标，指标设计的逻辑和方法都没有问题，目标设定也比较合理，但到实行的时候却发现很多数据指标不知道该由哪个部门来做，有哪个职位能够提供。结果到了月底考核时发现没有数据支持，或者即使有数据也不够准确及时，导致考核结果不会很公正。时间长了，大家对考核的积极性会降低很多，绩效管理项目也很快处于搁置状态。

　　影响绩效评估项目成功实施的一个重要因素是 KPI 指标涉及的数据统计分析是否能够及时统计分析到位。

　　而做到 KPI 指标统计到位必须有两个系统予以支持。

（1）公司建立了日常数据统计制度

　　数据统计需要有专门的人来承担，作为工作职责中的一部分。因此要求在设计 KPI 指标时必须考虑到与指标相关的数据是否有人做统计；统计是临时添加的，还是已经成为个人职责中的部分工作。

> **经验提示**
>
> 如果所在企业还未建立日常的数据统计习惯，那么在设计 KPI 指标时必须要慎重，不要太过于理想化。不过，可以对能够进行完整统计的数据进行 KPI 指标量化，对不能够进行数据统计的指标暂缓执行。

（2）有相关的数据统计系统支撑

如果仅仅是依靠人工来统计数据，一是效率低下，二是不好做复杂的指标计算与逻辑换算。最好的方式是公司能够建立相对完善的数据统计系统，能够收集各项业务的基本数据，形成数据库，根据管理需要设定各类查询统计条件，进行相关的数据统计。

> **案例**
>
> 在没有建立完善的数据库统计系统时，最好不要全面实施 KPI 指标考核，在绩效管理项目推进前必须对公司的绩效项目实施前提进行评估。

（四）特殊职位的 KPI 指标设计

1. 研发类人员 KPI 指标设计

针对研发类人员的 KPI 指标相比销售、生产类要难得多。主要的原因在于很多工作不好量化，一方面研发工作需要创意，另一方面又更需要标准化执行。因此在设计研发人员考核方案时，必须详细了解研发的整体流程及关键点，从关键点中寻找可评估的内容和方案。

根据工作的实践，我总结出如下 3 种方法。

（1）依据项目的进度即完成情况设计考核节点和考核内容

按照工作进度来设计考核点如图 4-14 所示。

（2）依据计件的方式设计考核节点和考核内容

企业成立技术管理委员会，由公司的技术专家和技术部门的主管领导组成技术管理委员会。如果企业的项目类型比较完善、案例很

```
┌─────┐  ┌─────┐  ┌─────┐  ┌─────┐
│一季度│→│二季度│→│三季度│→│四季度│
└─────┘  └─────┘  └─────┘  └─────┘
```

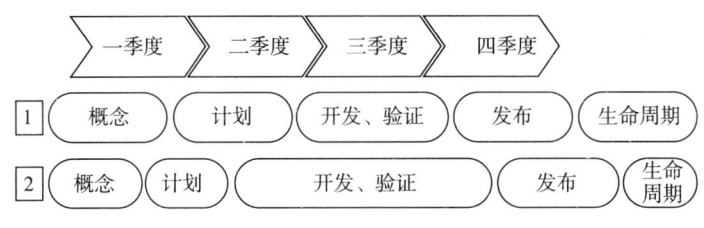

① 概念　　计划　　开发、验证　　发布　　生命周期

② 　　概念　　计划　　开发、验证　　发布　生命周期

图 4-14　按照工作进度设计考核点

多、市场情况比较稳定,那么对于新签订的项目,可以由技术管理委员会审核确定绩效奖金的数额,然后在公司内部发包,愿意接单的可以过来投标。当然要设定好项目组和技术部门的工作量底线,避免大家都不接标,或者避重就轻。

(3) **直接交给研发部负责人考核**

将公司考核的规则告知研发部的负责人,由其自行负责。研发部的负责人一般对部门考核工作量和效益指标,对个人考核工作量指标,往往效果还不错(见表4-16)。

表4-16　某软件公司研发人员 KPI 指标表

KPI	权重(%)	数据参考	评分标准
对所参与主要项目的贡献	30	在典型项目中所承担工作的比例	4~6分:协助承担项目中工作,基本完成项目经理分配的任务 6~8分:可独立承担项目中工作,严格按照既定计划提交工作成果,独立解决项目中的主要问题 8~10分:对项目有重大贡献,解决项目中的重大问题,对提前项目进度起到重要作用
软件开发过程(内部)	20	软件设计的合理性、开发复杂度、工作态度、技术水平	4~6分:能够按时完成工作任务,功能可用,开发复杂程度一般,代码编写整齐规范 6~8分:积极主动地完成工作任务,模块设计合理并符合质量规范,合理采用相应技术 8~10分:能够承担软件技术复杂的模块,在设计/开发上有创新建议

续表

KPI	权重(%)	数据参考	评分标准
软件模块质量（外部）	20	测试部提供的工作产品质量数据	4~6分：完成单元测试，及时修改相应问题。软件模块基本稳定，基本可用 6~8分：模块易用度高，容易安装和部署，模块的可复用度好 8~10分：模块功能特别实用，代码稳定性好
技术文档质量	5	测试部	0~4分：规定文档数量没有完成，或文档质量不符合文档规范 4~6分：文档数量完成，但可读性、一致性较差 6~8分：文档数量完成，质量符合规范，文档连贯易读 8~10分：文档优秀，可复用，在文档建设上有贡献，对现有规范做出合理化建议并采纳
周报、沟通、反馈	5	直接经理，测试部	0~4分：能时常提交任何规定报告，内容敷衍，可与直接主管做一般沟通 4~6分：提交频次不符合要求，内容基本符合要求（周报系统统计漏报超过12次，绩效考核统计超过2次），能按要求应用Harvest做配置管理 6~8分：按时提交报告，内容基本符合要求（周报系统统计漏报少于2次），配置管理规范 8~10分：按时提交报告，没有遗漏，报告内容很有针对性，能分析风险和提出建议，配置管理规范

2. 行政类职位KPI指标设计

相比研发类指标，行政类职位KPI指标更难设计，主要原因是：

- 工作内容繁多，事务性工作占绝大多数。
- 工作流程化、标准化程度差。

第4节课 使用CSF法设计企业三级绩效指标体系

- 量化指标设定难。

在设计行政类KPI指标时,需要根据公司战略明确各行政部门的策略,并以此为依据进行部门的KPI指标设计。行政部门的KPI指标是随着部门的专业化、职业化同步进行的。在部门流程、工作重点不是非常清楚的情况下,采取项目考核比指标考核更具有操作意义;而在部门已经建立了基本的工作流程,并能进行数据统计分析的情况下,则需要设计单独的KPI体系。

一般在实际工作中,对于行政部门的考核,都是针对岗位职责设置KBI指标(见表4-17、表4-18、表4-19)。

表4-17 某零售公司人力资源类KPI指标

分类	KPI	权重(%)	考核标准	考核方法
财务类	人均台量	10	台	达成台量/目标台量×10
	薪酬总额与毛利比	20	28%	薪酬成本/毛利×20
	预算费用控制	5	90%达成月初预算额	上下10%为正常,超出一个点误差扣2分
流程类	招聘需求完成率	10	• 职能部门90%达成率 • 储备店长20名	储备店长少一名扣0.5分 主管以下岗位晚一天扣1分
	培训	20	• 培训时间7% • 职能部门人员人均每月4个小时 • 新入职门店员工15天	任何一类培训少一个小时扣0.5分
			• 培训满意度5% • 平均满意度在80%以上	A(平均满意度)≥80%,5分 80%>A≥70%,3分 A≤70%,0分
			• 培训成绩8% • 90%的员工达到90分以上	A(达到90分以上的学员比例)≥90%,8分 90%>A≥80%,5分 A<80%,0分

171

续表

分类	KPI	权重(%)	考核标准	考核方法
流程类	企业文化建设	5	• 一月一期文化宣传栏 • 一季度一期企业文化报 • 每月15日前完成	晚一天扣0.5分
	绩效考核执行	10	100%岗位考核	少一个岗位扣0.5分
	人员离职率	5	5%	(目标离职率－实际离职率)/目标离职率×5
	下属员工管理	5	人均违规次数为0	5×(1－实际违规次数/部门总人数)
客户类	内部客户服务	10	内部客户服务满意度100%	以所有门店的评分去除以最高分和最低分后的平均分

表4-18　某零售公司财务类KPI指标

分类	KPI	权重(%)	考核标准	考核方法
财务类	应收账款管理	20		实际收取到期/应收账款计划×20
	应付账款管理	10		多付一次扣5分，不可收回多付该项为0分
	预算费用控制	10	90%达成月初预算额	上下10%为正常，超出一个点误差扣2分
流程类	门店资金安全	15	100%安全	一个门店未按财务制度执行扣0.5分，门店资金丢失一次该项为0分，流水核对不清楚扣5分，造成损失该项为0分
	门店收银操作规范	20	每月至少检查30家门店	少检查一家扣2分，少一项检查报告扣2分，当月无检查报告该项为0分

续表

分类	KPI	权重(%)	考核标准	考核方法
流程类	门店盘点	10	每月盘点门店10家	少盘点一家扣2分，盘点总结少一份扣0.5分
	下属员工管理	5	人均违规次数为0	5×（1－实际违规次数/部门总人数）
客户类	内部客户服务	10	内部客户服务满意度100%	以所有门店的评分去除以最高分和最低分后的平均分

表4–19 某零售公司行政类 KPI 指标

分类	KPI	权重(%)	考核标准	计算公式
财务类	预算费用控制	10	90%达成月初预算额	上下10%为正常，超出一个点误差，扣1分
流程类	文件起草与拟定	15	100%及时	有特殊情况须事先通知上级，否则晚1天扣2分
	文件发放核准	10	100%准确	出现一次未和总经理提示核实或签字该项为0分
	文件会签流程审核	10	所有	发现文件签字手续不符合规定，未对责任人进行处罚的每次扣1分，未按规定审核签发的一次扣5分。未仔细检查文件电子版导致文件误发该项为0分。未按文件管理规定对文件分类归档的，发现一份扣1分
	文件或传真发放	5	100%及时	文件签发后晚一小时扣1分，文本文件及传真超过4小时后晚一小时扣1分
	公司印章管理	10	100%安全	出现一次签批手续不完备的扣1分（外出补签字的除外），及时配合其他部门办理用印手续，签批手续齐全的情况下出现一次投诉扣2分，造成重大损失的该项为0分

续表

分类	KPI	权重(%)	考核标准	计算公式
流程类	公司会议组织	10	100%及时合理有序	会议晚通知一次扣1分，会议没有时间控制表的一次扣1分，会议记录需在会议结束后的两天内联系本人签字，不按规定时间找本人签字确认的一次扣1分，不经本人签字确认的一次扣2分，会议准备不足未造成影响的一次扣1分，造成重大影响的扣5分，特别重大的该项为0分
流程类	公司前台管理	10	100%符合前台操作流程	违反ISO前台操作流程一次扣0.5分，同时违反操作流程两项以上的扣2分
流程类	办公环境的维护与管理	5	100%符合办公环境制度	每周检查低于两次的少一次扣1分，人力资源总监有权对检查结果进行复核，复核结果如显示未对不符合项的责任人及相关负责人进行处罚的每次扣1分
流程类	公司对外联络	10	100%及时、有序	出现一次差错的扣1分，造成重大影响的扣5分
流程类	下属员工管理	5	违规次数为0	（1－实际违规次数/违规基数）×5

（五）指标评审、目标承诺与发布

指标评审主要以会议的形式进行，指标评审完毕后，相关单位就考核期内的目标做出书面承诺并发布，作为绩效管理的依据。

1. 指标评审

指标评审主要涉及两个问题。

(1) KPI 体系是否涵盖了部门/岗位 80% 以上的工作业绩

在确定了工作产出，并且设定了关键绩效指标和标准之后，还需要进一步对这些关键绩效指标进行审核。对关键绩效指标进行审核的目的主要是为了确认这些关键绩效指标是否能够全面、客观地反映被评估对象的工作业绩，以及是否适合于评估操作。

(2) 谁来评审

针对指标的评审，采取逐级评审方式进行，即高管层评审公司一级 KPI 指标，同时评审各个部门二级 KPI 指标；在直属副总的带领下，组织相关部门评审各个职位的三级 KPI 指标，评审从 KPI 指标项目、KPI 指标值两个方面进行。

2. 评审的流程

评审的流程如图 4-15 所示。

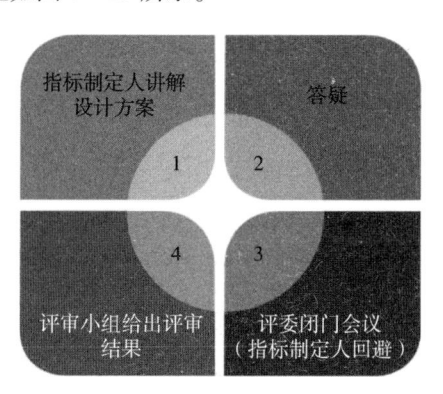

图 4-15　指标审批流程

(1) 指标制定人讲解设计方案

指标制定人结合上一级单位的工作目标和指标，以及自己的职责和实际情况，向评审小组或评审人汇报设计的思路和结果。要尽可能言简意赅。

(2) 答疑

评委提问，制定人答疑。

(3) 评委闭门会议

评委根据前面两步的情况，谈论指标的合理性，并做出决议。

(4) 评审小组给出评审结果

评审小组将评审结果发给指标制定人（见表4-20）。

表4-20 指标评审的要点及内容

工作产出是否为最终产品？	□
关键绩效指标是否是可以证明和观察的？	□
多个评估者对同一个绩效指标进行评估，结果是否能取得一致？	□
这些指标的总和是否可以解释被评估者80%以上的工作目标？	□
是否从客户的角度来界定关键绩效指标？	□
跟踪和监控这些关键绩效指标是否可以操作？	□
是否留下超越标准的空间？	□

3. 目标承诺与发布

目标明确及KPI指标设定清楚后，各个职位负责人需要对自己承担的目标进行承诺，承诺以签署绩效协议的方式进行，即员工与部门经理签署绩效协议，部门经理与主管上级签署绩效协议。

绩效协议经过双方认可，在部门内部（个人协议）、公司内部（部门协议）予以公布，作为绩效考核的依据。

（六）基于CSF的企业三级KPI体系设计模型

综上所述，使用关键成功因素法设计公司三级KPI的过程是将公司级KPI分解至部门级KPI，再分解至岗位级KPI，并给各级KPI体系配权重、设定目标值与评分标准。我将这一完整的流程整理为如图4-16所示的原创模型。

该模型分为两条线。

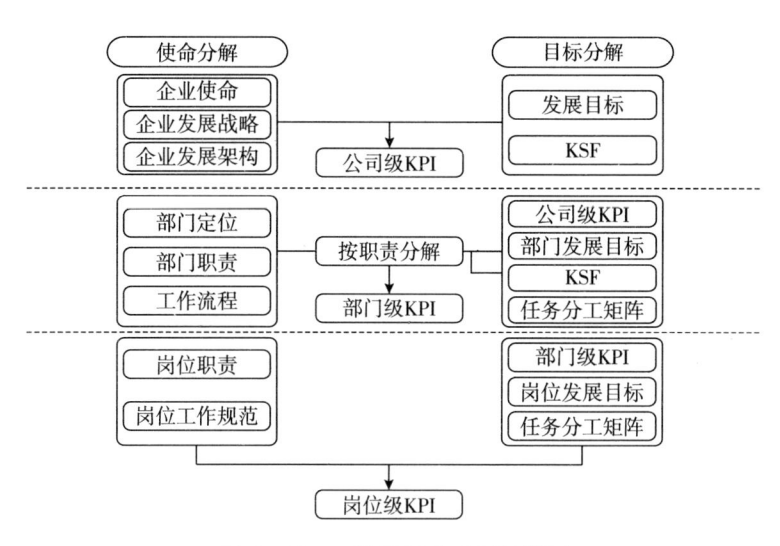

图 4-16 三级 KPI 体系设计模型

1. 使命分解线

- 先确立企业使命，明确企业存在的理由。
- 基于企业的价值观和愿景，明确企业发展战略，并将企业的战略目标拆分到年度。
- 分析战略布局和实际规划，企业提前设计承接战略目标的组织架构和部门职责。
- 分析公司每年的年度计划和工作重点，清楚定位部门工作重点和目标，明确各部门职责。同时设计好工作流程。
- 使用任务分工矩阵将部门的职责拆分至岗位，明确岗位的职责，同时在条件允许的情况下设计好岗位工作规范，作为岗位开展工作的指导。

2. 目标分解线

- 使用头脑风暴法，设计公司的战略目标和年度计划目标。

- 使用 CSF 法，设计公司一级的 KPI 体系。
- 使用任务分工矩阵将公司一级 KPI 分解到部门。
- 明确部门的发展目标，使用 CSF 法设计部门二级 KPI 体系。
- 使用任务分工矩阵将部门二级 KPI 分解到岗位。
- 使用 CSF 法设计岗位三级 KPI 体系。

按照分层的逻辑，我们做出如下说明。

(1) 公司一级 KPI 体系设计

公司一级 KPI 是在明确战略目标、组织架构的基础上，使用关键成功因素法设计出来的（见图 4-17）。

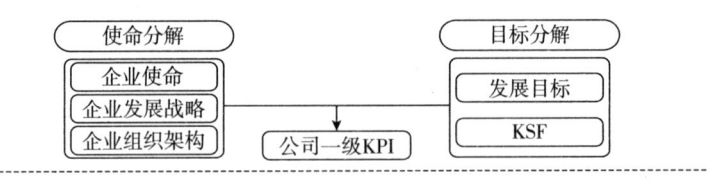

图 4-17 公司一级 KPI

(2) 部门二级 KPI 设计

依据部门的岗位职责，使用任务分工矩阵将公司一级 KPI 体系分解到二级部门。再结合部门发展目标，使用关键成功因素法设计部门的二级指标体系，包含 KPI 体系和 KBI 体系（见图 4-18）。

图 4-18 部门二级 KPI

(3) 岗位三级 KPI 设计

依据部门职责，使用任务分工矩阵将部门的 KPI 体系分解到三级岗位。再结合岗位的发展目标，使用关键成功因素法设计三级指标体系（见图 4-19）。

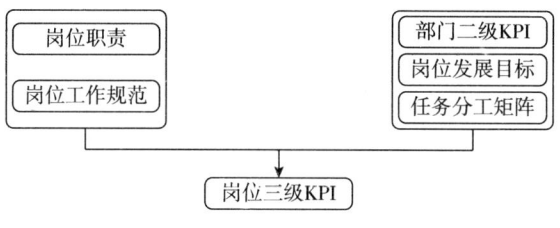

第4节课　使用 CSF 法设计企业三级绩效指标体系

```
┌──────────┐         ┌──────────┐
│ 岗位职责  │         │ 部门二级KPI│
├──────────┤         ├──────────┤
│岗位工作规范│         │岗位发展目标│
└──────────┘         ├──────────┤
                     │任务分工矩阵│
                     └──────────┘
        └─────┐    ┌─────┘
          ┌───▼────▼───┐
          │ 岗位三级KPI │
          └────────────┘
```

图 4-19　岗位三级 KPI

（七）指标体系在时间维度上拆分

通过之前的 6 步，实际上公司的三级 KPI 指标体系已经设计完成了，并且为 KPI 配置了权重、指标值和评分标准。

设计好的战略目标和年度计划目标以及 KPI 体系，如果不能在时间维度上拆分，即将目标和指标在季度、月度、每周做一个拆分，那么设计出来的目标和指标是极难实现的。在实际工作中，经常出现的问题是绩效计划和日常的工作脱钩，这在很大程度上是因为公司没有组织各级部门将公司的大目标和指标在时间维度上进行拆分。

如图 4-20 所示，根据企业实际情况，结合各级指标的考评周期，把指标分解为季度指标、月度指标，并在此基础上制订旨在完成指标的年度计划、季度计划、月度计划甚至周计划和日计划，这是绩效工作落地的关键步骤。

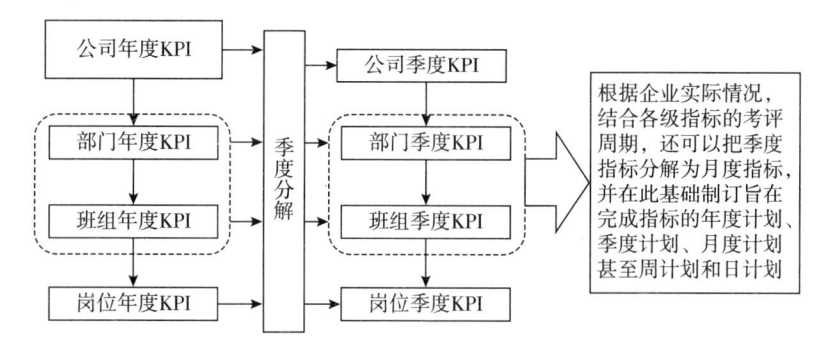

图 4-20　企业 KPI 指标时间维度分解

附件1　预算体系是目标管理的基础

以预算为基础的目标设定

目标的来源首先是预算，根据公司的年度财务指标来分解目标，从预算到具体的业务部门的目标，这是一个难点，也是一个重点。

古语云："凡事预则立，不预则废。"预指计划，在绩效管理体系中，可以理解为预算机制。很多公司在推进绩效管理体系时，没有配套的预算机制作为保证；或者建立了预算机制，但预算的准确性、执行度比较差，预算执行的偏差率比较高，导致目标设定不准确。

根据预算分解目标

虽然预算本身并不是最终目的，更多的是充当一种在公司战略与经营绩效之间联系的工具，但是预算体系在分配资源的基础上，主要用于衡量与监控企业及各部门的经营绩效，以确保最终实现公司的战略目标。

所以可以根据公司预算体系并根据利润中心、成本中心、费用中心提取公司目标管理的财务指标，根据三级目标体系实现有效的目标分解。

设计公司预算体系

每一年度，由公司的财务部门根据董事会下达的经营指标，结合上年度各项成本/费用情况，组织编制年度/月度预算，根据年度工作目标和计划，各业务部门编制收入预算和成本费用预算，管理部门编制总体费用预算，预算要按照详细科目分解到各个部门，落实到每个月。这是公司目标管理体系的出发点，也是员工工作计划的出发点。

> 经验提示
>
> 编制成功的公司预算体系需要3个必备步骤。
> - 设计预算模板。预算做得准确与否，取决于各项预算科目是否分得足够细化，取决于各项科目对应的职位是否清楚。编制预算体系前，必须要做的是对各类预算科目进行细化和标准化。

> - 由各个业务部门负责人编写相关预算。各个业务部门负责人要根据本部门工作计划编制预算，将预算和计划结合到一起，这样的预算才会有实际意义。
> - 预算汇总及评审。预算数据的准确性一方面在于对历史数据的分析，另外一方面则取决于对未来预期的准确预估，因此在预算汇总后需要组织专门的预算评审会议对预算的准确性进行评价，对各类收入、成本、费用指标予以明确。

根据预算机制分解到部门的工作计划

单纯的预算不能作为员工工作的依据，更不能作为绩效考核依据，在预算制定完成后，各个业务部门需要根据预算，结合公司战略、目标，设定本部门的工作计划，要细化到年、季度、月，如果有可能，细化到周计划。

> 经验提示
>
> 很多公司领导者认为：公司预算编制通过后，年度计划就完成了。而实际运营结果却是，到了年底预算要不超标、要不没有实现，很多年初要做的工作目标到年底才发现没有完成，而额外却做了很多其他工作。
>
> 提升预算有效性的方法就是在预算编制结束后，必须要根据预算制订详细的部门工作计划，并把工作计划分解到个人的月度计划，并以此为考核依据，这样才能保证工作重点和目标的一致性。

附件2　提炼 KPI 指标的三个步骤

确定各支持性业务流程目标

提取 KPI 指标首先要做的是确定各战略子目标的支持性业务流程，明确各个流程的目标，以满足客户需求和公司内部两个维度进行分析，进一步确认流程目标在不同维度上的详细分解内容。

例如，流程总目标为低成本快速满足客户对产品质量和服务要求，其分解内容如表4-21所示。

表4-21 依据客户需求设计分解生产流程目标

客户要求	组织目标要求（客户满意度高）			
	产品设计质量	工程服务质量	生产成本	产品交付质量
质量	产品设计好	安装能力强	质量管理	发货准确
价格低	引进成熟技术			
服务好		提供安装服务		
交货周期短			生产周期短	发货及时

确认各业务流程与各部门、职位的联系

在对各个业务流程目标进行详细分解后，下一步需要做的是根据各个业务指标以及公司内部职责分工，将公司各项关键流程指标与部门、职位工作职能建立准确的关联，从而在更微观的部门、职位层面建立流程、职能与指标之间的关联，为企业总体战略目标和部门、职位绩效指标建立联系（见表4-22）。

表4-22 确认业务流程与部门联系

关键要素		各职能所承担的流程中的角色				
		设计部	客户服务部	质量管理部	生产部	物流部
产品设计质量	产品设计好	√				
	引进成熟技术	√				
工程服务质量	安装能力强		√			
	提供安装服务		√	√		
生产成本	质量管理				√	
	生产周期短				√	
产品交付质量	发货准确					√
	发货及时					√

KPI 指标的提取

从通过上述环节建立起来的流程重点、部门职责之间的联系中提取 KPI 指标，KPI 指标要根据各个流程控制点和职责展开进行。KPI 指标设计要考虑到测评主体、测评对象、测量结果（见表 4-23）。

表 4-23　部门级 KPI 指标提取

绩效变量维度	关键绩效指标（KPI）维度			指标
	测量主体	测量对象	测量结果	
时间	设计部	新产品（开发）	上市时间	新产品上市时间
成本	生产部	生产过程	成本降低	生产成本率
质量	客户服务部	产品与服务	满足程度	客户满意率
数量	销售部	销售过程	收入总额	销售收入

附件 3　绩效协议范本

绩效目标书

20××年第　　月度（订立人姓名）工作

一、郑重申明

1. 本文所有内容由目标订立人撰写，并与目标订立人的直接上级讨论通过。

2. 目标订立人是本目标书所述计划的执行人，直接上级是其执行过程中的支持者与帮助者。

3. 对本目标书订立的计划，如订立人因特殊原因（如公司政策、计划执行的客观外部条件突变等）没有按期完成的部分，经客观数据证实、直接上级核准，可以不计入考评。

4. 目标订立人有义务执行直接上级根据特殊情况指派的特殊任务，直接上级应将任务完成情况并入本计划任务的绩效考核。

二、绩效目标订立的原则（请注意：以下部分内容仅为样板）

着眼于整个公司的人力资源架构与公司运营流程、战略规划的关联，以及公司整体的价值观、公司企业文化的营造与良性建设。

着手于及时解决眼前的紧急事项，逐步涉猎公司整体的文化与人力资源建设，推动实现业绩真正对应报酬，员工与公司间的进一步双向发展。

三、绩效目标的具体内容——工作绩效目标（　月　日~　月　日）

1.
2.
3.
4.
……

四、绩效的考评

1. 在本人的每周计划与工作汇报表中，清楚记载工作进展的控制情况。

2. 公司相关领导可随时得悉本人工作的进展情况，并给予支持、帮助与记录。

3. 公司各层员工、相关部门可提供第三方主观评价，或提供相应客观数据的记载。

4. 综合各方评价，公司领导与本人面谈绩效结果，并做出是否符合绩效目标的结论。

5. 根据绩效完成情况，修整并落实下一月度工作的绩效目标。

五、激励与报酬

（由直接上级承诺批准的，对目标订立人实现或没有实现绩效目标情况的目标报酬、奖励或惩罚内容）

1.
2.
3.

4.

目标订立人职位：	直接上级职位：
目标订立人签名：	直接上级签名：
订立日期：	订立日期：

我的职场感悟

你有职业年龄危机感吗？

职业危机在现实中确实存在，比较常见的两个阶段是 30 岁前后和 50 岁前后。

30 岁前后可以归结到 27～33 岁，在这个阶段正好处于工作 5～10 年的关键时期

我们知道，工作开始的 5～10 年是奠基阶段，有些人更早，在 3～5 年就已经铺垫了比较好的基础。如果在职业发展初期不能很快适应职场的环境，迅速把岗位工作转换为技能，是很危险的。或者做一份比较有限的职业，例如银行的柜台人员，没有什么技能可学，纯粹是螺丝钉岗位，也是很危险的。

如果在工作之初的 5～10 年没有能够积累足够的专业技能、工作经历和人脉资源，极有可能会出现职业危机。在 27～33 岁的时候，发现自己除了生活比较悠闲，工作技能居然没有提升，也没有任何积累，会容易产生焦虑感。

如果在这个阶段还不能痛下决心迅速转型，或者学习新技能、新知识的话，35 岁以后就会面临无工作岗位可选的尴尬！

50 岁前后可以归结到 45～55 岁，这个阶段正好处于中年职业危机期。

45～55 岁的 10 年，对于职位不高、个人工作技能不是很有竞争力的中年"大叔"和"大妈"来讲是非常尴尬的阶段，这个阶段就

是社会俗称的中年危机期。

在这个阶段，不管男士还是女士，都是上有老下有小，孩子在高中或者大学阶段，老人在 70~80 岁。老人和孩子都需要精神和财务上的支持，说句难听的就是：这是个连死都不敢死的年龄阶段。

在这个阶段如果企业不能提供比较好的平台，而个人又不具备拿得出手的技能，一旦有风吹草动，就会存在丢失工作的可能，而在短期内就业就容易陷入高不成低不就的尴尬境地。从头再来，除了没有勇气、没有精力，也有可能没有机会了。创业的话，自己的技能和资源也不是出类拔萃，基本上成功的概率很低。背后又有大的家庭需要自己来支撑，真的是"压力山大"啊！

专家建议：

为避免出现职场的两次尴尬阶段，在进入职场的前 10 年，一定要多投入时间和金钱，多积累技能、知识、经验和资源，让自己快速掌握凭本事吃饭的本领，即使将来不创业，也可以凭借个人掌握的本领吃饭。

第 5 节课
绩效实施与管控

无论是使用BSC法还是CSF法设计企业的三级绩效指标体系,如果缺乏科学有效的绩效实施与管控,绩效项目多半难以落地,或半路夭折或流于形式。本节课将通过具体的工具与方法介绍,为绩效管理的落地筑起坚实的保护网。

本节课学习内容:
- **由目标/指标到计划的关键。**
- **由目标落实到个人工作计划的关键。**
- **目标执行追踪与修订。**
- **目标推进过程的管控。**
- **建立有效的绩效管理制度。**
- **解决问题六步法。**

一、由目标/指标到计划的关键

与客户访谈时，经常会听到大家反馈某某公司绩效项目推行过程中出了什么问题，某某企业推行 OKR 取得了巨大成功等。但是真正能把绩效项目完全落地的企业真的不多见，很大一部分企业的绩效项目都是以失败告终，或者经过几番折腾后流于形式。

那么绩效项目失败的原因是什么呢？

第一，年度的目标/指标设定完毕之后，没有在时间维度拆分。

公司的年度目标虽然在纵向做了拆分，即由公司拆分到了部门，由部门拆分到了岗位，可是没有在时间维度上拆分，只有年度指标，而没有拆分到季度指标、月度指标，甚至周指标。这样就形成了比较有意思的现象：业绩考核表做完之后，束之高阁，绩效考核采用一套工作重点和目标，而日常工作是按照惯性采取另一套工作重点和目标，各干各的，造成了"两层皮"的现象。

这种情况在当下国内的企业中普遍存在，且长期得不到解决，或者说企业既没有意愿也没有能力解决这个问题。

第二，年度的目标/指标设定完成后，没有转化为工作计划。

在日常工作中，最常见的情况是各级经理在跟领导沟通目标和指标时，经常会说："领导，目标/指标太高了，能不能降点啊?!""领导，这任务打死我也完成不了啊!!"

其实正确的回复应该是："领导，您交代的任务我清楚了，我回去先研究一下，再跟您汇报如何？"

研究一定是结合企业和部门的现状、过往的经验以及市场同业的实际情况；方案一定是有理有利有节，比较符合实际情况的。

方案制订完成后再单独和领导约时间："领导，下周三下午3点到4点半您有时间吗？给您汇报一下明年××部门计划目标的方案。"这样就有了一次单独和领导汇报计划的机会。不过汇报不是简单的目标或者指标的增减，而是结合公司下达的目标，考虑公司内外部的情况，以及本部门过去几年实际达标情况和资源的配置情况，提出要完成下一年的目标需要配置多少资源。这些都是基于能力和现实的，相对比较客观。有的时候，领导也会很无奈，因为公司的资源有限，如果把资源过多地配置给你，其他部门的业务就会受到限制。所以，即使领导没能降低你的目标或者指标，他也会对你的实际情况有个客观务实的了解，期末考核时，对你的考核会更加公正。

将目标的达成情况与实际结合，就形成了计划公式：

计划 = 目标/指标 + 关键行动措施

目标和指标的设定与分解的情况，在前面两节课已经详细介绍过了，本节课主要介绍关键行动措施（见图5-1）。

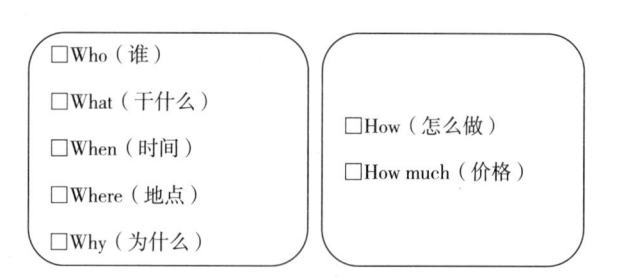

```
□Who（谁）
□What（干什么）
□When（时间）          □How（怎么做）
□Where（地点）         □How much（价格）
□Why（为什么）
```

图5-1　制定行动措施必须回答的5W2H

案例

美国保险行业的百万圆桌协会

MDRT（million dollar round table）即美国百万圆桌协会，成立于1927年。

1927年，32位销售额超过100万美元的人寿保险营销人员聚集于美国田纳西州孟菲斯市参加国内寿险协会会议，他们想要成立一个国际性的论坛，相互交流经验，以此来提高和规范保险营销人员的职业技能水平。在这样一个理念下，百万圆桌协会于当年在美国成立了。今天，它已发展成全世界数千寿险从业者参加的盛会，其中的MDRT顶尖会员更是保险业界成功者追求顶峰的标志。协会设立的初衷是培养高水准、职业化的寿险销售和服务人才，他们相信通过销售理念的交流一定能提高销售技能、提升销售业绩。他们的信念就是："要想收获，就要先给予。"今天的MDRT已经成为一个以寿险为基础的金融服务业的国际型协会，它形成了分享经验、技能与知识的传统，对整个寿险业都有着积极的影响。现有会员25 000人，来自全球66个国家的475家公司。会员主要是财政货币管理、投资咨询、人寿保险、伤残保险、不动产计划、退休保险等行业的精英分子。成为MDRT会员并保持该资格对优秀的寿险代理人来说是一种激励，MDRT会员资格代表着成功与荣耀，是他们职业生涯的里程碑。

假设加入MDRT的标准是销售额100万美元，则可以对目标分解与行动计划进行如下设计。

如果人均保费2 000美元，那么一年需要与500个客户签约：

每周目标为500/50＝10个；每天目标为10/5＝2个/天。

每天的行动计划为签约2个→面谈（20个，10%）→约见拜访（40个，50%）→打电话（400个，10%）。

显然，这样分解出来后，会发现每天的工作量太大，所以需要提升每单的保费收入。

如果人均保费20 000美元，那么一年内需要与50个客户签约：

每周目标为50/50＝1个。

每周的行动计划为签约1个→面谈（10个，10%）→约见拜访（20个，50%）→打电话（200个，10%）。

按此分解每周的工作比较合理，平均到每天的工作量也合适。落实到具体的工作步骤，则如图5-2所示。

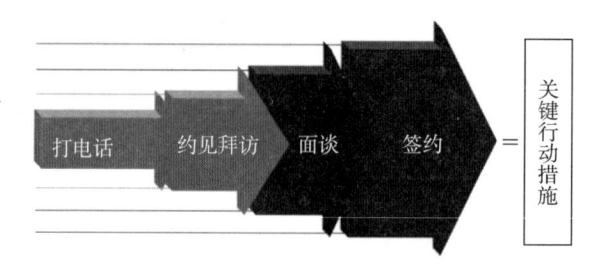

打电话 → 约见拜访 → 面谈 → 签约 ＝ 关键行动措施

图 5-2　行动步骤

年度计划目标为 100 万保费收入，拆分到周的工作计划目标为：

- 签约 1 个。
- 面谈（10 个，10%）。
- 约见拜访（20 个，50%）。
- 打电话（200 个，10%）。

每周的计划安排是：

- 200 个电话：什么时候打？电话费用谁出？在哪里打？自己打还是请人帮忙打？每天打多少电话？话术怎么设计？
- 约见拜访：什么时候约？一天约几个？打车、坐公交、还是开车？带什么资料和礼物？费用谁出？话术怎么设计？
- 面谈：在哪里谈？谈多长时间？怎么谈？自己谈还是其他方式？话术怎么设计？
- 签约：什么时候签？在哪里签？关单的诀窍是什么？

周计划累加形成月度计划，月度计划累加形成年度计划，反之亦然。

二、由目标落实到个人工作计划的关键

（一）设计个人月度工作计划

一旦制定了明确的工作目标，接下来要做的是将工作目标转变为详细的行动计划，作为实现工作目标的支持系统，并使下属能够更好地理解和执行。

1. **制订计划的好处**

- 制订计划会使工作目标更为明确，使下属更加了解目标。
- 计划使得工作目标的设定更符合实际情况。
- 计划能够使工作更为有序和系统化。
- 好的计划能够减少不可预见的阻碍或者危机出现的可能性。
- 能更为轻松地处理突发的事件和问题。
- 减少突发情况的发生，并使绩效表现和结果更加可控和可预测。
- 工作更加有效率，因为每一个成员都能直接投入工作，不需要浪费时间。
- 成员的工作努力程度能够较好地与工作结果相匹配。
- 能够更为客观地评估结果。

2. **制定计划的内容**

- 目前的情况，即现在所处的位置。
- 前进的方向，即做什么，向哪里前进。
- 行动，即需要做什么才能达到。
- 人员负责，即谁来做。
- 开始日期。
- 计划的阶段性反馈，或突发事件发生时的紧急处理程序。

- 结束日期。
- 预算成本。

表5-1是一个简单的工作计划示例。

表5-1 简单的工作计划示例

组织设计阶段		
1. 内部组织级别设计	项目组	10.21~10.23
2. 组织类别设计	项目组	10.21~10.23
3. 组织名称设计	项目组	10.21~10.23
4. 设定标准组织结构图	项目组	10.22~10.23
职务设计阶段		
1. 设定职务类别	项目组	10.22~10.24
2. 设定职务级别	项目组	10.22~10.24
3. 建立职务序列表	项目组	10.22~10.24
4. 绩效、薪酬职务类别	项目组	10.22~10.24
岗位设计		
1. 确定部门岗位设置	项目组/各部门负责人	10.27~10.30
2. 确定岗位职责	项目组/各部门负责人	10.27~11.5
3. 确定岗位任职要求	项目组/各部门负责人	10.27~11.5

经验提示

制订计划常见的误区有：

- 没有注意计划的滚动——需要经理在制订的年或者季度计划的基础上，制订相应的月计划、周计划甚至是每天的计划，以利于实际工作的操作。
- 没有弹性——好的计划就是要给未来的变化留有一定的余地。
- 没有估计多种可能——针对多种可能，找出相应的解决方案，做好充分的准备。
- 没有考虑资源和条件。
- 没有事先沟通和确认。

（二）分解个人工作计划到每周和每日

月度计划要落实到员工的每周和每日日程表中，各个业务部门负责人要组织部门员工制订周工作计划，安排每天的工作内容，如表5-2所示。

表5-2　周报格式样稿

姓名		日期：2018年10月27日~2018年10月31日
要素	工作重点	进展及业绩
特别感受	1	
	2	
	3	
本周业绩	1	
	2	
	3	
本周不足	1	
	2	
	3	
下周计划	1	
	2	
	3	
需要支持	1	
	2	
	3	

三、目标执行追踪与修订

（一）工作追踪

1. 工作追踪的定义

有效的工作追踪，即确认工作按照目标和计划进行，并取得预期的成果，确保公司的政策、规定、程序被执行和遵守，及时发现潜在危险和问题，并做好准备，采取措施。

2. 工作追踪的三个步骤

工作追踪应当着重客观性的标准（工作成果），同时也要兼顾主观性的标准（工作方法和个人品质），追踪的步骤共分为三步。

步骤一： 收集信息

收集信息的方法有：

- 个人工作报告。
- 部门、公司内部的客观数字资料。
- 会议追踪。
- 协同工作。
- 他人的反映。

步骤二： 评估

评估的要点有：

- 不可能一次使用所有涉及的方法。
- 按照工作重要性进行评估。
- 发掘发生偏差的原因。

步骤三： 反馈

定期将工作追踪的情况反馈给下属。

3. 克服追踪抗拒的两个措施

如果下属不合作，产生抵抗的情绪，也会使追踪工作达不到预期的效果。可采取以下措施克服下属的抗拒：

- 使下属了解有效工作追踪的必要性。

- 使下属了解工作追踪不是简单的监督工作情况，关键还是在于辅助下属更好地完成工作，达到预定的目标。

（二）目标修订

在实际工作过程中，经常会出现各种例外事件而打乱现有工作计划，这时需要对现有目标进行修订。

四、目标推进过程的管控

（一）管控的流程

绩效管理是一个 PDCA 的过程，虽然制定目标、设计计划很重要，但是计划执行和控制的过程更为重要。只有目标和计划，没有执行管控是非常危险的，会导致整个项目的失控（见图 5-3）。

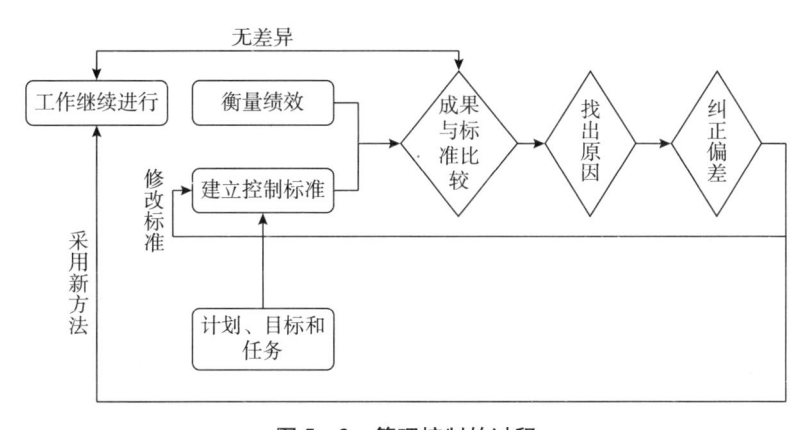

图 5-3　管理控制的过程

绩效项目的管控过程如下所示：

- 基于目标、计划和工作任务建立控制的标准。大约在什么时间进行工作计划目标回顾，或者出现什么样的情况之后进行目标计划盘点。
- 衡量绩效。检查一下目标的达成情况。这一步的关键是要实事求是，不能掩耳盗铃。
- 成果与标准比较。在管控的节点，根据建立的标准去衡量绩效达成情况，与计划相比是快了、慢了、还是刚刚好。这一步很重要，一定是基于期初的目标和计划，看当下的目标达成情况，使目标达成与计划匹配，根据评分标准打分。
- 如果成果和标准之间没有差异，工作继续进行。
- 如果成果和标准之间有差异，需要找出原因。如果是控制标准设计得不合理，过高或者过低，那么修改标准；如果是工作方法出了问题，那么采用新的合理的方法，使工作继续进行。

以上步骤需要反复进行。

（二）目标推行过程的控制原则

控制必须能高瞻远瞩，并且多做预测和估计。控制的时间和标准要留出余量，要从项目全局的角度出发去看问题，不追求完美，但要追求实效。要有分阶段的目标，不追求一口吃个大胖子。

控制必须能够反映出行动的性质和基本要求。控制的目的要明确，不能为了控制而控制，更不能无时无刻都关注，那会形成严密督导的局面，会让员工异常烦闷。所以控制的人要懂行，要明白工作和目标的性质和大致的走向才行。

控制要能做到对差异的发生迅速觉察出来，才能进行有效的预防和避免。这一点比较难，要求上级经理对工作内容非常熟悉，了解不同的阶段和不同的时刻，有可能出现什么样的问题，对工作要敏感。

控制应把握关键点，这一点无须多说，做管理，一定要懂二八原则，否则管理成本太高。关键点是什么，在绩效项目实施之前就要有预判，这样才不会出现"头痛医头，脚痛医脚"的情况，使项目非常没有条理、成效低。

控制要以适当的标准为前提。控制不是无谓的操作,是有标准的,一定是基于目标、计划和评分标准来设计控制要点。没有标准的控制,只能导致员工的无所适从,结局就是人治,也违背了绩效管理的实质。

控制要有适度的弹性。一般情况下,绩效考核有是与否的项目,但是控制的时候一定要有弹性,不能事事搞成非此即彼的逻辑关系。如果是这样,还不如不做绩效管理项目,大家凭良心工作就好。

控制必须合乎经济的原则。在一些官僚化比较严重的企业里,会出现过度管理的现象。比如为了保证3个保洁阿姨工作规范合理,公司有可能会安排3个行政主管去监督管理她们的工作,这个管理成本是非常高的。

控制要表现出组织的效能。在绩效管理中控制节点的目的是为了在规定的时间合规,观察项目的进度是否正常,它是为了提升组织效能而设计的,而不是为了控制本身。

控制方法与技术要做到易于了解。这个比较好理解,很多居民区楼下都会有一些商户,物业为了保证保安按照规定的时间和频次巡查商户的治安情况,会在不同的商户门口设置一个检查点。只要保安按时去点击就可以保证巡察工作有人在执行了。同样,绩效管理的控制也要简单易行才可以。

控制应能指出要改正的行动。就像管理控制过程里提到的一样,控制不是目的,达成目标才是。如果发现了不合理的情况,一定要有应对方案,要改进,不是熟视无睹,否则管控的意义也就不存在了。

(三) 绩效管理常规的会议检查

1. 绩效检查回顾会议

开会是有成本的,某家日本企业把开会的成本贴在会议室,让各级经理尽量控制会议的次数和频率,如下所示:

会议成本＝每小时平均工资的 3 倍 × 2 × 开会人数 × 会议时间（小时）[①]

但是必要的会议还是需要的，比如公司级的月度经营例会、季度或者半年度的述职会议（大公司按照半年设计，小公司按照季度设计）、部门的周例会等。还有一些互联网企业（如 58 同城的各地代理商）、生产制造型企业每天要开晨会和息会，以保证正常的生产秩序。

很多企业常年不开会也不正常，这样达不到沟通工作和情感的目的。上下级之间如果长期不沟通，那么工作开展只能靠猜，而实际上靠猜的沟通成本更高。

开会的重点一定是业绩考核表中的工作目标或者指标，每个人讨论的议题要围绕 KPI 项目，不能避重就轻。先说 KPI，再说工作过程和工作困难，这样能保证每次会议都和公司的战略目标对齐，否则就会开成诉苦会和投诉拆墙会，只是浪费时间而已。

2. 目标执行和检查表

表 5-3 是一个目标执行和检查表的例子。

表 5-3　目标执行表样例

目标名称	制定人	执行人	检查人	检查频率
公司战略目标	总经理	总经办	总经理及董事会	半年度
一级部门目标	总经办	一级部门领导	总经理	季度
二级部门目标	一级部门领导	二级部门领导	总经办	月度

五、建立有效的绩效管理制度

要保证公司的绩效管理项目落地，最终还是要落实到制度上，要

[①] 公式中平均工资之所以乘以 3，是因为劳动产值高于平均工资；乘以 2 是因为参加会议要中断经常性工作，损失要以 2 倍来计算。因此，参加会议的人越多，成本越高。

建立符合企业实际的绩效管理制度。

（一）建立绩效管理制度的关键点

告知全体员工这一制度的可行性，解释清楚推行这一制度是符合员工的最大利益的。统一思想很重要，制度出台后要在公司内部做培训宣讲，尤其是要做好经理人的绩效管理技能培训。不仅如此，制度建立后要有先僵化、再优化、最后固化下来的过程。

要让组织的高层管理者对整个组织进行一次深刻的考察，目的是了解本组织的目标、人力情况、优点和弱点，以及本组织可用资源的状况等。如果高层不了解基层的情况，在制定目标时就很有可能拍脑袋做决策。所以，一定要把战略制定和组织能力相结合。

（二）绩效管理制度的八大成功要则

1. 高层管理者积极参与、强力推动

不做绩效等死，做了绩效找死。如果没有高层的积极参与和强力推动，一般绩效项目成功的概率为零。

2. 周详的计划，并特别重视对各级主管的教育和培训

绩效项目成功与否的关键不是项目计划有多完善，而是绩效项目主体——各级经理人是否掌握了绩效管理的技能，这一点特别重要。很多企业高管想当然地认为经理就应该掌握绩效管理这门技术，实际上有很多经理人是缺乏的。所以在绩效项目推动过程中，一定要先盘点各级经理人的绩效管理技能，否则会有忙不完的事。

3. 从容确立目标管理制度的思想基础

绩效管理的源头是企业战略，目标管理的观念如果不深入人心，企业绩效文化的建立是很困难的，至少过程会比较长。

4. 目标/指标要尽量量化

这个毋庸置疑了，如果不能衡量就不能考核，如果不能考核就不能管理。这是常识，一个需要大家猜测的目标体系是不可能落地的。

5. 目标绩效管理制度要与现行的信息系统及控制制度相结合

这是企业提高效率的关键。有报道称华为每年投入信息系统体系的费用是2%的销售收入，各位想想就可以知道华为对于信息沟通的重视程度。绩效管理的流程最终要纳入企业的OA（办公自动化）系统中，一方面是为了提高效率，另一方面也是为了留痕。

6. 对于良好的绩效，应有所奖励

设计好绩效考核成绩的应用场景。虽然业界认为绩效应该跟升官发财脱钩，不过目前国内真正发展好的企业，基本上都是强文化＋强KPI，所以绩效结果还是要跟员工的收益挂钩的。

7. 鼓励公司上下级管理人员热心参与讨论

绩效指标的设定过程一定要经历几次反复讨论之后确认，如果员工和经理人没有参与目标设定的过程，认同度和参与度会差很多。

8. 定期安排检查，并建立反馈制度

公司制度流程书写一定要逻辑清晰，不能从搜索软件中直接复制粘贴，要符合企业的实际。同时，要介绍清楚指标设定和分解的过程和工具、绩效辅导和面谈的方法、绩效评估的过程、绩效改进的方式和方法。最终要让这套制度像公司绩效管理说明书一样清晰易操作。

（三）哪些部门适合负责绩效管理

总经理决定引进绩效管理项目后，需要选择一个具体负责引进和推

行绩效管理项目的部门。根据最近的一项调查，在已实行绩效管理制度的企业中，负责引进和推行绩效管理的专职部门，大约有如下几类：

- 总经理挂名的跨部门委员会。这样虽便于集思广益，但多数是兼职人员，时间少，各自的立场也不同，容易产生意见分歧。
- 管理企划部门。该部门具有全局眼光、管理诊断能力，能够掌握目标绩效体系的技术，承担责任制考核职能。
- 人力资源部门。该部门具有教育训练能力，可承担考核职能。
- 总经理办公室。该部门离高层近，能够领会和贯彻领导意图，具有左右逢源的能力和沟通协调的技能。

（四）确定负责部门时要注意的事项

具体应该由哪个部门来担当推行单位，会因各企业引进目标绩效管理的目的不同而不同，但以下几点必须注意：

- 直线业务部门一般不能担当此任。
- 推行目标绩效管理的最高负责人影响力越大越好，离高层越近越好。
- 不论由哪个部门担此责任，都离不开其他部门的配合。
- 负责人要有求新、求变、求好的观念，要有丰富的管理经验和良好的沟通协调能力。
- 随着目标绩效管理方式的改变，负责部门也可以进行相应变动。

总之，目标绩效管理与企业组织体系密切相关。有时要事先调整组织架构，这就需要管理部门来负责；有时要事后调整，这就需要总经理办公室来协调；目标绩效管理是管理观念、方式和行为的革命，需要宣传、教育和人力资源部门进行引导和培训；绩效成果要考核，且要与人力资源挂钩，就需要人力资源部门和管理部门来做工作；目标绩效管理以提高业绩为根本，而业绩与计划和预算息息相关，就需要财务、计划部门共同参与。因此，要想使目标绩效管理的引进和推行达到好的效果，就要以某个部门为中心，动员多部门共同推行，分工负责。

六、解决问题六步法

有的时候，领导下达了指标/目标之后，经理人会习惯性从原有经验中搜寻解决方案。但是在实际工作中，环境纷繁多变，如果是在面对一个自己都无法描述清楚的目标时，最好的方法是仔细分析问题——解决问题所用的公式比结果还重要！

美国著名心理学家托马斯·戈登曾经提出解决问题的六步法，在这里推荐给大家，作为解决目标达成的工具。

这是一个很好的寻找解决方案的流程框架。面对目标，要确定好关键行动措施与行程计划。

第一步：识别和界定问题

首先，重新定义问题。有时候仅仅是对问题的重新定义，就能使问题迎刃而解。比如有客户抱怨某酒店的电梯速度慢，酒店领导决定斥资换高速电梯，谁想到又有客户抱怨电梯反应迟钝，眼看着电梯到了11层，10层的乘客赶紧按下按钮，电梯却径直下去了。其实造成这种情况的真实原因是高速电梯不能急停。如果当初把这个问题定义为"如何改进乘坐电梯的客户体验"，也许解决方案就简单多了，根本不用换高速电梯，只需要在电梯里安装几面镜子就好了，客户在乘坐电梯时顺便照照镜子，自然就不会感觉慢了，问题迎刃而解！

同一个问题换一个角度看是截然不同的。同一个客观事实的不同描述，给人的感受也完全不同。屡败屡战和屡战屡败描述的是同一个现象，但背后的精神内涵却大相径庭。

在现实生活中，同样的业务、同一个事件或类似的挑战，不同的经历者会有不同的感受和理解，他们对问题的看法和描述也不相同。所以，问题解决的第一步是让这些不同角色、不同利益的代表从不同的角度描述他们遇到的问题，然后综合他们的意见，对问题有一个各方都比较认同的界定。从对问题的感知到对问题的精准界定，可以用行动学习的方法进行一轮发散和收敛。

其次，描述成功的标准。识别和界定问题的另一项工作，就是要对以终为始达成的结果有一个尽可能详尽的描述，这有助于启发参与者的思维，并朝着结果的方向去努力。病构问题从对问题的陈述到结果的描述，自由度和发挥空间都很大。尽管我们有时候想要的结果就是一种感觉，甚至最初只有一个目标和意图，但仍然要通过不断地提问来描述得更清楚一些。下面的问题可以帮助你做到这一点：

- 问题完美解决的 3 个标志是什么？
- 客户最期待什么样的结果？
- 更高层领导者期待什么样的结果？
- 问题解决到什么程度？（列举可以量化的指标）
- 问题解决后，客户的体验应该是什么样的？（纯感性描述）

尽管不能描述出最终结果的具体模样，但要尽可能地勾勒出成果框架和评价标准。反复问自己这些意思接近、表述形式却不大相同的问题，有助于我们确立一个成果框架。

最后，界定问题范围。解决问题还要定义问题的边界。比如，是在全集团范围内解决问题还是在某个子公司范围内解决问题，这是两个完全不同的问题边界。问题的前提条件、约束条件等都需要提前界定，比如在什么范围、花多少钱、用多长时间、关注哪些相关人的利益、跟当前业务的紧密程度等都要尽量实现描述。明确的问题范围能让团队研讨时方向更明确，针对性更强。

第二步：分析问题的根源

当问题界定清楚后，对造成问题的原因分析又会见仁见智。领导者带领团队探索问题形成的原因则又需要一轮头脑风暴。在头脑风暴中，对问题根源的探索可能是根据现象分析的，也可能是怀疑猜测的，还有可能是凭感觉断言的。问题常常是一果多因的，所以对于头脑风暴的结果仍然需要进一步验证和排除。

经过头脑风暴得出一系列原因之后，团队面临的新问题就是要对这些原因进行更深入地分析，找出最有可能的原因，论证排除可能性不大的原因，并对原因进行分类。根据矛盾论的观点，矛盾背后总有主要矛盾和次要矛盾，主要矛盾对问题的解决起决定性作用，也可以根据某种逻辑或结构，将主要矛盾分解为几个子问题来解决。当然，还有可能诊断出问题背后需要将以上重点原因全部消除的情况，那么消除每个原因的过程就可以转换为一个子问题的解决过程。

寻找原因的过程很专业也很艰巨，不仅需要集思广益，竭尽全力探索可能的原因，更重要的是，还要深度探寻，触及问题的本质。原因越接近根本，解决问题越彻底。丰田公司的"五个为什么"就是一个在实践中非常有效的探寻深层次原因的工具。人类在探寻原因的时候，本能地倾向于寻找那些容易获取、简单的线索。同时，人们一旦对某个问题找到一个自认为还说得过去的解释后，大脑的好奇心就满足了，认知的缺口就弥合了，再深入探索的兴趣也就没有了。"五个为什么"恰恰是为了克服人类自身心理上的局限性而设计的。当人们用规则硬性规定必须问五个问题时，会发现越是后面的问题越可能让人陷入深层次的思考。

丰田公司前副社长大野耐一曾举了一个例子来找出停机的真正

原因。

- 问题一：为什么机器停了？
  答案一：因为机器超载，保险丝烧断了。
- 问题二：为什么机器会超载？
  答案二：因为轴承的润滑不足。
- 问题三：为什么轴承会润滑不足？
  答案三：因为润滑泵失灵了。
- 问题四：为什么润滑泵会失灵？
  答案四：因为它的轮轴耗损了。
- 问题五：为什么润滑泵的轮轴会耗损？
  答案五：因为杂质跑到里面了。

经过连续五次不停地问"为什么"，才找到问题的真正原因和解决的方法：在润滑泵上加装滤网。如果员工没有以这种追根究底的精神来发掘问题，他们很可能只是换一根保险丝草草了事，真正的问题还是没有解决。

所以分析问题的根源是解决问题的基础，也是解决问题过程中最重要的一环。

第三步：探索可能的解决方案

问题分析完成后，团队接下来的任务是探索可能的解决方案。如果一个问题有几个子问题的话，对每个子问题都要探索可能的解决方案，子问题完全可以看作是一个全新的问题，用解决问题的流程走一遍。

病构问题的解决策略遵循"不求最好，只求更好"的原则，寻找次优解的方法。理论上讲，只要我们有足够的资源和时间，总能找到问题的最优解，但是现实是，找到完美的最优解要付出的代价实在太大，人们只能寻找一个差不多能接受的次优解。次优解是在资源和时间受限下的性价比最好的解，不是最优，却是目前为止能接受的、比领导者自己拍脑袋想要好的解决方案。

寻找次优解的办法是不完全归纳法。这就要切实依靠团队智慧，动员大家集思广益、开动脑筋，还可以经过多轮迭代，持续优化次优解。用不完全归纳法所寻找的解决方案的质量，跟团队成员的数量及能力水平密切相关。最终得到的解决方案是参与者倾尽群体智慧得出的自认为最优的方案，尽管这个方案还不够系统，但已经是现有条件下最优的群体智慧结果。

实际上，可以用不完全归纳法先形成一个替代最优解决方案的次优解决方案，再将该方案在不同团队中反复迭代和修正。当然，在碰撞过程中也可以采取行动学习，多次迭代和修正后的结论非常有说服力。

第四步：确定解决方案，形成计划

尽管可能的解决方案很多，但不是所有方案都有机会付诸实践。从众多可能的方案中找出能够付诸实践的方案，需要一个评价的过程。评价就要有标准、有依据，如图5-4所示。

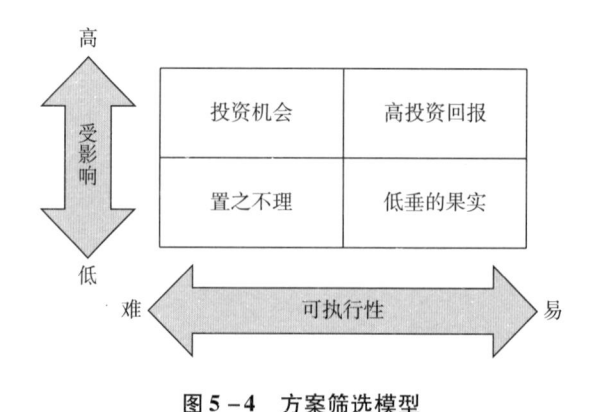

	难 ← 可执行性 → 易
高 受影响	投资机会 / 高投资回报
低	置之不理 / 低垂的果实

图5-4　方案筛选模型

这是一个简单实用的筛选模型，从结果的预期回报和实施的难易程度两个维度交叉衡量解决方案。容易实施、预期投资回报又高的方案当然要优先采纳；预期回报一般但实施却很容易，顺便就能实现的方案是"低垂的果实"，也可以付诸实践；预期回报高但是难度很大的方案就要仔细衡量了，落在这个象限的解决方案常常处于已有能力范围之外，最可能是未来的投资机会；预期回报一般、实施难度较大的选项可以置之不理。

一般解决问题的头脑风暴过程很长、成果也很多，通常最终选择不要超过3条具体措施来实施，这符合OKR的原则。"要事第一"是很重要的处理法则，如果一次头脑风暴讨论出若干项需要落实的措施，那结果往往是一条也落实不了。选择越多，困惑越多，精力越容易分散。要付诸实践的措施一旦选定，需要制订详细的计划，配套必要的资源和预算，每个任务落实具体的负责人，确定关键里程碑，准备实施。

第五步：实施解决方案

实施阶段，可以基于史蒂芬·柯维的4DX要素解决问题。

1. 集中精力关注最重要的工作

一个行之有效的时间管理策略是，每天罗列自己当天要做的各种事项，按照重要性排序，把第4项以后的各项全部删去，全力以赴地完成前3项工作就很完美了。所以，必须明确定义团队中最重要的3个目标，并仔细对它们进行调整，使其与组织的战略目标保持一致。

2. 树立一块有督促作用的记分牌

微信运动因为能记录每个人每天的运动步数，客观上成为一个激励、督促人们运动的工具，而且用户还能看到自己的运动量在朋友圈中的排名。工作也是如此，有明确阶段性目标和衡量标准的工作，对人们有巨大的驱动力。随处可见的团队之间可比较的记分牌在一定程度上把工作游戏化了。

3. 将抽象的目标转换成具体的行动

写在纸上的战略和付诸行动的战略有很大的不同，付诸行动的战略是团队每天都要做的事情。领导者一定要把战略划分为每个员工实实在在的工作，让每个成员清楚地知道自己应该做什么，而且清楚他们所做的事情与战略的关系。把员工的具体工作与战略目标结合起来后，就可以大胆授权，给员工灵活创新的空间，员工自然会主动为结果负责。

4. 让员工互相负责

团队为一个目标而努力，每一个成员的工作进展都事关整个目标的实现，所以营造团队成员相互负责的氛围很有必要。典型的做法就是召开工作例会或晨会。

第六步：评估效果并标准化

解决问题的最后一个环节是评估问题的效果，是否有效地解决了问题，以达到"识别与界定问题"环节所界定的结果要求。

一方面，要评估解决问题措施的有效性，明确：是否取得了最初预期的目标？如果取得了，经验是什么？从中学习到了什么？如果没取得，原因在哪里？教训有哪些？从中学习到了什么？如果问题没解决或又出现了新的问题，当然还可以重新梳理一遍解决问题的流程。另一方面，要评估解决问题框架的有效性。任何组织都可以在解决问题的基本方法和步骤上，逐渐发展出自己独特的解决问题的方法论。

最后，解决问题的方法和成果都可以标准化，成为组织的方法技能或制度流程。

附件　工作追踪追什么

根据管理大师彼得·德鲁克的观点，目标管理所要达到的两个核心目的，一个是激励，另一个是控制。通过设定目标对整个组织的行为进行控制，从这个意义上讲，那不只是设定目标，而是要使整个组织把各种资源调动起来，围绕目标往前走，这就需要不断对工作进行追踪。如果发生了偏离，通过工作追踪及时对偏离的情况进行评估，然后反馈信息，并采取一定的措施，保证目标能够按照原来的设定实现（见图 5-5）。

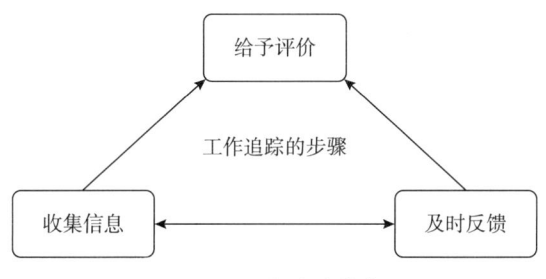

图 5-5　工作追踪的步骤

追踪管制是目标执行过程中不可或缺的环节，它不是对下属的简单监视与部署，也不是对其行动进行严厉控制的手段，而是协助下属解决在目标执行过程中所遇到的困难，使其一直处于工作的正常轨道上，按时保质地完成任务。

有的经理认为工作追踪应以下属的工作表现为主，每天都能保证不迟到不早退，在领导视野所及的范围内勤奋工作就是好员工。

实际上，因为经理的精力有限，不可能对所有下属的工作表现都能凭着主观的感觉而感受到。一方面会造成工作追踪的片面性，另一方面很可能伤害到其他员工的感情，从而起不到工作追踪的进行阶段性工作评价的作用。到头来，没有人再去重视这个过程。

因此，工作追踪应当着重客观性的标准——工作成果，同时也要兼顾主观性的标准——工作方法和个人品质。

工作追踪追什么？是追踪业绩情况与目标的距离，还是追踪它和目标之间的偏差程度？应当说，工作追踪首先要追踪的是员工是否在朝着目标走，偏离目标是最可怕的，表面上完成计划并不等于没有偏离目标。

要确保完成目标执行的任务，必须追踪绩效，了解执行过程所发生的各种情况，以便及早协助或加强管理。

美国运动员彭思特就是一个很好的例子。他认为如果快跑到终点时才发现跑的不够快而想加速，就已经迟了。因此在训练时，他为了能够有足够的时间调整速度，在每1/4千米的地方，安排一位手持秒表的人，当他经过时，便告诉他时间。于是他便知道跑得怎么样，该如何控制速度。最后，他终于打破了世界纪录。这便是"在执行过程中加以追踪"的好处。

在目标的执行过程中，企业应及时对目标的执行情况进行追踪。追踪管制是针对目标衡量工作成果，改正偏差，以确保目标的实现，是目标执行过程中不可缺少的工作，它不是监视下属的工作，也不是严厉的控制行为，而是协助下属解决困难，引导其步入工作正轨，顺利达到企业的总目标。

企业实施目标管理，进行目标追踪，其主要目的有：

1. 发现目标执行过程中的偏差，及时修正。

2. 以考核的手段来激发员工的责任意识。

3. 加强沟通。目标进度的追踪检讨，可以采取会议形式来进行。如果能加强沟通，上下级间的结合会更加默契，使目标追踪更加有效。

总之，不同的企业在实施目标管理时会遇到不同的问题，因此，其实施目标追踪的目的也相应有所差异，企业应根据目标实施的具体情况，确定最适合企业的目标追踪目的。

工作追踪第一步：收集信息

收集信息主要有以下几种途径和方式：

1. 建立定期的报告、报表制度。很多公司的销售部门、生产部门的定期报告制度要好一些，甚至连值班日志都已经很规范了，但其他大多数部门可能就是以口头汇报为主，这是不行的，一定要制定严格的报告、报表制度。

2. 定期的会议。

3. 现场的检查和追踪。

这些工作就方法而言并不复杂，但关键是要细致并不断坚持。

工作追踪第二步：给予评价

在对工作追踪进行评价时，要注意以下 4 个要点：

1. 要定期追踪。管理者有时候工作一忙，就顾不上去了解下属的工作情况，而一旦形成"三天打鱼、两天晒网"的习惯，下属的工作就有可能渐渐松懈。对下属工作追踪要养成定期的习惯，同时让下属也感到主管有定期检查的习惯，这是非常重要的。

2. 分清楚工作的主次。管理者的事务很多，不可能事事追踪，因此一定要分清事情的主次，对重要的事一定要定期检查，而次要的事则不定期抽查。

3. 对工作进行评价。工作评价的一个重点是判断目标是否偏离，有时候是与目标有差距；有时候是具体的方法的差异；有时候是看上去业绩实现了，但目标实际上是偏离了，如果发现目标有偏离，就要及时把它拉回来。

4. 避免只做机械的业绩和目标比较，应当发掘偏差的原因。

工作追踪的第三步：及时反馈

经理必须定期将工作追踪的情况反馈给下属，以便下属：

1. 知道自己表现的优劣所在。
2. 寻求改善自己缺点的方法。
3. 使自己习惯于自我工作追踪及管理。

如果发现下属目标达成不理想，那么可以提建议。有的下属，当你指出他的工作偏离了目标，他能够很快意识到这一点，根据主管的建议去进行调整。另一种方式就是强行把目标拉回来。

不论采用哪种方式，都必须做到及时反馈，这样坚持的时间长了，大家就会发现，凡是偏离公司目标的事情是绝对不允许的，这就在共识内部形成了一个基本的职业原则。既鼓励大家去完成任务，又威慑那些有可能故意偏离目标的人。[①]

我的职场感悟

公司领导不好，导致手下多人辞职时，该怎么办？

公司领导不好，要看一下具体是怎么个不好法，还要看一下情节是否严重，然后做出处理。

人品不好

公司招聘的门槛就是人品，如果人品不好，要及时发现及时处理，尽量不要让人品不好的人在企业内存在。如果企业的规章制度比较健全并且执行得非常好，可以先谈话，观察一段时间之后再进行处理。

从领导力的层面看，一般对中层经理的基本要求是务实、技能好；而对于高层经理的要求是人品端正，为人正直，说到做到。

---

① 资料来源：王凤军. 怎样有效实施目标管理［J］. 广东通信技术，2004（4）.

不会处理人际关系

还有一种情况是此人人品没有问题，仅仅是处理人际关系的时候欠缺技巧，比如在下属面前说其他下属不好的事情，或者无事生非，导致下属之间的不信任，最后大家发现是领导故意制造矛盾，故愤然离职。这样的情况在公司内也是存在的，可以安排其去参加沟通技巧和情商的课程，提升这方面的能力。尽量让经理们真正掌握对上沟通、平级沟通和向下沟通的技术，同时也要学习团队建设的方法，不要因为管理技能的缺失而导致部门涣散。

如果培训后仍不能改进，则可以调整其岗位。

做事不是很公正

有些经理会根据与个人关系的远近对员工做出奖惩的措施，这样的领导一般是把自己当作自然人看待，把公司赋予的权利当作私权行使。对于这样的领导，主管负责人一定要及时指正，避免出现大规模的人心涣散。

经理不合格的危害

在现实企业管理中确实存在人品不好、作风不正，但又一直身居高位的经理人。这样的现象对于企业本身、对于经理人、对于员工来说都是畸形的，企业老板和高管务必要重视！

第 6 节课
绩效辅导与绩效面谈

绩效管理是企业战略落地的工具，而在绩效管理实际操作中最容易被忽视的地方是绩效实施过程中的绩效辅导。经理管理能力的提升和员工工作效率的提升都是通过绩效辅导达成的。

·成熟企业的绩效管理工作70%以上是绩效辅导与面谈，所以本节课的内容是绩效管理的核心内容。

本节课学习内容：
- 绩效辅导的意义与步骤。
- 绩效面谈准备。
- 绩效面谈的沟通技巧。
- 绩效面谈追踪。

一、绩效辅导的实施

绩效辅导在整个绩效管理过程中处于中间环节，也是绩效管理循环中耗时最长、最关键的一个环节，是经理和员工共同完成绩效目标的关键环节，这个过程的好坏直接影响着绩效管理的成败。

绩效管理强调员工与经理的共同参与，强调员工与经理之间形成绩效伙伴关系，共同完成绩效目标的过程。这种员工的参与和绩效伙伴关系在绩效辅导阶段主要表现为持续不断的沟通。具体来讲，绩效辅导阶段主要的工作是通过持续不断的绩效沟通来教导员工、收集数据，进而形成考核依据。

（一）关于绩效辅导的两个误区

绩效辅导是最容易被经理和员工忽视的绩效管理动作，往往很多人认为绩效考核就是绩效管理。

1. 绩效实施是员工自己的事情，经理的角色主要是监督和控制

这是典型的日常工作对待法，很多部门负责人认为每月制定了考核目标，确定了工作重点，剩下的工作就是月底进行考核检查了。这种认识明显是错误的。一个部门是一个团队，只有每个员工都出色完成业绩，整个团队的业绩才会完成，经理的业绩也才算完成；如果一部分或大部分员工不能完成业绩，经理的业绩达成更无从谈起。

因此部门负责人必须要明确：在日常工作中的绩效辅导特别重要。绩效辅导的目的是提升下属工作能力，指导和协助下属完成业绩目标。部门负责人要密切关注下属目标的完成情况，当外部环境和内

部条件发生重大变化时，应给予下属更多的支持。

2. 花费时间和精力记录员工的绩效是一种浪费

在重业务轻管理的部门经理看来："花费时间和精力记录员工的绩效是一种浪费，有这时间还不如多做些业务呢。"结果在考核实施过程中，草草打分、匆忙了事，时间长了，部门内部员工也会觉得绩效考核没有任何意义，只是走形式、走过场。

虽然记录员工的绩效要占用经理一定的时间和精力，但必须明确：经理要做的是提升团队的整体水平，提升每个员工的职业能力，所以必须记录员工的日常绩效表现。在绩效期末进行考核评估时，绩效记录保证了考核结果的公正性、客观性，在面对客观事实时，员工往往更容易心服口服，从而降低考核争议的发生概率，有利于提高员工的绩效。

（二）绩效辅导的意义

有效的绩效辅导能够提升个人的工作效率，同时能够提升部门的综合管理水平，进而提升整体工作效率，绩效辅导对经理和员工的意义如表6-1所示。

表6-1 绩效辅导的意义

绩效辅导对经理的意义	绩效辅导对员工的意义
● 通过沟通帮助下属提升能力 ● 及时有效的沟通有助于经理全面了解被考核员工的工作情况、掌握工作进展信息，并有针对性地提供相应的辅导、资源 ● 及时有效的沟通使经理能够掌握绩效评价的依据，有助于经理客观公正地评价下属的工作绩效	● 可以在工作过程中不断得到关于自己工作绩效的反馈信息，如客户抱怨、工作不足之处或产品质量问题等信息，以便不断改进绩效、提高技能 ● 帮助员工及时了解组织的目标调整、工作内容和工作的重要性发生的变化，便于适时变更个人目标和工作任务等

续表

绩效辅导对经理的意义	绩效辅导对员工的意义
• 有效的沟通有助于提高考核工作的有效性，提高员工对绩效考核、对与绩效考核密切相关的激励机制的满意度	• 能够使员工及时得到经理相应的资源和帮助，以便更好地达成目标；当环境或任务，以及面临的困难发生变化时，不至于处于孤立无援的境地 • 及时有效的沟通有助于发现自己上一阶段工作中的不足，确立下一阶段的绩效改进点 • 以有效沟通为基础进行绩效考评是双方共同解决问题的一个机会，是员工参与工作管理的一种形式 • 通过及时有效的沟通，让员工对自己的工作绩效得到及时、客观和准确的反馈，是下一步绩效改进的工作起点

（三）绩效辅导的3种方式

1. 建立部门例会制度

通过定期部门会议的直接沟通可以满足团队交流的需要，相互掌握团队其他成员的工作进展情况。员工之间互相了解工作进度以及工作中出现的问题，共同解决问题或者进行经验教训的交流，对于员工完成个人的任务以及共同完成团队绩效都会有很大的帮助。

> **经验提示**
>
> 召开部门会议应注意以下事项：
> - 召开会议的经理应该做好充分的会前准备，明确会议重点和目的。
> - 注意会议时间和议题的控制，引导与会者将注意力集中在最重要的问题上。
> - 营造良好的沟通氛围，就发现问题和解决问题进行沟通，避免出现相互指责、互相推诿责任现象的发生。

- 在会议结束后，应该就沟通的相关事宜以及解决策略尽快形成会议记录。

2. 建立定期的报告制度

定期报告要求员工通过文字或表格的形式，定期向经理报告计划工作的进展情况、遇到的问题、所需支持以及计划的变更、问题分析等。

报告的形式包括工作日志、周报表、月报表、问题处理记录，甚至出差记录等多种形式。

由于书面报告不需要经理和员工面对面或者将人员集中起来，因此不会对经理和员工的工作时间安排造成很大困难，尤其当员工和经理不在同一地点时，定期报告制度是非常有效的沟通形式。

经理通过批阅报告，可以迅速了解项目进展和员工工作状况，同时这些报告本身就是数据记录的一种形式。经理在进行评价时可以直接从报告中获得大量的信息，不需要再进行额外的记录工作。而对员工来说，书面报告方式使得自己不得不认真思考工作中究竟存在什么问题，究竟应该如何解决这些问题等，所以还可以培养员工理性、系统地考虑问题，提高逻辑思维和书面表达能力。

> **经验提示**
>
> 不过，由于书面报告一般仅是信息从员工到经理的单向流动，缺乏管理双方双向的交流，很容易使沟通流于形式。大量的文字处理工作也可能占用经理大量的时间，使经理陷入文山会海中，而忽视了对现场管理的关注。另外，书面报告的形式无法满足团队工作开展所需要的信息共享，信息更多的仅是在报告双方间流动。

因此，统一设计的简明扼要的报告表格或格式就显得非常必要了，部门或团队应该根据工作的性质和对信息的需求，设计简化的书面报告格式或结构化的表格形式。汇报人只要在汇报表格中的相应栏目里进行填写就行了，如表6-2所示。

表6-2　某公司周报表示例

目标/工作任务	现状	困难问题	解决建议	需要的支持

3. 经理和员工的直接面谈或电话沟通

作为报告制度的补充，经理和员工的直接面谈或电话沟通等其他的非正式的沟通方式也是非常必要的，尤其是在出现了复杂的或难以解决的问题时。

在进行非正式的沟通时应当特别注意要首先明确会谈或电话沟通的目的和重点，以便于控制交流的进程。沟通的重点应放在具体的工作任务和标准上，鼓励员工多谈自己的想法，以一种开放、坦诚的方式进行谈话和交流。

直接面谈或者电话沟通为管理双向的交流机会，双方可以对出现的问题和解决问题的手段进行讨论，这对于及早发现问题、找到和推行解决问题的方法都是非常有效的。

（四）绩效辅导的实施步骤

1. 持续不断的绩效沟通

绩效沟通贯穿于绩效管理的整个过程，在不同阶段沟通的重点也有所不同，如表6-3所示。

表6-3　绩效沟通在不同阶段的要点

绩效阶段	沟通要点
计划阶段	• 经理对团队的工作确定计划后，先进行分解，并提出对于团队中每一个成员的目标要求，员工作为团队一员则要根据分解到本人的工作进行详细的计划，提出本期的主要工作和达成标准，并就这些工作标准与经理进行反复地沟通 • 双方达成一致后，这些工作和标准就成为期末评判员工绩效的依据和标准
绩效辅导阶段	• 员工汇报工作进展或就工作中遇到的障碍向经理求助，寻求帮助和解决办法 • 经理对员工的工作与目标计划之间出现的偏差进行及时纠正
绩效评价和反馈阶段	• 对员工在考核期内的工作进行合理公正和全面的评价 • 经理还应当针对员工出现的问题的原因与员工进行沟通分析并共同确定下一期改进的重点

> 经验提示
>
> 　　员工与经理共同确定了工作计划和评价标准后，并不是就不能改变了。员工在完成计划的过程中可能会遇到外部障碍、能力缺陷或者其他意想不到的情况，这些情况都会影响计划的顺利完成。员工在遇到这些情况的时候应当及时与经理进行沟通，经理则要与员工共同分析问题产生的原因。如果属于外部障碍，在可能的情况下经理则要尽量帮助下属排除外部障碍。如果是属于员工本身技能缺陷等问题，经理则应该提供技能上的帮助或辅导，辅导员工达成绩效目标。

2. 提升员工业务能力的3种方式

绩效辅导核心的工作之一，就是不断提升员工的业务能力，提升员工对各类工作流程、工具的掌握能力。

(1) 系统的专业技能提升培训

当发现部门整体工作效率存在问题，或者对考核项目进行系统分析后发现某一项或几项普遍得分较低，人力资源部需要与业务部门经理沟通，看是否有必要组织专门的专业技能提升培训。对于受众群体较多、通过培训可以快速提升技能的情形，可以组织专门的单项培训提升员工的实际工作技能。

（2）提升员工的专业能力，合理布置工作任务的四步骤

组织培训需要大量的同质化需求，但事实上，导致员工绩效不佳的原因有很多种，有员工个人的原因、有部门团队的原因，也有公司的原因。而对于不同的员工来说，绩效不佳的原因也不相同，有的是方法欠缺，有的是态度不端正，而有的是个人工作能力偏低。

有没有一种快速简单的方法，可以提升员工的工作效率和工作能力？答案是肯定的，可以通过科学工作任务布置来解决，共分为四个步骤。

第一步，同员工探讨工作任务分配和目标。

在每月初，需要根据个人工作目标情况，同部门下属一同探讨工作任务的分配，要让下属明白：部门是一个团队，而团队目标需要大家一同来完成。根据个人能力和专业分工，各个下属确认自己的工作任务和目标。

> 经验提示
>
> 不要以为工作任务就是开个会，或者直接给员工发一封邮件就可以搞定。对于新人，或者是未能达成良好工作默契的大部分员工，需要花费大量的时间在任务布置上，而不是最终对完成效果的评价和斥责上。

第二步，确定工作输出结果。

单纯的任务布置和目标分解，并不能保证员工能够按照要求完成工作，所以需要和每个员工沟通确认工作结果模板。

具体做法为：在完成了工作任务分配后，需要逐一和下属进行单独沟通，由各个下属提交每个工作任务的结果清单，同时提交最终结果的模板。

> **案例**
>
> 　　如果交给下属一个调研任务，期望在两周以内完成某个事项的调研，最终汇报给公司高层。那么，在此阶段，需要和下属做如下工作：
> - 确定最终汇报成果的形式。如果是公开汇报，需要有幻灯片；如果是专项汇报，需要有文字的调研报告。
> - 确定最终汇报成果的组成。汇报是由一个文件、两个文件，或是多个文件组成。
> - 编制汇报成果模板。对每个文件的主框架进行确认，如幻灯片的大纲、表格的项目设置、文字的章节设置等。
>
> 　　确定模板后，对于下属来说，要做的事就简单很多了：把汇报文档的所有空白部分填清楚、填准确。相对而言，工作难度系数小了很多。

　　第三步，讨论完成任务的步骤。

　　工作结果确定后，下一步是和项目的负责人一同沟通实现最终结果所需的各个关键步骤。对于一个具有丰富工作经验的人来说，这步可以省略；而对于工作经验不是很丰富，或者是新业务、新项目时，这步至关重要。一方面，要控制工作结果；另一方面，更要控制完成的过程。

　　为此，需要和员工一同沟通完成工作任务的各个关键步骤，讨论确定各个关键步骤完成的时间、阶段性成果等内容。

　　第四步，关键节点控制。

　　前面三个步骤都确定之后，对工作任务的完成至少有了相当的把握，为此，还需要按照第三步中的关键节点检查员工的完成情况，同时需要提供各种支持，协助员工完成工作目标。

（3）组织团队内部学习

　　建立部门内部自我学习的氛围是提升员工能力的好方法。一方面，可以通过控制工作过程和结果提升员工操作能力；另一方面，让优秀员工掌握的技能能够在内部快速传递，同时通过内部团队建设提升大家的工作士气，端正工作态度。

（五）辅导数据收集并形成记录

1. 收集绩效信息的方法

绩效辅导的同时也需要收集员工绩效达成情况的信息。收集绩效信息的方法主要有以下几种。

（1）观察法

观察法是指经理直接观察员工在工作中的表现，并对员工的表现进行记录，特别适合 KBI 的考核。例如，一个经理看到员工粗鲁地与客户讲话，或者看到一个员工在完成了自己的工作之后热情地帮助其他同事工作等，这些就是通过直接观察得到的信息。

（2）工作记录法

员工的某些工作目标完成的情况是通过工作记录体现出来的。例如财务数据中体现出来的销售额数量，客户记录表格中记录的业务员与客户接触的情况，整装车间记录的废品的个数等，这些都是日常的工作记录表现出来的绩效情况。

（3）他人反馈法

员工的某些工作绩效不是管理人员可以直接观察到的，也缺乏日常的工作记录，在这种情况下就可以采用他人反馈的信息。一般来说，当员工的工作是为他人提供服务或者与他人发生联系时，就可以从员工提供服务时或发生联系的对象那里得到有关的信息。例如，对于从事客户服务工作的员工，经理可以通过发放客户满意度调查表或以与客户进行电话访谈的方式了解员工的绩效；对于公司内部的行政后勤等服务性部门的人员，也可以向其提供服务的其他部门人员那里了解信息。

2. 收集绩效信息的内容

收集绩效信息是一项非常重要的工作，那么应该收集哪些绩效信息呢？

我们不可能对所有的员工绩效表现都做出记录，必须有选择地收集。首先要确保所收集的信息与关键绩效指标密切相关，所以，确定收集哪些信息之前需要回顾关键绩效指标（见表6-4）。

表6-4 关键绩效指标示例

工作产出	指标类型	具体指标	绩效标准
销售利润	数量	● 年销售额 ● 税前利润率	● 年销售额20万~25万元 ● 税前利润率18%~22%
新产品设计	质量	上级考核： ● 创新性 ● 体现公司形象 客户考核： ● 性价比 ● 相对竞争对手的客户偏好度 ● 独特性 ● 耐用性 ● 提出新观点的数量	上级考核： ● 至少有3种产品与竞争对手不同 ● 使用高质量的材料、恰当的颜色和样式，代表和提升公司的形象 客户考核： ● 产品的价值超过价格 ● 在不告知品牌的情况下，选择本公司产品的概率超过竞争对手 ● 客户反映与他们见过的产品不同 ● 产品使用的时间足够长 ● 提出30~40个新观点
零售销量	数量	● 销售额比去年同期有所增长	● 销售额比去年同期增长5%~8%
竞争对手总结	质量	上级考核： ● 全面性 ● 数据的价值	上级考核： ● 包括所有竞争对手的所有产品 ● 提供的数据包括对产品的详细描述，如产品成本、指定购买率、广告费用等
	时限	● 预定的时间表	● 能在规定期限内提供竞争对手的总结数据
销售费用	成本	● 实际费用与预算的变化	● 实际费用与预算相差在5%以内

结合表 6-4 所示的关键绩效指标，我们需要收集的信息基本可以分为三类。

第一类： 来自业绩记录的信息

例如：

- 年销售额在 20 万 ~ 25 万元。
- 税前利润率 18% ~ 22%。
- 销售额比去年同期增长 5% ~ 8%。

这些信息可以在销售记录和财务资料中查到。

第二类： 由经理进行观察得到的信息

例如，上级评价：

- 至少有 3 种产品与竞争对手不同。
- 使用高质量的材料、恰当的颜色和样式，代表和提高公司的形象。

这些信息主要是通过经理的直接观察得到的。

第三类： 来自他人评价的信息

例如，客户的评价：

- 产品的价值超过了它的价格。
- 在不告知品牌的情况下对客户进行测试，发现选择本公司产品比选择竞争对手产品的概率要高。
- 客户反映与他们见到过的同类产品不同。
- 产品使用的时间足够长。

这些信息可以采用对客户进行问卷调查、访谈或召开专场座谈会的方式，了解客户对产品的评价。

通常来说，收集的绩效信息的内容主要包括：

- 工作目标或任务完成情况的信息。
- 来自客户的积极的和消极的反馈信息。
- 工作绩效突出的行为表现。
- 绩效有问题的行为表现。

在收集的信息中，有相当一部分是属于"关键事件"的信息。关键事件是员工的一些典型行为，既有证明绩效突出好的事件，也有证明绩效存在问题的事件。

3. 收集信息中应注意的问题

（1）让员工参与收集信息的过程

作为经理，不可能每天8小时盯着员工观察，因此经理通过观察得到的信息可能不完整或者具有偶然性。那么，教会员工自己做工作记录则是解决这一问题的一个比较好的方法。员工都不希望经理拿着小本子，一旦发现自己犯了错误就记录下来，或者将错误攒到绩效评估的时候一起算账。

我们需要反复强调的一个观点是：绩效管理是经理和员工双方共同的责任。因此，员工参与绩效数据收集的过程本就是体现员工责任的一个方面。而且，员工自己记录的绩效信息比较全面，经理拿着员工自己收集的绩效信息与他们进行沟通的时候，他们也更容易接受。

但值得注意的是，员工在做工作记录或收集绩效信息的时候往往会存在有选择性地记录或收集的情况。有的员工倾向于报喜不报忧，他们提供的绩效信息中体现做得好的会比较多，而对于自己没有做好的事情，则持回避态度。有的员工则喜欢强调工作中的困难，甚至会夸大工作中的困难。所以，当经理要求员工收集工作信息时，一定要告诉他们收集哪些信息，最好采用结构化的方式，将员工选择性收集信息的程度降到最小。

（2）要注意有目的地收集信息

收集绩效信息之前，一定要弄清楚为什么要收集这些信息。有些工作没有必要收集过多的过程中的信息，只需要关注结果就可以了。如果收集来的信息并没有什么用途而被置之不理，那么这将是对人力、物力和时间的一大浪费。

（3）可以采用抽样的方法收集信息

既然不可能一天8小时一动不动地监控员工的工作（如果有必要获得工作过程中的信息的话，也只好如此），那么不妨采用抽样的方式。所谓抽样，就是从一个员工全部的工作行为中抽取一部分工作行为做出记录。这些抽取出来的工作行为被称为一个样本。抽样关键是要注意样本的代表性。

常用的抽样方法有固定间隔抽样法、随机抽样法、分层抽样法等。

固定间隔抽样法是指每隔一定的数量抽取一个样本。例如，每5个产品抽取一个进行检查；每隔30分钟抽取客户服务热线接线中的电话进行监听等。这种抽样的方法比较固定，容易操作，但也容易让被评估者发现规律，故意做出某些服从标准的行为表现。

随机抽样法是指不固定间距地抽取样本，这种方法不易让被评估者发现规律。例如，每一个小时中监听一个电话，但不固定是哪个电话。在有的情况下，可以利用随机数表选择抽取的样本。

分层抽样法是指按照样本的各种特性进行匹配抽样的方法。这种方法可以比较好地保证样本的覆盖率。例如，在进行客户满意度调查的时候，到底选取哪些客户作为调查的对象呢？这时就可以把客户的年龄、性别、学历、收入状况、职业等因素作为匹配因素，保证不同年龄、性别、学历、收入、职业的客户都能被调查到，这样得到的信息才会比较有代表性。

（4）要把事实与推测区分开来

要收集客观的绩效信息，而不是收集对事实的推测。通过观察可以看到某些行为，而行为背后的动机或情感则是通过推测得出的。如果说"他的情绪容易激动"，这可能是根据事实推断出来的，而事实是："他与客户打电话时声音越来越高，而且用了一些激烈的言辞"。经理与员工进行绩效沟通的时候，要基于事实的信息，而不是推测得出的信息。

二、实施和管理绩效面谈

绩效面谈是什么？

- 通过绩效面谈实现上级经理和下属之间对于工作情况的沟通和确认，找出工作中的优势及不足，并制订相应的改进方案。
- 绩效面谈是企业绩效管理工作中至关重要的环节。
- 绩效面谈可以分三类：初期的绩效计划面谈、进行中的绩效指导面谈、末期的绩效考评总结面谈。

绩效面谈的流程如图 6-1 所示。

图 6-1 绩效面谈流程

（一）绩效面谈前的准备

1. 影响绩效面谈顺利实施的 3 个障碍

在很多企业中，绩效面谈往往成了经理和员工都颇为头疼的一件事。由于经理要面对面地与下属人员讨论绩效上的缺陷，而面谈结果又与随后的绩效奖金、工资晋级、职务提升等有联系，一旦要面对面地讨论如此敏感和令人尴尬的问题，非常容易给双方带来紧张气氛乃至人际冲突。正因为如此，很多绩效面谈都流于形式、走过场，而并没有有效实施。

绩效面谈实施的障碍主要有 3 个方面。

（1）经理不重视或者缺乏技巧

许多经理不是很重视绩效反馈面谈这个环节，往往认为填写完评估表格、算出绩效评估的分数，绩效评估就结束了。不能进行有效绩效面谈的原因其实就是：认为面谈没有必要、缺乏面谈的技巧、没有时间面谈等。

（2）绩效体系设计与实施中的问题

绩效体系本身设计得不够科学，不能客观反映员工的工作表现，重要的工作没有包含在绩效指标中；打分的时候主观性比较大；经理不注重与员工沟通及对员工的辅导，所有问题都集中在一起与员工秋后算账，形成对峙。

（3）员工抵制面谈

员工认为面谈就是走形式，不解决实际的问题，谈完后还是老样子，面谈纯属于浪费时间。经理面谈中的表现造成员工害怕面对面谈，或是说教，或是批评，给员工造成心理阴影。

> 经验提示
>
> 绩效面谈要达成的目的：
> - 对被评估者的表现达成双方一致的看法。

- 使员工认识到自己的成就和优点。
- 指出员工有待改进的方面。
- 制订绩效改进计划。
- 协商下一个绩效管理周期的目标与绩效标准。

2. 绩效面谈对于管理人员和员工的作用

绩效面谈对于管理人员和员工的作用如图6-2所示。

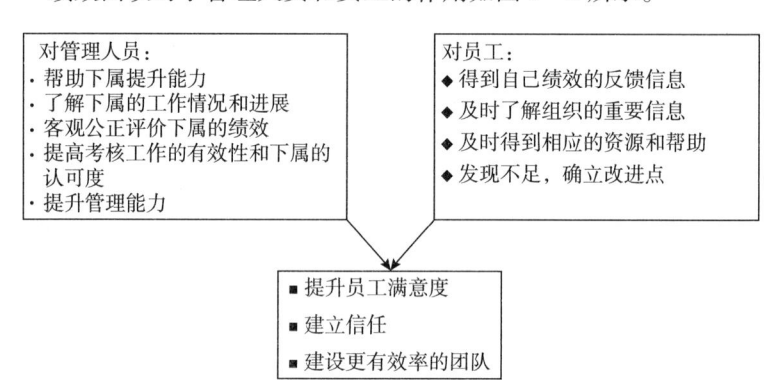

对管理人员：
· 帮助下属提升能力
· 了解下属的工作情况和进展
· 客观公正评价下属的绩效
· 提高考核工作的有效性和下属的认可度
· 提升管理能力

对员工：
◆ 得到自己绩效的反馈信息
◆ 及时了解组织的重要信息
◆ 及时得到相应的资源和帮助
◆ 发现不足，确立改进点

■ 提升员工满意度
■ 建立信任
■ 建设更有效率的团队

图6-2　绩效面谈对管理人员和员工的作用

员工可以在工作过程中不断得到关于自己工作绩效的反馈信息，如客户投诉、工作不足之处或产品质量问题等信息，以便不断改进绩效、提高技能。

员工通过绩效沟通和辅导，能够及时了解自己的绩效问题，及时调整工作思路和工作节奏，以便顺利达成个人的目标，同时不偏离部门整体目标。做到服从大局，不追求小局最优为目的。也有利于员工有针对性地提升个人的工作技能，改善工作态度。

帮助员工及时了解组织的目标调整、工作内容和工作重要性发生的变化，便于适时变更个人目标和工作任务等。

多区域分布的集团公司总会有一些外派的单位和人员，随之带来沟通效率的降低，有时候官僚化也会影响组织的信息传达，所以领导要在员工汇报工作、述职，或者平时沟通中，多面向员工传达集团战略调整和决策变化的信息，避免外派单位和员工把资源投错了方向。员工除了通过常规渠道了解必要的信息，还要抓住跟领导对接的机会，主动问询公司大的动向，以便配合公司的战略调整和目标变化，避免积极主动地把工作做错了方向。

能够使员工及时从经理那里得到相应的资源和帮助，以便更好地达成目标。当环境或任务，以及面临的困难发生变化时，不至于处于孤立无援的境地。员工在遇到困难时，一定要主动跟领导沟通汇报，积极寻求帮助，避免因为自己的工作不主动或者工作失误给部门和公司带来不必要的损失。

及时有效的沟通有助于发现自己上一阶段工作中的不足，确立下一阶段绩效改进点。绩效沟通对员工来说就是照镜子，看看自己在领导眼里、客户眼里、同事眼里是什么样子的。人只有知不足才能奋进，所以必要的沟通对于员工来说是很有价值的，使员工能够继往开来、开拓创新。对同样的行为表现，往往不同的人会有不同的看法。管理人员对员工的评估代表的是管理人员的看法，而员工可能会对自己的绩效有另外的看法。因此，必须进行沟通以达成一致，这样才能制订下一步的绩效改进计划。

以有效沟通为基础进行绩效考评是双方共同解决问题的一个机会，是员工参与工作管理的一种形式。员工如果主动参与了考评的流程，对考评的认可程度就会提升。如果不参与，认可度会很低。每个人都有被他人认可的需要，当一个人做出成就时，他需要得到其他人的关注或肯定。因此，绩效反馈面谈的一个很重要的目的就是使员工认识到自己的成就或优点，从而对员工起到积极的激励作用。

通过及时有效的沟通，员工可以获得对自己工作的及时、客观和准确的绩效反馈，这是下一步绩效改进的工作起点。员工的绩效中可能存在一些不足之处，或者虽然员工目前的绩效表现比较优秀，但如果今后想要做得更好仍然有一些需要改进的方面，这些都是在绩效面谈的过程中应该指出的。通常来说，员工想要听到的不只是肯定和表扬，他们也需要有人中肯地指出其有待改进的方面。在双方对绩效评定的结果达成一致意见之后，员工和经理可以在绩效面谈的过程中一同制定绩效改进的方法和计划。员工可以向经理提出所需要的支持和资源，以及如何让经理获知自己的绩效改进信息，经理则对员工如何改进绩效提供自己的建议。

协商下一个绩效管理周期的目标与绩效标准。绩效管理是一个往复不断的循环。一个绩效管理周期的结束，同时也是下一个绩效管理周期的开始。因此上一个绩效管理周期的绩效反馈面谈可以与下一个绩效管理周期的绩效计划面谈合并在一起进行。根据员工在本绩效管理周期中的绩效结果以及绩效的改进计划，制定下一期的绩效目标，这样既能有的放矢地使员工的绩效得到改进，又可以使绩效管理活动连贯地进行。

2. 绩效面谈前的准备

要想充分实现绩效面谈的目的，需要做好充分的准备。由于绩效面谈是经理与员工双方的责任，经理和员工都应该为绩效面谈做好各自的准备。

（1）经理应该做的准备

①选择适宜的时间。

选择什么时间进行绩效面谈非常关键。经理在选择时间时通常要注意以下几个问题：

- 选择经理和员工双方都有空闲的时间。如果绩效面谈期间还安排了其他的事，面谈双方很难集中注意力，难免要想到其他事情。
- 尽量不要选择接近下班的时间。越是临近下班，员工越是归心似箭。

- 经理要全身心投入绩效面谈中。这段时间不要被其他事情打断，不要将其他工作中的事情带入绩效面谈中。
- 经理提出的面谈时间要征得员工的同意。一方面可以表示出对员工的尊重，另一方面也可以确认员工在这段时间是否有其他的安排。
- 经理告知员工面谈计划持续的时间。这样有利于员工提前安排好手头的工作，经理也可以对绩效面谈的时间有个总体的把握。
- 经理不要在情绪波动时与员工进行绩效面谈，切记！

②准备适宜的场地。

在什么场地进行绩效面谈最好呢？通常，经理的办公室是最常用的绩效面谈场地。办公室给人以一种严肃、正式的感觉，这固然很好。然而，选用办公室作为绩效面谈的场地也有一些局限性。首先，办公室里经常会遇到各种各样的打扰，例如电话、来访的客人等；其次，办公室的情境会给人明显的上下级感觉，容易给员工造成层级的压力。

那么，除了办公室，我们还可以选择哪些场地呢？例如公司里的小型会议室，可容纳3~4人，环境布置得比较轻松、和谐，远离电脑、电话、手机和成堆的文件，经理人员和员工坐在一起，喝上一杯茶或咖啡，非常容易让员工敞开心扉。据说，有一家大型跨国公司对绩效面谈有一个不成文的规定：经理人员不得在自己的办公室里与员工进行绩效面谈，必须选择像咖啡厅这类较轻松的场合。

选择了适当的面谈场地后，还应该注意安排好面谈双方的空间距离和位置。这在绩效面谈中是非常重要的。距离太远，沟通的双方无法清晰地获得信息；距离太近，又会使对方感到私人的领域受到侵犯，造成一种压抑感。面谈中的座位位置通常有以下几种：

形式一：圆桌会议的形式，经理与员工分别坐在圆周上。

形式二：方桌形式，经理与员工成一定的角度而坐。

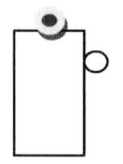

形式三：方桌形式，经理与员工相对而坐，距离较近。

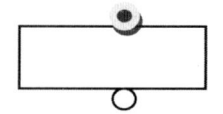

形式四：方桌形式，经理与员工相对而坐，距离较远。

形式五：方桌形式，经理与员工坐在桌子的同一侧。

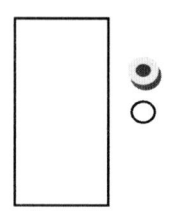

究竟采用哪一种位置最好呢？

采用第三种形式，经理与员工面对面而坐，双方距离较近，目光直视，容易给对方造成心理压力，使员工感觉自己好像是在法庭上接受审判，使其紧张不安，以致无法充分表达出自己的想法。

采用第四种形式，双方距离太远，不利于进行交流，同时，空间距离过远也增大了人们的心理距离，不利于双方更好地进行合作。

采用第五种形式，经理与员工坐在桌子的同一侧，心理距离较近，但对那些不够开朗的员工来说，这样的近距离又会使他们感觉到不自在、有压力，而且不利于观察对方的表情。

采用第一种形式，排列成圆桌形，不容易产生较大心理压力，气氛也较为轻松。

采用第二种形式，经理与员工的位置成一定的角度，避免目光直射，可以缓和心理紧张，避免心理冲突，同时也有利于观察对方的表情和非言语行为。

因此，我建议在通常情况下采用第一种、第二种形式。

③准备面谈的资料。

进行绩效面谈之前，经理必须准备好面谈所需的各种资料，包括员工绩效评估表格、员工日常工作表现记录等。经理必须对有关的各种资料和数据谙熟于心，当需要的时候可以随时找到相关的内容。在面谈过程中要避免出现两种尴尬情况：一是经理当场左翻右翻找寻面谈资料；二是当员工对评估表格中的内容提出疑义时，经理一脸茫然。经理还可以提前与客户、其他部门领导、其他员工沟通，以便更加充分地了解被评估员工的绩效信息。

④对要进行的面谈对象有所准备。

在面谈之前，经理除了准备时间、场地和资料，还要对进行面谈的对象有所准备。这种准备是一种心理上的准备，要充分估计到被评估的对象在面谈中可能表现出来的情绪和行为。要做好这种准备，就必须很好地了解被评估对象的个性特征，以及本次绩效评估结果对他的影响，被评估对象对本次绩效评估可能表现出来的态度等。尤其是要准备好一旦被评估对象与经理的意见出现不一致时，将要如何解释和处理。例如，有的员工可能在本次绩效评估中得到的评价比较低，这虽然是基于事实的评估，但可能与员工的自我评估有一定差距，员工对评估结果的接受仍然会有一定困难。而且有些员工会过于敏感，出现不安或紧张的情绪。有些员工可能还会提出超出绩效评估本身范围的问题，例如职位的晋升、薪资的调整和奖金的发放比例等。因此需要准备好对于这些可能会遇到的问题的应对策略。

⑤计划好面谈的程序。

整个面谈的过程应该事先做好计划。计划的内容包括面谈的整体流程、包含的各个环节、每个环节的具体内容及时间安排。

首先，计划好面谈如何开始。绩效面谈的开场白形式多样，采取什么样的方式取决于具体的谈话对象和情境。如果员工对绩效面谈比较紧张，经理不妨以一些轻松的话题开场，如运动、天气等，先缓和气氛；如果员工对绩效面谈的目的比较理解，并且能够心平气和地接受绩效评估的结果，那么不妨开门见山，直接切入主题。

其次，计划好绩效面谈的过程。明确在面谈中先谈什么，后谈什么。以下这些做法都可以作为实施中的参考。

- 先与员工沟通本次绩效评估的目的和评估标准，达成共识之后再讨论员工的具体分数和评估结果。
- 先让员工自己谈谈对本次绩效评估的目的和评估标准的认识，经理进行补充和纠正。这样做一方面可以发现员工对绩效评估的认识是否存在偏差，另一方面可以调动员工的主动性。
- 让员工先叙述自己的工作表现，并对自己做出评估，经理再表达与员工一致的和不一致的意见。
- 直接就评估表格中的内容逐项地与员工进行沟通，如果双方的认识一致就进行下一项讨论，如果双方的意见不一致，就经过讨论争取达成一致。对于实在无法达成一致的意见，可以暂时搁置，事后再做沟通或请直接经理的上级进行仲裁。
- 先谈论员工在绩效期间内工作表现的优点，对成绩加以肯定，再谈论不足或有待进一步改进的地方。

- 经理阐述员工每一项工作的目标达成情况，先发表自己的意见，再请员工发表不同的看法。
- 经理先向员工介绍自己所设想的面谈程序，在程序上使员工有一个整体的认识。

最后，计划好面谈如何结束。一般来说，在双方对绩效评估中的各项内容基本达成一致意见之后，就可以结束面谈了。如果双方就某些问题争执不下，经理可以建议面谈结束后继续思考，作为下次面谈的内容。

以上内容大致可以归纳为如表6-5所示的七步法。

表6-5 绩效面谈七步法

步骤	要点
好的开始	建立良好的沟通氛围 说明此次沟通的目的
倾听并使员工积极参与	工作目标进展如何 哪些方面进行得好 哪些方面需要进一步改善和提高
描述员工行为	描述具体的行为，避免概括性的结论和推论 解释行为对绩效目标产生的影响
给予积极的反馈	真诚、具体地表扬员工 嘉奖员工表现积极的行为
指出员工需要改进的方面，达成共识	沟通确认员工需改善的工作内容 为提高员工的知识和技能，确认需给予的资源和支持，与员工达成共识
以鼓励结束面谈	以鼓励的话语结束谈话
形成书面记录	记录谈话重点、员工认同的事情、改进措施及员工不认同的事情

> **经验总结**
>
> 经理的方案准备锦囊：
> - 明确员工的工作期望与绩效目标。
> - 准备好谈话所涉及的具体信息。了解员工的岗位职责，明晰对员工具体行为的期望；针对给员工的评价，准备好具体的事件行为去说明；对于员工存在的问题有初步的提升建议。
> - 以专注和关心的态度给员工以绩效指导。信任员工、关心员工的职业发展、从帮助员工成长中获得满足。

（2）员工应该做的准备

①准备个人绩效的资料或证据。

由于在绩效面谈的过程中往往需要员工根据自己的工作目标逐项陈述绩效情况，因此员工需要准备好能够证明自己绩效状况的事实依据。对于完成得好的工作任务，需要以事实为依据说明具体在哪些方面做得好，完成得不好的工作任务也需要以事实为依据来说明原因。

②准备好个人的发展计划。

绩效面谈注重现在的表现，更注重将来的发展。因此，经理除了想听到员工对个人过去的绩效的总结和评价，也希望了解到员工个人的未来发展计划，特别是针对绩效中不足的方面如何进一步改进和提高的计划。能够自己提出发展目标和计划，而不是等待着经理为自己制订发展计划，这样的做法本身就是一种能够得到经理赞赏的行为，是应该鼓励员工具备的行为能力。

③准备好想向经理提出的问题。

绩效面谈是一个双向交流的过程，不但经理可以问员工一些问题，员工也可以主动向经理提出一些自己所关心的问题。绩效面谈通常是一对一地进行单独交谈，因此员工不必担心谈话内容被第三者得知，可以比较开放地进行沟通。员工可以准备好一些与绩效管理有关的问题，以便在面谈中向经理提问。

④将自己的工作安排好。

由于绩效面谈可能要占用约 1~2 个小时的时间，这段时间内员工无法在自己的工作岗位上，因此应事先安排好工作时间，在这段时间内避开一些重要的事情。如果有非常紧急的事情，应交代给同事，由同事帮助处理一下。

> **经验总结**
>
> 在绩效面谈前，应辅导员工做好面谈前的准备工作，包括：
> - 准备表明自己绩效的资料或证据。
> - 准备好个人的发展计划。
> - 准备好想要向经理提出的问题。
> - 将自己的工作安排好。

总之，绩效面谈是经理和员工有计划、有准备地进行的一项活动，在双方的共同努力下才能很好地完成这项工作。

（二）绩效面谈的过程

依据进展的顺序，绩效面谈沟通过程分为如图 6-3 所示的几个步骤。

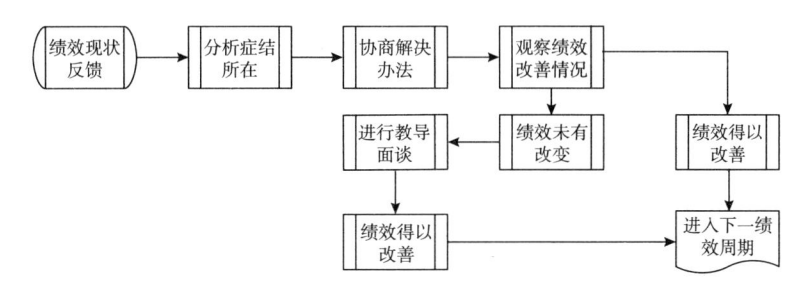

图 6-3 绩效面谈沟通流程

1. 绩效现状反馈

研究人类行为的心理学家很久以前发现："回馈"是人类行为中

持续产生优秀表现的最重要的条件之一。据统计,企业员工绩效不佳的原因,有50%是缺乏回馈。员工不知道自己做得好不好,如果员工认为自己做得不错,那么他们就不会改变做法。因此,改善绩效最高效、最便宜、最有效的方法是给予具体的回馈。

缺乏回馈所引起的绩效问题,只能通过给予员工回馈来解决。在绩效面谈的第一步,就是要将员工在本绩效周期内的业绩表现、行为态度等有依据地反馈给对方,当对方提出质疑时,可以清楚地出示日常管理中所做的记录。

2. 分析症结所在

经理可以从报表、报告等资料中得知谁的业绩下降了、谁的错误率增加了,但这些只是最后的结果,并没有分析导致这些结果的原因。因此,经理必须知道员工的哪些具体行为导致了业绩下降或错误率上升。员工很多时候并不知道应该如何去做才能使业绩不同。作为经理,必须清楚结果背后的行为,才能选择一个正确的解决方案。

因此,分析症结所在是非常重要的一步,假如经理不能正确找出不当行为的起因,就难以和员工找到正确的方向进行讨论,绩效也就不会有所改善。

在这一阶段,还应该确保如下问题获得解决。

(1) 员工知道自己应该做什么事

经理应该将工作要求明确告诉员工,即清晰的工作说明书。然而,现实中,很多工作说明书所说明的并不是工作内容,而是工作责任。不巧的是,责任常常不切实际。人必须先做事,才能尽到责任。工作说明书必须是一张清单,其中列出企业希望员工所做的事。不必担心清单太长,关键是其中的说明,必须包含完成工作的必要行为,最好整理成KBI的样式。同时要跟员工确认基于工作说明书的目标及达标的要求。

(2) 员工知道怎样做

员工知道做什么事而不知道怎样去做，绩效会仍旧得不到改善。不论是通过培训还是教导或者其他方法，经理必须确保在面谈结束的时候，员工已经知道该怎样去做才能出好绩效。

(3) 员工知道改变的意义所在

如果员工不清楚自己的价值，即可以为企业带来什么，为其他人带来什么，他们就难以有动力来改变自己的行为或态度。目标明确是一个人前进的最佳动力，目标激励是最好的激励！

(4) 清除阻碍员工绩效改善的障碍

经理必须尽早意识到妨碍员工绩效改善的障碍，避免要求员工从事无法完成的事，也避免责备没有犯错的员工。一旦发现了这些障碍，经理有责任运用自己的知识、经验和影响力，清除障碍。

3. 协商解决方法

解决方法最好由经理和员工共同协商决定。完全由经理个人决定的方法，员工接受起来往往会有情绪。例如，经理要求员工放弃他们长久以来做事的方法，员工最常见的反应是："我觉得经理的方法行不通。"但他们并不会将这种想法直接告诉经理，而是在平时工作的过程中告诉其他员工。所以，即使方法很好，经理只是说服自己也是不够的，必须得让员工相信，方法才能被应用并且生效。这就要求经理同员工共同协商，有理有据地推断出方法的可行性，让员工心悦诚服，乐于实施。

有时候，员工可能有比经理更好的方法，至少他们自己是这样认为的。如果经理并不赞同，就必须拿出强有力的证据来说服员工放弃自己的做法。所以，当经理提出新做法时，可以问："还有谁有更好的方法吗？"如果没有，这个方法可行；如果有，经理必须及时处理，而不是故意回避。

4. 进行教导/辅导面谈

通过协商达成一致的绩效解决方法后，这一次的面谈基本上圆满成功。接下来就要在工作中观察员工是否按照达成的协议来开展工作。如果一切按照双方约定的进行，员工绩效得以改进，行为态度得以调整，那么面谈目标达到了，就可以按照相同的程序进入下一个绩效考核周期。如果没有明显改善，业绩依然如故，经理则需要同员工进行更深层次的绩效教导/辅导面谈。

教导面谈的目的，是改变员工的行为以解决问题，即让员工停止做不该做的事，或开始做他应该做的事。进行教导面谈的前提是：经理已经经过绩效问题的分析和解决方案的协商过程，并且凭借员工的能力完全能够达到绩效要求水平或行为态度要求。

如果这个前提不成立，就不能进行教导面谈。因为经理无法在员工还未明白自己究竟该如何正确行事的情况下同他们进行教导面谈，也无法在他们还没尝试用新方法工作的情况下进行教导面谈。

教导面谈的程序有5个。在经理与问题员工进行面谈时，可以引导经理修正员工的表现问题，包括与员工达成有问题存在的共识、通过面谈商讨可能的解决方式、同意解决问题的行为、监督进度以及衡量结果。

（1）与员工达成有问题存在的共识

教导面谈的第一个阶段即让员工赞同有问题存在。这是教导面谈中最重要的阶段，而通常会占用整个面谈时间的一半。这也是大多数经理失败的地方，因为他们很容易认定员工知道有问题存在，因而忽略它。但事实并非如此，许多时候即使员工知道自己做错了，但未必会认为那是个问题。

这个阶段的目的是让员工心悦诚服地承认有问题存在，要让员工开口说："是，我同意有问题存在。"事实上，经理可能会觉得没有必要在这个阶段花太多时间，因而在未达成共识的情况下就进入下一个阶段，这么做只会有害而无益。因为如果员工不同意有问题存在，就无法成功地解决问题。

如何说服员工相信问题的存在,可以从以下两个角度沟通。

第一,让员工了解到他的错误或不当行为对组织、对他人的影响。例如,无法满足相关其他部门的原料需求;延迟上游作业,使他人无法完成自己的工作;成本过大,超过预算等。

第二,让员工了解到他的行为如果不改变会给自己带来的影响。例如,失去调薪和升迁的机会,无法参加去国外的学习等。

这两个角度是从两个方面来说的,一个面向他人,一个面向自己。第二个角度对员工而言是一种惩罚,虽然惩罚并不是我们的根本目的。95%的员工一旦了解到行为不佳的后果,会同意有问题存在;而剩下的5%,一旦了解后果对自己的影响,也会同意有问题存在。人们不会刻意表现有害于自己的行为,如果他们做了有害于自己的事,不是不知道后果,就是不相信这些后果会发生在自己身上。

某些情况下,表现不佳对员工自己造成的影响可以只有一个,即"被开除"。例如你不能允许他的屡次迟到行为,可以选择开除他。列举出表现不佳的结果与影响,并不是为了震慑员工,而是为了帮助员工快速找到有效的方法去弥补错误,进而获得成长。

教导面谈成功的秘诀是:做充分的准备;教导面谈最大的难点是:让员工同意有问题存在。为了帮助想法、传递成功,可以利用表6-6所示的教导面谈计划,帮助经理辨认并整理所需的材料,完成教导面谈的第一步。

(2) **商谈可能的解决方式**

在这个阶段,经理与员工必须寻求各种解决问题的方式。经验的累积可以让一个人在面对问题时有更多的选择,而这个阶段浓缩了所有累积的经验,使员工可以迅速想出很多解决方法。经理必须具体描述员工需要改变哪些行为来影响结果,因为员工可能并不知道如何解决问题。如果经理没有具体说明该怎么做,员工很可能做一些自以为是的行为,导致问题没有根本解决。

表6-6 教导面谈计划

1. 表现不佳（员工做错的事或不当的行为）
经理可以记下具体的问题行为与次数，记得越简单越好，如开会迟到、未按时交报告、不回复电话等

2. 表现不佳的后果（对企业或其他员工的影响）
做错事情所招来的后果，以及对谁有损失。必须让员工知道他们的行为对企业、其他员工造成的后果或影响

3. 如果继续这种行为，对员工本身有何影响
大多数员工在意识到会产生不良后果后，一般都会正视自己行为上的不佳；如果还有员工对此置若罔闻，就有必要让他们知道这种不佳行为给他们自身会造成何种影响。根据经济学上理性人的假设，这一栏的分析一般都比较有效，直接促使员工认识自己的失误与错误

4. 正确行为有哪些
指出正确的行为方向

这一阶段列出了可能的解决方式，而到底采取哪一个是下一个阶段负责解决的事。这个阶段凝聚了经理与员工双方的智慧，员工可能有一些解决办法，如果没有，经理就必须自己提供。最好的方式是引导员工说出经理期待的解决方法。

（3）同意解决问题的方法

这一阶段的目的是从上一阶段总结出的可能的解决方法中，选出真正的解决方法，并达成共识。经理常犯的错误是，将可能的解决办法与最终的解决方法混为一谈。经理必须在第二阶段时告诉员工，面谈的只是"可能的"解决办法，并不一定会全盘照用。

在第三个阶段里，经理与员工不仅要敲定最后的解决方法，还要决定具体的实行时间。

经过上述3个阶段，经理和员工可以共同完成表6-7。

表6-7　绩效面谈表

员工姓名：	面谈时间：	员工职位：	直接经理：
面谈项目	面谈记录		
确认工作目标和任务	（讨论目标计划完成情况及效果，目标实现与否；提出工作建议或意见）		
工作评估	（对工作进展情况与工作态度、工作方法做出评价，什么做得好，什么尚需改进；讨论工作现状及存在的问题）		
改进措施	（讨论工作优缺点；在此基础上提出改进措施、解决办法及个人发展建议）		
补充	直属经理签字：		员工签字：

（4）监督进度

各个部门、阶层的经理失败的另一个普遍原因是，没有监督员工的表现，而这也是经理无法改善员工表现不佳的原因。经理和员工花了大量时间进行面谈后，经理并不花费时间去监督员工的行为，结果，员工可能并没有按照约定的行为标准去做，或者做得不到位，导致最终的绩效水平没有很大改观。经理总是假设员工是成熟的人，会遵守他们的承诺，而实践往往将他们的假设推翻。

如果经理不进行监督，员工即使行为上有所改变，也不会得到肯定，因而也不会得到加强，久而久之，员工会重拾先前不当的行为。所以不仅要监督，还必须是持续而非间断的监督，这样才有实际效果。

只有经理意识到监督的重要性，才能促使他们重视在日常管理中监督员工行为。监督的作用主要体现在：

- 给予回馈。
- 激励好的表现（口头嘉奖是最好的）。
- 找出不好的原因帮助清除障碍。
- 重申正确行为及不允许的行为。

- 警告不良表现。

监督的目的不在于惩罚或表扬，而在于通过正强化或负强化来督促改善表现。监督会帮助工作进展的结果按约定的方向进展，主动权在经理和员工双方的手上；而不监督相当于把主动权交给了员工，经理就无法把握方向了。

所以，在经理与员工达成约定时，就有必要向员工解释监督的目的，取得他们的理解和合作，使监督成为一种常规性的、对双方都有利的管理手段。

（5）衡量结果

进行了以上这些必要的步骤之后，员工的绩效表现可能有两种情况：达到目标所规定的；未达目标，即使已经有了一些改善，但仍存在距离。如果是第一种情况，那恭喜你，员工已经改进了自己的行为或能力，从而实现了绩效初期所设立的目标，因而可以进入下一个目标达成阶段，开始新的绩效周期循环；如果是第二种情况，那就还需进行绩效教导面谈，重复上述步骤，直到员工具备了完成任务的技能或行为态度，实现目标为止，再进入下一个绩效周期。

如果经过反复几次教导与实践之后，绩效仍未得到改善，经理可以考虑以不能胜任岗位要求而安排员工调岗或解除劳动合同了。

5. 绩效面谈的注意事项

（1）建立和维护相互间的信任关系

绩效面谈是经理与员工双方的沟通过程，沟通要想顺利进行，要想达到理解和共识的目的，就必须建立一种彼此互相信任的关系。首先双方都必须摆正心态，开诚布公，坦诚沟通；其次在沟通的环境中，应努力创造信任的气氛；最后员工也要努力维护上下级彼此信任的关系，毕竟没有信任就没有权利！

（2）清楚地说明面谈的目的

面谈双方如果想要使面谈取得良好的效果，就必须有一致的面谈目的。如果面谈双方各怀各的目的，面谈就不会朝着一致的方向进行。因此，经理在面谈开始时一定要清楚地说明面谈的目的。并且在面谈的过程中，如果一方偏离了面谈目的，另一方要立即重申目的，将对方拉回到正确的轨道上来。

例如，可以这样说："小李，我们今天面谈的目的是基于你在过去一年中的工作目标，对你的工作绩效进行整体的回顾和评估，进而肯定你的成绩和优点，同时也找出你有待改进和提高的方面，接下来我们要谈一谈你的未来如何发展的问题。"

（3）认真倾听

在面谈过程中，经理除了鼓励下属说话，更重要的是学会倾听。掌握倾听的技巧，可以让面谈的效果更为理想。经理和员工说话的时间能达到4:6，效果就最好了。

（4）避免对立和冲突

由于在面谈的过程中双方可能会有不同的见解，因此出现争论的场面也是不可避免的，作为经理应该尽量避免激烈的对立和冲突。当出现不同意见时，正确的做法是：经理就有不同见解的问题向员工沟通清楚原则和事实，争取员工的理解；站在员工的角度，设身处地为员工着想；如果自己的观点确实错误，要勇于当着员工的面承认，承认自己的错误不但不丢面子，反而会赢得员工的信任。只有这样才能达到双赢的结果。

（5）集中在绩效上，而不是性格特征

在绩效面谈中双方应该讨论和评估的是工作绩效，也就是工作中的一些事实表现，而不是讨论员工个人的性格，要做到对事不对人。员工的性格特点不能作为评估绩效的依据。但是，在探讨员工的主要优势和不足时，可以涉及员工的某些性格特征，但这些性格特征必须是与工作绩效有关的。

（6）聚集于未来而非过去

绩效面谈中很大一部分内容是对过去的工作绩效进行回顾和评估，但这并不等于说绩效面谈是聚焦于过去。谈论过去的目的是要从过去的事实中总结出对未来发展的可借鉴性。因此，任何对过去绩效的讨论都应着眼于未来，核心目的是为了制订未来发展的计划。

绩效反馈最佳的出发点是员工的职业生涯发展规划，做得好与不好都是为了给员工的职业发展提供素材和支持。这样基于员工发展的面谈，怎么谈都不会出现大的意外。

（7）优点和缺点并重

员工的优点和缺点都应在绩效面谈中找出来，不能只重视其中的一个方面而忽视另一个方面。不能由于某个员工绩效很好、优点很多就掩盖他的缺点，也不能由于某个员工有比较明显的缺点就忽视他的优点。

（8）该结束时立即结束

当绩效面谈的目的已经达到时，就应该结束面谈，不要拖延。值得说明的是，在很多情况下，即使绩效面谈的目的并没有完全达到，也应该停止面谈。

例如，双方的信任关系出现裂痕；下班的时间到了；员工已经面带倦容，注意力不能集中了；出现意外的急事打断了；对某个问题有分歧等。当出现这些情况时，要另外约定一个时间继续进行面谈。务必以积极的方式结束面谈，使员工在整个过程中始终怀着积极的情绪，赋能于员工，增加员工的工作积极性。

6. 绩效反馈面谈中的技巧

（1）倾听的技巧

绩效面谈是经理与员工的双向沟通过程，而实际工作中会出现将沟通演变成经理对员工的训话。事实上，经理应通过面谈更多地收集员工的信息。因此，在绩效面谈中，一定要给员工讲话的机会，多让

员工表达自己的观点。在沟通中,要掌握以下有效倾听的技巧:

- 保持目光接触。
- 展现赞许性的点头和恰当的面部表情。
- 避免分心的举动或手势。
- 提问。
- 复述。
- 避免打断说话者。
- 不要多说。
- 自觉转换听者与说者的角色。

有效倾听的重要性,体现在以下这些方面:

- 可获取重要的信息。
- 可掩盖自身弱点。
- 善听才能善言。
- 能激发对方的谈话欲。
- 能发现说服对方的关键。
- 可使你获得友谊和信任。

(2) 表达的技巧

在绩效面谈中,除了有效倾听,还要善于运用各种表达技巧,如图6-4所示。

①多提一些开放性的问题。

在绩效面谈中,经理应该多给员工一些表达的机会,少提可以用"是""不是""对""不对"回答的封闭性问题,而是尽量提开放性的问题。通过提问,可以得到员工对事情真正的观点或如实的表述。

常见的开放性问题有:

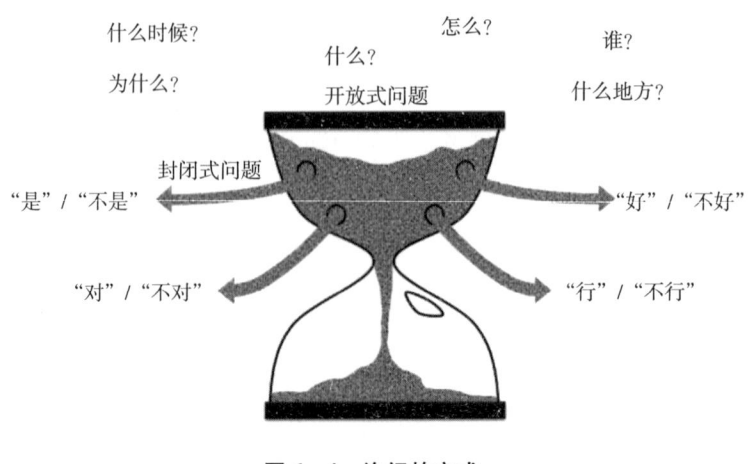

图 6-4 询问的方式

- "你觉得……怎么样?"
- "你认为……如何?"
- "你打算怎么做?"
- "你是如何评价自己这段时间的表现的?"

②适当地做出回应。

在仔细倾听对方的发言之后,以复述或自己的语言进行反馈,对讲话者做出回应,这也是比较好的一种沟通技巧。为了能够准确地反映他人的感觉,就必须要真正的倾听,而不要只考虑自己打算说什么。在很多情况下,做出适当的回应非常必要,因为通过适当的回应,可以向对方及时传递已经获取的信息。如果回应准确,对方会有兴趣说下去;如果回应不准确,对方可以及时纠正。这样反复下去,最终会达成相互的认识和理解。

有效的回应可以使人抓住主要的观点,以便进行一次有逻辑性的交谈;回应可以推动他人进一步表达自己的观点或者澄清一些问题;回应是避免争议的好办法,因为在不接受对方的建议时可以及时表达。

③学会问问题。

在交流中提问是非常重要的一种获取信息的手段。通过有效的提问，可以让对方在你所关心的某一方面拓展或进一步解释。在绩效面谈中，当经理想听到员工表达自己对某事的看法时，可以直接提问以获取进一步的信息。

常用的提问方式有：

- "你觉得你在……方面做得很好，那么你能具体讲讲好在哪里吗？"
- "你说你希望……，那么具体我们能做些什么呢？"
- "你觉得他们这样做不合理，那么你觉得应该怎么做呢？"

有时候，好的问题比解决方案还有效！

④非语言沟通的奥妙。

在绩效面谈中，除了传递语言信息，同时也在传递非语言信息。在非语言沟通中要把握好手势与姿态语。我们需要重视的不是手势、姿态本身有多么重大的意义，而是结合到具体的环境中，这些手势和姿态表达了什么样的意义。体态语，在表达意思时有一些最基本的规则，如表6-8所示，但是必须注意，单独的体态语在很多时候毫无意义。

表6-8 非语言信息的意义

非语言信息	典型含义
目光接触	友好、真诚、自信、果断
不做目光接触	冷淡、紧张、害怕、说谎、缺乏安全感
摇头	不赞同、不相信、震惊
打哈欠	厌倦
搔头	迷惑不解、不相信
微笑	满意、理解、鼓励
咬嘴唇	紧张、害怕、焦虑

续表

非语言信息	典型含义
跷脚	紧张、不耐烦、自负
双臂交叉在胸前	生气、不同意、防卫、进攻
抬一下眉毛	怀疑、吃惊
眯眼睛	不同意、反感、生气
鼻孔张大	生气、受挫
手抖	紧张、焦虑、恐惧
身体前倾	感兴趣、注意
懒散地坐在椅子上	厌倦、放松
坐在椅子边缘	焦虑、紧张、有理解力的
摇椅子	厌倦、自以为是、紧张
驼背坐着	缺乏安全感、消极
坐得笔直	自信、果断

7. 结束面谈的技巧

　　总结是每次面谈的一部分，但常常被忽略了。实际上如何结束面谈也是一种技巧，它是经理能够运用的最有用的工具之一。你是否经历过这样的面谈：由于持续时间过长，面谈中的前面部分的成果丧失殆尽。所以，当面谈的目标达成时，需要及时结束面谈。结束面谈可以使用以下这些方式：

- "好，让我们来回顾一下今天所讨论的内容……"
- "再回过头来看看今天我们都讨论了哪些问题……"
- "……这是我的一些想法，无论怎样，在今天的面谈之后你可以随时与我沟通。"

进行面谈总结时需要完成的 4 项具体任务有：

- 使对方很清楚：面谈即将结束。
- 如果讨论稍微脱离主题（这也是正常现象），重复面谈中的要点，使面谈回到讨论的主题上。
- 以友好的方式结束，并且为以后的面谈留下机会。
- 比较正式的面谈需要签订一些文件表格。

8. 如何同各种类型的员工沟通

在绩效面谈中，我们会遇到各种各样的员工，那么，该如何根据不同员工的特点与他们进行沟通和交流呢？

（1）优秀的员工

与优秀的员工面谈，要以鼓励为主。优秀员工在其职责范围内的工作一定做得非常好，并且有很多其他员工所不具备的优异表现，所以一定要首先肯定优秀员工的表现，并且多了解他们做得好的典型行为，以便推广到其他员工身上。另外，优秀员工往往有比较强烈的个人发展愿望，在绩效面谈时可以花时间了解员工的未来发展设想，更好地为其创造发展机会和空间。有的时候，经理和员工可以一同制订未来发展计划。还需要注意的一点是，优秀员工往往对自己比较自信，对晋升和加薪的诉求高，经理应该谨慎对待，不要轻易做出承诺，以免不能兑现。

（2）一直无明显进步的员工

与一直无明显进步的员工面谈，要开诚布公地与他进行交流，查明其没有进步的原因，然后对症下药。如果是个人的动力不足，应该充分肯定员工的能力，必要的时候可以使用"激将法"："你看，小李原来还不如你呢，现在人家都超过你了。"这样可以激发员工的上进心。如果是员工不适合现有岗位，可以一方面帮助员工分析什么职位适合他，另一方面听听员工自己想做什么，再做出决定。如果是员工的工作方法不对，可以帮助他分析在哪些方面改进。总之，既要让员工看到自己的不足，又要切实为员工着想，帮助他找到有效的改进方法。

(3) 绩效差的员工

与绩效差的员工面谈，要对事不对人。经理可能都会有这样的感觉：与绩效好的员工面谈是一件比较愉快的事情，而与绩效差的员工进行绩效面谈却比较头疼。绩效差的员工一般不能接受绩效差的事实，但经理却又不得不让他们去面对。有些绩效差的员工可能会比较自卑，认为自己一无是处，破罐子破摔；有些绩效差的员工可能并不认为自己绩效差，就容易在面谈中与经理产生冲突。对于绩效差的员工，具体分析员工绩效差的原因，不要一概认为是个人原因。尤其是如果员工只是偶尔一次绩效差，就切忌给对方贴标签。

(4) 年龄大、工龄长的下级

与年龄大、工龄长的下级面谈，要表示尊重，不管你是新领导还是老领导，都要体现出足够的尊重。这一类型的员工已经把自己的大好青春奉献给公司了，不管从功劳还是苦劳上，都应该给予对方足够的尊重，肯定老员工对公司的贡献。

对于老员工要耐心而关切，帮他们出出主意。如果老员工因为能力和技术问题跟不上企业步伐和部门的岗位要求，作为经理要帮老员工想办法，有可能的话，提供必要的帮助，让其能够跟上工作节奏。实在不行，再去调整他们的工作内容和岗位职责。

(5) 过分雄心勃勃的下级

与过分雄心勃勃的下级面谈，要耐心开导，用事实说明其差距，不能泼冷水。新员工，尤其是刚刚就业的出身名门名校学历较高的新员工，一般都会自视较高，刚到单位，看谁都不如自己，实际上却多是自己眼高手低。经理要在平时耐心开导和培训他们，避免他们过不了试用期。要合理安排工作，既要发挥他们的能力，也要让他们知道工作不是凭借一己之力，是需要领导、同事、跨部门合作的。但是也不要泼冷水，会打击他们的积极性，造成不必要的人员流失。

与下级讨论未来发展的可能性和计划。经理要根据其工作节奏，制订提升技能的计划，主动帮其梳理职业生涯的方向，但是不能让他们产生错觉，以为公司离开他们就不转了。既要帮助他们，又要适当的敲打、鞭策、激励才好。

（6）沉默内向的下级

与沉默内向的下级面谈，要耐心启发，擅用开放性问题，多问为什么、怎么样，让对方有理由和条件开口。当员工发现自己说了也没有负面影响，甚至说多了，领导和同事关系反而更密切了，他们也愿意更多地表达自己了。多提非训导性的问题，多激发他们主动输出的意愿，多征询他们的意见，让他们打开心扉。

往往内向的下级多是内秀的人，这类人一般不喜欢拍马屁，提出的意见和建议会比较中肯，为经理的决策提供助力，所以要用好这类人。

（7）爱发火的下级

与爱发火的下级面谈，应耐心听完，先让他们把事情说清楚、讲明白，再沟通。一般能跟领导发脾气的下属都是急性子，这类下属做工作通常是把好刀、快刀，但有时会比较毛躁，伤敌一千自损八百。作为经理，要保护急性子的下属的积极性，同时也要让他们尽力改进。

所以要先倾听，再找原因，冷静分析。

（三）绩效面谈的追踪

绩效面谈的追踪属于绩效面谈的最后一个环节。在实际工作中，我们都有着这样的体验，如果事情安排下去了，不约定汇报时点，不跟踪进展，事情不一定按照预期的方向和进度发展。所以绩效面谈的追踪属于关门动作，有以下几个要点。

1. 有效的沟通辅导包括对于工作进展和结果的适时跟踪和检查

绩效辅导沟通完毕之后，一定要跟员工约好下次检查的时间或者频次，这样能够保证工作的有效落地，避免出现说跟不说一样，沟通跟不沟通一样的尴尬。这样既可以提升沟通有效性，又可以提升员工的主动意识。在这个方面，经理们不能犯懒，更不能想当然。

2. 提供员工所需要的培训

跟员工沟通完毕之后，如果发现员工需要提升技能，经理要按照合适的时间和节奏，或自己或请他人为员工做必要的技能提升培训，保证干活的人是具备必要技能的人，而不能"我只要结果，不管过程"。因为经理不但要关注结果，还要关注过程，只有过程合理才能保证结果靠谱。

3. 对出色的表现进行认可或奖励，对不足之处及时给出改进意见

既然是绩效面谈，就要客观，该表扬就要表扬，该奖励就要奖励，对于工作的欠缺也不要回避，只有直面问题，才能有利于问题的解决。所以，对于工作中的不足之处，也要提出改进建议。

4. 适当调整行动计划以满足绩效目标的要求

计划是为了保证事情沿着预想的轨道前进的保证，如果客观情况发生变化，或者资源配置出现了另外的可选方案，适当地调整行动计划以保证目标的达成，也是可选项。

5. 观察并积极地肯定工作进展

日常工作中，沟通随处可见，不一定都要等到沟通的时间节点。任何机会都会是最佳的沟通时机。积极的肯定在任何时候都是提升积极性的选项。

附件1　绩效面谈示例

细节决定成败。作为一项让经理颇感劳心费神的工作，绩效面谈的任何一个细节都不可忽视。与每一位员工面对面地探讨其一段时期内的绩效考核结果，并分析原因，找到提升业绩的解决方案，本身就不是件易事；若还要让员工心悦诚服，则更是难上加难。忽视其中的任何一个细节，都会"差之毫厘，谬以千里"，成与败，似乎不仅仅在一线间。

绩效考核实质上是组织的经理与员工之间的一项管理沟通活动，而绩效面谈则为经理和员工提供了一个更为正式的、面对面的平等沟通机会。通过这种沟通，使经理可以进一步了解员工的实际工作情况，协助员工提升业绩；员工也可以了解到经理的管理思路和计划，有利于促进经理与员工之间相互了解和信任，提高管理的渗透力和工作效率。

同样都是在做绩效反馈面谈，不同的做法，其结果却大相径庭。"有比较，才有鉴别"，我们不妨来看一组对比鲜明的绩效反馈面谈案例。

失败篇

（差五分钟下班，客服经理王明正整理收拾一天的文件，准备下班后去幼儿园接孩子，吴总走了进来）

吴总：王明，你现在不忙吧？考核结果你也知道了，我想就这件事与你谈一谈。

王明：吴总，我下班后还有点事……

吴总：没关系，我今晚上也有个应酬，咱们抓点儿紧。

王明（无奈地）：那我就来。

（总经理办公室，办公桌上文件堆积如山，王明心神不宁地在吴

总对面坐下）

吴总：王明，绩效考核结果你也看到了……

（电话铃响，吴总拿起了电话，"喂，谁？啊，李总呀，几点开始？好，一定！……"通话用了5分钟。放下电话，笑容满面的脸重新变得严肃起来）

吴总：刚才我们谈到哪里了？

王明：谈到我的绩效考核结果。

吴总：哦，你上一年的工作嘛，总的来说还过得去，有些成绩还是可以肯定的。不过成绩只能说明过去，我就不多说了，我们今天主要来谈谈不足。王明，这可要引起你的充分重视呀，尽管你也完成了全年指标，但你在与同事共处、沟通和保持客源方面还有些欠缺，以后得改进呀。

王明：您说的"与同事共处、沟通和保持客源方面还有些欠缺"具体指什么？

（电话铃再次响起，吴总接起电话，"啊，李总呀，改成六点了？好好，没事，就这样。"吴总放下电话）

吴总：王明，员工应该为领导分忧，可你非但不如此，还给我添了不少麻烦！

王明：我今年的工作指标都已经完成了，可考核结果……

吴总：考核结果怎么了？王明，别看我们公司人多，谁平时工作怎样，为人处世如何，我心里可是明镜似的。

王明（委屈地）：我觉得您可能对我有些误会，是不是因为在上次销售报告会议上我的提议与李部长发生冲突，弄得很不愉快……

吴总：你不要乱琢磨。你看看陈刚，人家是怎么处理同事关系的？

王明（心想：怪不得他的各项考核结果都比我好）：吴总，陈刚是个老好人，自然人缘好；但我是个业务型的人，比较踏实肯干，喜欢独立承担责任，自然会得罪一些人……

吴总：好了，李总又该催我了，今天就这样吧。年轻人，要多学习、多悟！

王明（依然一头雾水）：……

（吴总自顾自地陪客人吃饭去了，留下王明一个人愣在那里）

成功篇

吴总：小王，这两天我想就你近来的绩效考核结果和你聊一聊，你什么时候比较方便？

王明：吴总，我周一、周二、周三准备接待公司的一批重要客户，周四以后事儿不多，您定吧。

吴总：我星期五也没有其他重要安排，那就星期五？上午9点怎样？

王明：没问题。

（星期五之前，吴总认真准备了面谈可能用到的资料，他侧面向王明的同事了解了王明的个性，并对面谈中可能会遇到的情况做了思考。在这期间，王明也对自己一年的工作情况对照考核结果进行了反思，并草拟了一份工作总结和未来发展计划。星期五上午9点，公司小会议室，宽敞明亮，吴总顺手关上了房门，在会议桌头上坐下，王明则坐在吴总右侧）

吴总：小王，今天我们打算用大约一个到一个半小时的时间对你在过去一年中的工作情况做一个回顾。在开始之前，我想还是先请你谈一谈你认为我们做绩效考核的目的是什么。

王明：我觉得绩效考核有利于对优秀的员工进行奖励，特别是在年底作为发放奖金的依据。不知我说的对不对，吴总？

吴总：你的理解与我们做绩效考核的真正目的有些偏差，这可能主要是由于我们给大家解释得不够清楚。事实上，我们实行绩效考核，最终是希望在绩效考核后，能通过绩效面谈，将员工的绩效表现——优点和差距反馈给员工，使员工了解在过去一年中工作上的得与失，以明确下一步改进的方向；也提供一个沟通的机会，使领导了解下属工作的实际情况或困难，以确定可以提供哪些帮助。

王明（不好意思地）：吴总，看来我理解得有些狭隘了。

吴总（宽容地笑笑）：我们现在不又取得一致了吗？下面我们逐项讨论一下。你先做一下自我评价，看看我们的看法是否一致。

王明：去年我的主要工作是带领客户服务团队为客户提供服务，但是效果不是很令人满意。我们制定了一系列的标准（双手把文件递给吴总），但满意客户的数量增幅仅为55%，距离我们80%的计划相去甚远。这一项我给自己"合格"。

吴总：事实上我觉得你们的这项举措是很值得鼓励的。虽然结果不是很理想，我想可能是由于你们没有征询客户建议的缘故，但想法和方向都没有问题。我们可以逐步完善，这项我给你"优良"。

王明：谢谢吴总鼓励，我们一定努力。

吴总：下一个。

王明：在为领导和相关人员提供数据方面，我觉得做得还是不错的。我们从未提供不正确的数据，别的部门想得到的数据我们都会送到。这一项我给自己"优秀"。

吴总：你们提供数据的准确性较高，这一点是值得肯定的。但我觉得还有一些有待改善的地方，比如，你们的信息有时滞后。我认为还达不到"优秀"的等级，可以给"优良"。你认为呢？……我想总体给你的评价应该是B+，你觉得呢？

王明：谢谢，我一定会更加努力的。

吴总：下面我们来讨论你今后需要继续保持和需要改进的地方，对此你有什么看法？

王明：我觉得我最大的优点是比较有创造性，注重对下属的人性化管理，喜欢并用心培养新人。最大的缺点是不太注重向上级及时汇报工作，缺乏有效的沟通。我今后的发展方向是做一个优秀的客服经理，培养一个坚强有力的团队，为公司创造更好的业绩。

吴总：我觉得你还有一个长处，就是懂得如何有效授权，知人善任；但有待改进的是你在授权后缺乏有力和有效的控制。我相信，你是一个有领导潜力的年轻人，你今后一定会成为公司的中坚力量。

王明：好的，谢谢吴总。

附件2　绩效面谈怎么做？

年末岁初，绩效考核又将作为企业管理的重头大戏再次上演，那么，如何考核员工，考核怎么做才能不流于形式，才能起到帮助员工改善绩效的作用？答案显而易见，就是"考核+反馈"，经理要对员工的绩效表现进行打分，确定员工本绩效周期的考核表现，然后，根据考核结果，与员工做一对一、面对面的绩效沟通，将员工的绩效表现通过正式的渠道反馈给他们，让员工对自己表现好的方面和不好的方面都有一个全面的认识，以便在下一绩效周期做得更好，达到改善绩效的目的。

那么，经理在绩效面谈中应该注意哪些问题，应该掌握哪些技巧，才能使绩效面谈成为帮助员工改善绩效的机会呢？下面就来谈谈这个问题。

面谈中应注意的问题

通常一个员工的绩效表现有正反两个方面，有表现优秀值得鼓励的地方，也有表现不足需要加以改进之处，所以，绩效面谈也应该从正反两个方面着手，既要鼓励员工发扬优点，也要鞭策员工改进不足。

对于正面的绩效面谈，有三点要特别注意

真诚

真诚是面谈的心理基础，经理在面对员工的时候，既不可过于谦

逊，更不能夸大其词。通过绩效面谈，经理要让员工真实地感受你确实是满意他的表现，你的表扬确实是你的真情流露，而不是套近乎、扯关系，同时，通过面谈也要让员工感受到你确实是在帮助他们进步，而不是走形式，应付了事。只有这样，员工才会把你的表扬和建议当成激励，在以后的工作中更加卖力。通俗地说，你的表扬和溢美之词一定要"值钱"，不是什么都表扬，也不是随时随处都表扬，而是在恰当之处表扬，表扬要真诚，发自肺腑。

具体

我们知道，笼统地说一个人表现得很好，没有任何价值，这样的话谁都会说，员工不会从中获得任何有价值的信息。因此，在表扬和激励员工的时候，一定要具体，要对员工所做的某件事有针对性地提出你的表扬。比如，员工为了赶一份计划书而加了一夜的班，这时你不能仅仅说加班很辛苦，表现很好之类的话，而是要把员工做的具体事情特别点出，比如："小王，你加了一夜的班赶计划书，领导对你的敬业精神很赞赏，对计划书的编写很满意，结构很清晰，逻辑很严谨，体现了你的文字水平和理解能力。"这样，小王就会感受到不仅加班受到了表扬，而且计划书也获得了通过，得到了赏识，相比较，后面的话可能对小王更有激励作用。

建设性

经理对员工的绩效表现提出自己的意见和建议的时候，不能仅仅指出问题就停止了，那样对员工没有任何帮助。所以，经理在指出员工绩效表现存在改善空间的时候，也一定要给出自己的改进建议。比如："小王，我发现你的时间管理技能需要提升，在过去的一个绩效周期内，你有5次不能按时完成工作计划，导致工作被动，因为你的计划延期，使得工作流程多次中断，其他部门对你的工作也有一些抱怨，我想你在时间管理方面的技能需要提升。我这里刚好有一个时间管理的课件，我回头发给你，你可以自己学习一下，如有疑问可以直接找我交流。另外，我也请你列一个时间管理技能提升计划，我们可以一起来做好这个工作，我的任务就是帮助你获得提升，所以不要有什么顾虑，需要帮助尽管和我说，我发现了问题也会直接给你指出来。希望在很短的时间里，你可以学会时间管理的技巧，学会合理安排时间，把时间用在关键的地方。"

对于负面的绩效面谈，要注意以下几点

描述而不判断

具体描述员工存在的不足，对事而不对人，描述而不做判断。你不能因为员工的某一点不足，就做出员工如何不行之类的感性判断。其实，人们都不喜欢别人评价自己，尤其是不好的评价，更会引起员工的反感。而恰恰很多经理喜欢对员工做出判断，他们经常无意识地甩出一大段毫无顾忌的言论，完全不管员工的感受如何。这是很伤害员工感情的行为。

所谓描述而不判断，这里有一个小例子。某单位的小王下午来的时候喝了很多酒，上班的时候，被上级主管刘经理发现了，刘经理就斥责他说："小王，你喝醉了还来上班，还酗酒滋事，成何体统？"实际上，这就是一个判断，而不是描述。也许小王只是多喝了几杯，并不一定是喝醉了，走路有点打晃，站立不稳，也没有故意滋事，所以，刘经理应该说："小王喝了很多酒，来上班的时候，站立不稳，还碰到了几个桌子，文件都撒到地上了。"这样就是一个描述，这样的描述既不会伤害员工的感情，也不会引发员工的争论，因为刘经理客观地描述了小王喝酒上班，并因此给办公场所造成混乱的事实。这样的描述性话语既能让小王接受，也能提醒他以后要注意，上班不要喝酒，喝了酒更不能在工作场所制造混乱，因为办公室不喜欢这样的行为。

不指责

绩效面谈的目的是帮助员工改善绩效，因此，经理要避免指责员工，指责只能引起员工的反抗，制造矛盾。所以，经理要客观、准确、不指责地描述员工行为所带来的后果。你只要客观准确地描述了员工的行为所带来的后果，员工自然就会意识到问题的所在。比如："小王，这个月你所提报的数据有几处错误，我在办公会上汇报的时候，被财务部经理指了出来，这显得我们部门的工作不仔细，给人不好的印象，希望你在下次提报数据的时候，多检查几次，避免出现类似的错误。"

聆听

很多经理在面对员工不好的表现的时候喜欢教导，喜欢告诉员工该怎么做，这种做法是很不可取的。在绩效面谈过程中，经理的职责是主动而不是演讲，也就是说，经理要做的是更多地聆听员工的想法，听员工怎么说，听员工怎么想，听员工想怎么做，而不是一味地告诉员工该怎么想、该怎么做。多听少说，有利于经理从员工那里获得真实详细的信息，从而帮助员工分析问题，提出建设性的改进意见，这才是经理最需要做好的工作。

制定改进措施

针对员工不好的绩效表现，并不是谈完了就过去了，面谈只是改善的基础，最重要的还是后期的改善计划，因此经理要与员工探讨下一步的改进措施，与员工共同商定未来工作中如何加以改进，并形成书面内容，双方签字确认。

绩效面谈的两个重要技巧

绩效面谈是一项管理技能，有可以遵循的技巧，掌握得好，可以帮助经理控制面谈的局面，推动面谈朝积极的方向发展。这里介绍两个技巧供参考。

BEST 法则

所谓 BEST 法则，是指在进行绩效面谈的时候按照以下步骤进行：

（1）Behavior description（描述行为）。

（2）Express consequence（表达后果）。

（3）Solicit input（征求意见）。

（4）Talk about positive outcomes（着眼未来）。

例如，某公司市场部的小周经常在制作标书时犯一个错误，这时候，经理就可以用BEST法则对他的绩效进行反馈。

B：小周，8月6日，你制作的标书的报价又出现了错误，单价和总价不对应，这已经是你第二次在这个方面出错了。

E：你的工作失误，使销售员的工作非常被动，给客户留下了很不好的印象，这可能会影响到我们的中标及后面的客户关系。

S：小周，你怎么看待这个问题？准备采取什么措施改进?

小周：我准备……

T：很好，我同意你的改进意见，希望在以后的时间里，你能采用你说的那些措施。

BEST法则又叫"刹车"原理，是指经理指出问题所在，并描述了问题所带来的后果之后，在征询员工的想法的时候，经理就不要打断员工了，适时地"刹车"，然后，以聆听者的姿态，听取员工的想法，让员工充分发表自己的见解，发挥员工的积极性，鼓励员工自己寻求解决办法。最后，经理再做点评总结即可。

汉堡原理

所谓汉堡原理，是指在进行绩效面谈的时候按照以下步骤进行。

（1）先表扬特定的成就，给予真心的鼓励。

（2）然后提出需要改进的"特定"的行为表现。

（3）最后以肯定和支持结束。

例如："小王，上一绩效周期内，你在培训计划编制、培训工作组织、培训档案管理等方面做得不错，不但按照考核标准完成了工作，而且还做了不少创新，比如在××工作中提出了××建议，这些建议对我们公司的培训管理起到了很大的帮助作用，值得提倡。前面我们谈的是你工作中表现好的方面，这些成绩要继续发扬，不过，我在你的考核中也发现了一些需要改进的地方，比如培训效果评估，这个工作一直是我们公司的难点，以前做得不好，在你的工作中也存在这个问题，比如很多培训没有做效果评估，有的培训做了评估，但都停留在表面，这样就容易使培训流于形式，不利于员工素质的提升，我想听听你对这个问题的看法"。"我是这么想的，培训效果评估……""嗯，不错，我同意你对这个问题的想法，那么我们把它列入你的改进计划，好吗？"……

汉堡原理的作用在于提醒经理，绩效面谈是为了帮助员工改善绩效，而不是抓住员工的错误和不足不放，因此，表扬优点，指出不足，然后肯定和鼓励，才是最佳的面谈路线，值得学习。

总之，绩效面谈是经理和员工双方探讨成功的机会。帮助员工改善绩效是经理的职责所在，绩效面谈是达成这一目的的必由之路，所以，经理应该重视这个工作，因为它是你和员工的共同利益所在！

附件3　IBM 绩效管理五大原则

IBM（国际商业机器公司）的企业文化是尊重个人，追求卓越，激发员工的潜能，达到高绩效。IBM 绩效管理有五大原则。

双向沟通原则

沟通是理解的桥梁，而理解是合作的基础。无论是同事与同事之间，还是领导与员工之间，只有建立了充分的理解，才能使公司的工作氛围更加和谐，工作效率更高。IBM 的文化中特别强调双向沟通，不存在单向指令和无处申诉的情况。员工至少有四条制度化的通道可以使其顺畅地提出个人看法。这四条特别通道是建立在 IBM 基本的企业文化基础上的，充分体现了尊重员工、尊重个人的企业信条。

第一条通道是与高层管理人员面谈（Executive Interview）。IBM 经常会安排基层员工与公司高层经理直接面谈，这个高层经理的职位通常会比员工的直接经理的职位要高，而且这种面谈是保密的。面谈的内容由员工自由选择，包括个人的意见、自己所关心的问题等。交谈过后，高层经理会将员工反映的问题交由相关责任部门处理。

第二条通道是员工意见调查（Employee Opinion Survey）。这条通道定期开通，IBM通过定期对员工的调查，来了解员工对公司管理层、企业文化、组织效率、工资、福利待遇等方面的意见和建议，以便协助公司不断改进管理流程，营造一个相对完美的工作和学习环境。

第三条通道是直话直说（Speak up）。这是一条"直通车"，可以使任意一名普通员工不经过其直属经理而获得高层领导甚至首席执行官对其所关心的问题的关注。直话直说的价值在于使员工在不暴露其身份的情况下把问题反映给管理层。整个过程由人力资源部员工关系协调员进行协调，只有他们知道直话直说者的姓名。如果员工对公司或工作有任何意见和看法，或者想汇报所发现的违法违纪行为或提出任何疑问，可直接从公司"直话直说箱"旁取出表格，填好想法后投入箱中。员工关系协调员会每周检查直话直说箱。收到稿件后，会重新打印所有稿件，并隐去作者姓名，交给相关部门经理进行调查处理，并于第10个工作日取回调查处理结果，反馈给"直话直说者"。

第四条通道是员工申述（Open door），IBM称其为"门户开放"政策。这是一项"历史悠久"的民主文化。员工申述为每一位员工敞开了直接向公司高层领导抒发己见、提出申述的大门。员工可就未能解决的、与公司或工作有关的问题向申诉受理人（人力资源部经理或总经理）提出申述，申述的内容既可以是关系到公司利益的，也可以是关系到员工自身利益的。必要时，受理人会亲自或指定一名资深调查者进行全面调查，并尽可能在30日内处理完毕。但在此之前，员工必须给自己的直接经理、二线经理解决问题的机会，员工应首先向直接经理反映问题，如果不满意，再向二线经理汇报，管理层会力图解决员工所反映的一切问题。

透明原则

对员工来说，管理上的透明，首先可以满足员工的"知情权"，能让员工知道目前的成就及如何做得更好，容易让员工有成就感并愿意接受挑战，激发大家的工作热情和斗志。IBM 要求业绩评估的结果由主管和经理直接在第一时间与员工沟通，以提供信息，消除猜忌。

正面激励原则

IBM 对员工采取积极的激励政策，基本上没有惩罚的方式。在 IBM 不允许从工资中扣除任何的惩罚款项，工作做得好，在奖金分配和薪金调整上就会有体现，否则，可能没有奖金，工资也涨不了，员工自然会意识到，没有获得涨工资或晋升，就等于被惩罚。这种激励文化是建立在 IBM 高素质员工的基础上的，员工的自我实现意识都很强，对企业文化的认同感很高。

指标精练原则

复杂的事情简单做，最简单的往往是最本质的。设定三五个绩效指标所得到的绩效结果远比设定十个或者更多无所不包的绩效指标效果要好。IBM 一般最关注销售收入、存货周转、产品质量、客户满意度和利润等几个指标。

强调执行原则

绩效管理中强调的"沟通"，常常会被部分语言表达能力好、人际关系好、拥有资源多和影响力强的人或业务部门为获得更好的评估结果而利用，这些人常常可以把"想"做什么表达得非同一般。对此，IBM 绩效管理的原则是，永远根据员工所完成的承诺进行评估，而不仅仅是报告上所说的。

绩效管理是一种结果导向的管理活动，其最终目标是建立高绩效的企业文化，营造具有激励作用的工作氛围。企业的成功，在于扎扎实实地把简单的事情尽可能做好，绩效管理也是如此。

我的职场感悟

为什么面对大量工作时，人们倾向于熬夜完成工作而不是第二天早起

在职场中，有些工作最佳的处理和提交时间应该是昨晚，而不是今早，或者明早。

任务的最佳完成期是昨晚

某外企的中国公司的总经理明天要去欧洲总部半年述职，于是他把办公室主任老王请到自己的办公室："王主任，明天一早我飞总部，你整理一下咱们各部门半年述职的资料要点，我述职的时候要用。"

王主任回到办公室整理汇总资料。下班前，销售总监肖总敲门邀请老王去跟她一同陪客户（老王人缘很好，酒量也很好）。老王说在为总经理准备开会的资料，没时间。肖总说："咱们早点结束，你回家也可以整理啊。"于是老王同意前往。

席间推杯换盏，一不小心喝多了。回家就已经凌晨两点，老王忽然想起总经理交代的事情，自我安慰："明早总经理一早的航班，我早上整理后发他邮箱，他下飞机就可以阅读了。"

结果第二天送总经理上飞机，临行前，总经理问老王："我的资料呢？"

老王说："昨天晚上陪肖总的客户，回去晚了，没整理完，我回去马上整理，您下飞机就能在邮箱里看到了。"

总经理说："我本打算在飞机上熟悉资料呢！"

是不是很尴尬啊？

早起真的很难

现在，人们的习惯是晚睡晚起，很多年轻人离职的主要原因就是："早上上班太早起不来！"为此，很多企业执行的就是弹性工作日制，早上 10：30 之前到公司，一天保证 8 小时工作时间就可以了。

所以，不要指望年轻员工可以早起完成工作，一般来说是不可能的。很多时候，年轻人宁可被领导骂一顿，或者撒个谎，也不愿意早起干活。所以任务的最佳完成期是昨晚。

小技巧

有时候领导交代的事情，一般会提出具体的完成时间要求，经理人在做计划时，尽量留出提前量，在领导的预期之前提交任务作业，不要让领导催促。

有些人可能会说，我也不知道领导什么时候会催我。这就需要在日常工作中多观察领导的工作习惯和要求，擅于总结，相处久了就会摸清领导的秉性了。这样既不耽误工作，也能处理好上下级关系。

第7节课
绩效评估与改进

绩效评估与改进是绩效管理承前启后的一个阶段,经过计划、实施和辅导之后,绩效的达成情况最终要在这个阶段做一个阶段性的总结评价,同时有套路地做好改进工作,既满足企业发展的需要,又满足员工个人成长的需要。本节课将详细介绍绩效评估与改进的方法、流程、技巧以及实际操作案例。

本节课学习内容:
- 绩效评估流程。
- 绩效改进的实操流程。
- 绩效申诉。

一、绩效评估流程

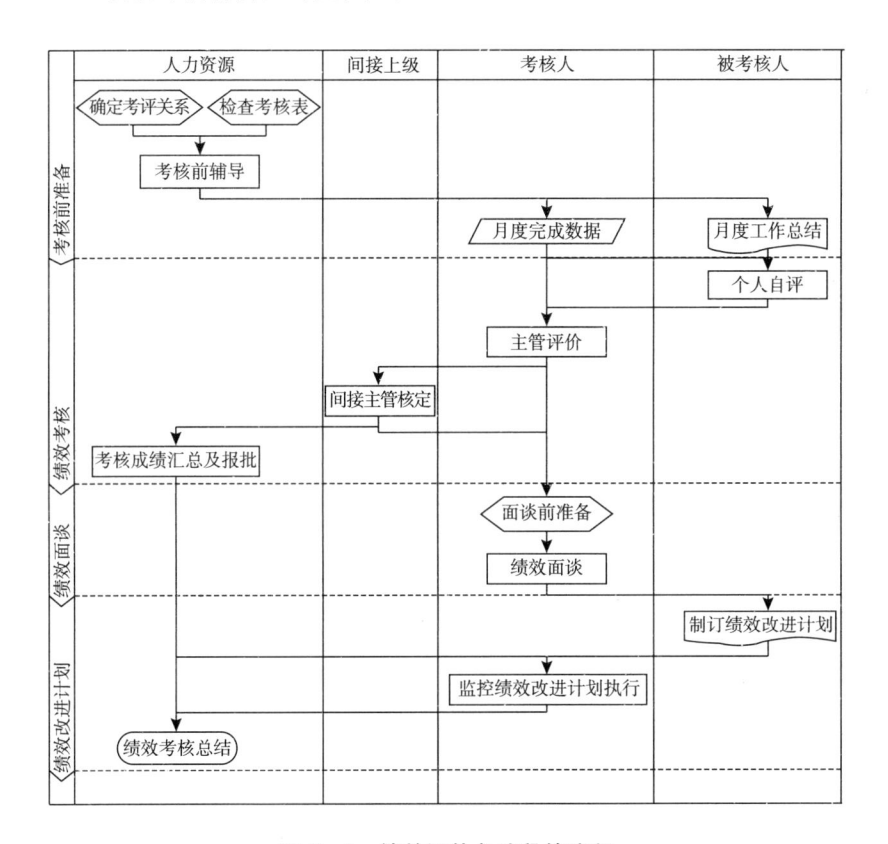

（一）绩效评估各阶段的流程

绩效评估各阶段的流程如图 7-1 所示。

图 7-1 绩效评估各阶段的流程

绩效评估流程包括以下四个阶段。

第一阶段： 考核前准备阶段

在正式进行考核前，需要做好如下准备工作：

- 确定考评关系。
- 核查考核表。
- 考核前辅导。

同时，还需要协调考核人和被考核人准备相关数据和工作总结。

第二阶段： 绩效考核阶段

该阶段主要以考核人和被考核人为主，包括以下步骤：

- 个人自评。
- 主管评价。
- 间接主管核定。

第三阶段： 绩效面谈阶段

有效的面谈能够帮助员工发现问题，提出改进建议。面谈阶段包括：

- 面谈前准备。
- 实施绩效面谈。

第四阶段： 绩效改进计划阶段

实施绩效管理的核心目的是不断持续改进，因此帮助员工制订绩

效改进计划必不可少,包括以下步骤:

- 制订绩效改进计划。
- 监控绩效改进计划执行。
- 总结绩效考核。

(二)绩效考核过程中的分工

在绩效考核过程中,不同职位承担的角色不同,负责的工作也不同,具体如表7-1所示。

表7-1 绩效分工

人力资源	被考核者	直接主管	间接主管
• 绩效考核的组织、策划、过程管理 • 设计绩效考核计划 • 落实绩效标准 • 监督考核过程执行 • 统计考核结果 • 兑现考核成绩	• 制订个人工作计划 • 对绩效完成情况进行自评 • 根据绩效面谈结果落实绩效改进方案	• 制定部门工作目标,组织目标分解 • 落实部门和员工工作计划 • 对员工进行辅导和支持 • 组织进行绩效考核 • 与员工进行绩效沟通 • 制订各类绩效改进计划并监督落实	• 批准部门各项目标 • 组织签署各类绩效任务书 • 对直接主管绩效结果进行审核和确认 • 负责考核比例的控制 • 对考核结果进行监督、指导

1. 业务部门经理是绩效考核过程的主体

在整个考核过程中,主体不是公司老板,更不是人力资源部,而是业务部门经理。每个业务部门经理需要清晰准确地认识到绩效考核在提升部门效率上的作用和价值。

为此,人力资源部需要在两个维度上对业务部门经理进行指导,以使其能力提升。

(1) 考核过程的引导和指导

提升业务部门经理在绩效考核操作过程中的技巧，引导业务经理掌握绩效管理的方法。一方面人力资源部需要设计标准的考核流程、表单来实现绩效考核，同时在考核过程中人力资源部也必须参与到业务部门经理的目标制定、绩效面谈、绩效改进计划制订等环节中，以了解业务部门经理对各个绩效关键环节的实施情况，再提出有针对性的改进建议。

(2) 考核前期和后期的培训交流

在绩效项目推进前期，人力资源部可以组织正式或者非正式的绩效考评培训交流，以提高业务部门经理对绩效考核的意识。

在一个周期（一个月或者一个季度）绩效考核执行完毕后，人力资源部再组织绩效交流培训会议，总结考核实施的过程和结果，同时邀请在考核执行过程中表现优秀的经理分享经验，提升大家的整体认可度。

> **经验提示**
>
> 绩效考核失败的最大原因就是各个业务经理不知道考核的作用，也不知道考核如何来做，他们往往认为考核是走形式、走过场。因此，人力资源经理人必须清楚：绩效考核绝不是简单的做个流程、写个KPI、画几张考核表，解决问题的关键是提升业务经理的考核意识和水平。

2. 人力资源部在考核过程中提供管理和支持

(1) 管理

人力资源部要配合公司最高管理者发起考核项目、制订考核计划、控制考核过程的有效推进、兑现考核结果等。

(2) 支持

保证考核项目的有效实施，在整个绩效考核过程中，人力资源部要全程提供考核的过程支持，如表7-2所示。

表7-2 人力资源部在考核中的支持内容

支持对象	支持内容
对被考核者的支持	提供总结范本，提供自评方法，提供证据和方法
对考核者的支持	提供数据收集分析方法，提供评估依据和方法，提供面谈实施技巧支持，提供绩效改进计划方案编写指导
对公司高层的支持	提供整体考核进度计划，提供评估依据和方法，提供考核结果挂钩方法，提供考核结果比例控制方案

（三）设计绩效评估流程及过程表单

在整体考核实施过程中，除根据流程操作，还需要对其中的详细流程进行深化，包括：

- 绩效评价流程。
- 绩效面谈流程。

同时人力资源部还需要在考核项目实施前提供详细的过程表单，包括：

- 考核表。
- 考核关系对应表。
- 考核成绩汇总表。
- 绩效面谈记录模板。
- 绩效改进计划模板。

（四）考核前的5项准备

1. 考核与工资发放挂钩

"考核不被重视" "员工不按照月度完成工作总结、员工自评"

"经理评价不及时""考核拖沓,经常持续很长时间""绩效工资发放延期",这些往往都会导致大家对绩效考核怨声载道,拒绝推进考核项目。

解决的方案有两种:一种是简化考核的过程,缩小业务经理和员工在考核工作上投入的时间和精力;另一种则是将绩效考核与工资发放挂钩,将是否如期完成绩效考核评估作为发放工资的必要条件。

> **经验提示**
>
> 人力资源部可以在考核制度中规定:如果部门未能按期完成绩效考核,未能按期完成自评、部门经理评价、间接上级评审3个步骤,当事人和部门工资缓发,在完成考核,提交考核表之后方可发放工资。这种做法看起来有点强硬,但如果坚持执行会发现:按时收取考核表将不再是一件难事。

2. 收集数据,起草个人工作总结

在月度末,考核开始前,各个部门负责人要组织收集整理与月度考核有关的数据,作为考核的依据,同时根据个人承担角色发送给本部门员工。

根据月度计划及个人实际完成情况,由各个员工自行完成月度个人工作总结,个人工作总结包括:

- 月度工作重点和目标。
- 月度工作计划变更及新增工作。
- 实际工作完成情况。
- 存在的问题和改进点。

工作总结完成后,员工要提交直接主管审核。为保证考核的有效性，避免员工重复工作，我建议将工作总结和考核表整合成一张表。

> **经验提示**
>
> 如何让月度总结有效，而不是讲套话、俗话？最简单有效的办法是用 Excel 写总结，而不是采用 Word 文档方式。相比 Word 方式，Excel 表格以二维方式展示，内容更直接。

表 7-3 为部门经理月度总结表的样例。

表 7-3　某公司人力资源经理月度工作总结

序号	工作重点内容（项目）	完成情况
1	上海人力资源系统上线	完成上海核心数据导入和基本薪酬数据导入，公式开发中
2	总部 2017 年干部述职及评估	完成总部 80% 人员的干部述职和评估
3	总部 2018 年组织结构设计及竞聘	完成基本组织结构设计，编制未确定
4	800 招聘计划	完成 800 招聘计划
5	薪酬管理	完成总部薪酬设计逻辑方案编写
6	东莞及沈阳分公司员工培训	支持东莞组织的广东三地员工培训
7	2018 年新劳动合同签署	完成分公司组织结构设计、人员优化及新版劳动合同的签署
8	出版公司首期报纸	完成首期报纸的出版印刷

3. 确定考评关系，核定考核表

（1）确定考评关系

每月末，人力资源部门需要根据公司管理分工、组织结构变动来确定各类职位的考评关系，填写《考核关系一览表》，确定各个被考核者的直接主管和间接主管。《考核关系一览表》以人力资源部名义正式发布，作为考评关系的依据（见表 7-4）。

表7-4 考核关系一览表

序号	所属部门	被考评者	考核责任者	考核复核者
1		张三（招聘主管）	李四（HR经理）	王五（HR总监）
2				
3				
4				
5				
6				

填表说明：填写各个考核关系内容时，以姓名+（职位）形式进行填写，如上示例。

（2）核定考核表

在每月考核前，人力资源部门需要根据各部门KPI指标设计情况，配合部门主管修正核定各类职位的《月度绩效考核表》，并统一发布实施。

核定考核表的内容需要包括：

- 确定并修正考核项目（根据月度实际工作进展与月度计划之间的改变进行调整）。
- 修改权重（如有必要）。

表7-5为某公司考核表的一个样例。

（3）如何进行权重分配

对于一个职位而言，不是所有的目标或者考核指标都是同等重要的，因此需要根据各项工作对于公司的重要性进行权重分配，以达到考核的科学合理。

设计权重最简单有效的方式是通过二八理论来设计权重指标，即将权重总分设计为100分，将考核项目中关键的3~4项指标设计为80%权重，其他指标为20%权重，确定其他指标的具体分数。然后再确定80%权重的关键指标权重，找到核心的指标项目，设计40%~50%，其他项目再分解到30%~40%。

表7-5　考核表（某公司办事处主任）

姓名		职位	办事处主任			上级评价
考核内容（结果、行为）		工作目标	权重	完成情况	得分	得分
绩效指标	销售计划完成率 新产品销售计划完成率 市场占有率 顾客有效投诉次数 市场覆盖率 新市场开拓目标完成率					
关键 行为 周边配合	信息反馈及问题处理的及时性 促销效果					
关键 事件	对公司或部门有特殊的贡献，可加1~5分 因工作失误造成公司或部门损失，减1~5分	总分				
主管评价	考核结果：□S（杰出）　□A（良好）　□B（合格）　□C（不合格） □D（极差）					

> **经验提示**
>
> 除非业务部门的工作内容非常固定，流程非常清楚，否则各个业务部门各个职位在每个月度关注的工作焦点和内容都不相同，因此需要人力资源部门按月对各个考核项目的权重进行优化调整，以达到考核的真正目的。

（4）部门经理准备考核证据文档

在月度末，各个业务部门经理组织对本部门负责的数据进行整理、汇总，提供数据汇总表，确认后发送到各个部门员工处作为绩效考核的依据。

同时，各个业务部门经理根据考核项目分布，以及员工自评结果，向各个员工提出有关证据汇总要求。

（5）考核前辅导

在考核前，人力资源部需要组织各级管理人员、员工进行有关考评方法的培训辅导，特别是在绩效刚刚推进时，辅导内容包括：

- 目标设计及落实到工作计划中。
- 设计考核项目及权重。
- 自评方法及证据准备。
- 结合证据对下属考评。
- 绩效面谈准备及实施。
- 制订绩效改进方案。

> **经验提示**
>
> 对下属进行考核是所有经理必须掌握的一项技能。对此,在推进绩效项目实施中,必须花费大量时间提升各个业务部门经理对考核的认识、对考核技巧的掌握,直至部门经理能够熟练使用各类考核工具,主动对下属进行考核。

(五) 绩效考核完成的四步

1. 个人自评

每月初,由各个员工对上月各项工作完成情况进行总结,提交工作总结。同时对照考核标准进行自评,填写《月度绩效考核表》,提供相关证据(各类数据统计结果及工作总结),提交至直接上级进行评价。

> **经验提示**
>
> 为什么要进行自评?
>
> 绩效管理过程的核心内容是上级和下属之间就工作目标、完成情况、评分标准达成一致,即员工对目标及其完成效果的评价尺度与经理一致。
>
> 如果不采取自评方式,直接由上司进行评价,那么往往会形成"上级考核一言堂",时间久了会打击下属的工作积极性。而通过自评,上级可以清楚了解员工对工作目标的理解以及对完成结果的标准评价尺度,通过持续的绩效考核和沟通达成一致。

2. 主管上级评价

直接主管在收到员工自评结果后，结合相关证据，对员工月度工作绩效进行评价，主要工作流程为：

- 核实各项数据的目标值和实际完成值。
- 核定员工关键行为指标完成效度。
- 确定与员工自评结果有重大出入的项目。

主管上级评价后，在正式提交间接主管审批前，要组织进行绩效面谈。

绩效考核评价结果完成后，部门直接主管将完成的绩效考核评价结果提交间接主管进行审核批准。

3. 间接主管评审

根据直接上级确认的考核结果和绩效面谈记录，由被考核人的间接主管组织对考核结果进行复核，间接主管主要审核：

- 员工自评与直接上级考核结果的差异。
- 审核各项证据的符合性。
- 校正、汇总、确认员工绩效评价结果。

间接上级批准的考核结果应当符合公司有关考核结果比例的规定。

> **经验提示**
>
> 间接主管审核被考核人信息时，如需更改员工成绩，应与员工直接上级进行协商。

4. 确定考核结果及汇总

以各个业务部门为单位，由各个被考核人的间接上级对考核结果进行汇总，汇总后提交人力资源部编制《月度绩效考核成绩汇总表》。

人力资源部根据公司绩效考核制度的有关规定，对所有考核成绩进行审核，审核考核结果是否符合公司规定，然后将经人力资源经理/总监签署后的《月度绩效考核成绩汇总表》报送公司总经理/董事长批准。

（六）设计考核等级，结果与绩效工资、奖金挂钩

绩效管理必须与薪酬等激励机制相挂钩才能体现其价值，如何根据员工的绩效考核结果确定合理的薪酬奖励，是保证绩效考核激励作用的主要手段。

1. 绩效考核结果的4个等级

（1）考核结果级别设置

考核结果共设计为4个级别，分别适用于部门和个人，对应意义如表7-6所示。

表7-6 绩效结果的级别

等级	评语的意义
A（卓越）	实际业绩显著，超过预期计划/目标或岗位职责/分工的要求，在计划/目标或岗位职责/分工要求所涉及的各个方面都取得非常突出的成绩
B（优秀）	实际业绩达到或超过预期计划/目标或岗位职责/分工的要求，在计划/目标或岗位职责/分工要求所涉及的主要方面取得比较突出的成绩
C（合格）	实际业绩基本达到预期计划/目标或岗位职责/分工的要求，既没有突出的表现，也没有明显的失误
D（不合格）	实际业绩未达到预期计划/目标或岗位职责/分工的要求，在很多方面或主要方面存在着明显的不足或失误

（2）考核结果挂钩

个人考核结果严格与上级考核结果挂钩，考核比例分布如表 7-7 所示。

表 7-7　绩效考核比例分布

个人考核结果 上级考核结果	A	B	C	D
A		30%		不要求
B		15%		不要求
C		不超过 30%		15%
D		不超过 15%		30%

说明：上级考核结果为 A，那么下属中可以有 30% 的员工被评为 A 或者 B。
如果上级考核结果为 C，那么下属不可以评为 A，只能评为 B，且 B 不超过 30%，同时要求必须有 15% 的员工评为 D。

各部门在考核时须严格按照比例分布控制考核结果。原则上比例分布的控制以"部门"为单位；若单个部门的人数太少，也可以以上一级系统为单位进行。

> **经验提示**
>
> 考核分数和考核比例的关系：考核分数只为初步确立考评等级提供参考，上级考核结果最终确定部门成员考核等级分布比例。

2. 考核等级与绩效工资挂钩方案

很多公司都将员工月度工资总额的 20%~30% 作为绩效工资，根据月度考核结果发放绩效工资。这看起来无可厚非，但对于员工心理而言，意味着"公司变相克扣工资"，本来对考核实施就有怨言，再加上实施绩效工资方案，顺利推进绩效考核项目难度就会加大。

解决的方案为：在将员工工资总额的 20%~30% 作为绩效工资的同时，公司也要拿出等数额的绩效工资，两者合并作为绩效奖金的基数，这样对于员工来说，心理上的感觉会比之前好很多。

在此基础上，绩效考核结果与月度绩效工资挂钩的结果为：

- 等级 A，绩效工资发放系数为 1.0。
- 等级 B，绩效工资发放系数为 0.8。
- 等级 C，绩效工资发放系数为 0.5。
- 等级 D，绩效工资发放系数为 0。

3. 考核等级与绩效奖金挂钩方案

仅仅将绩效工资部分与绩效考核结果进行挂钩，对于各级管理者、员工而言激励作用并不大，因此，还必须将考核结果与公司整体奖金体系进行挂钩：

- 根据整体业绩完成情况确定绩效奖金数额。
- 根据绩效考核结果确定奖金发放比例。

经验提示

考核周期是按照月度实施还是按照季度实施效果更好？

很多公司，特别是互联网、项目类公司都设计了按季度进行绩效考核的方式，即每季度进行绩效考核，按季度发放一次绩效工资/绩效奖金，实际效果是按季度实施的绩效考核往往在第一个季度大家很重视，而在第二个、第三个季度却很难有效实施下去。原因主要是考核周期与绩效工资/奖金的匹配出现了问题，绩效工资往往是按月度进行抵扣的，如果按照季度考核再发放，这部分绩效工资往往延迟发放，会导致员工的不满。

二、绩效改进的实操流程

（一）绩效改进的指导思想

绩效改进的过程为，首先分析员工的绩效考核结果，找到员工在绩效中存在的问题；其次针对存在的问题制订合理的绩效改进方案，并确保其能够有效实施。当然，要做好绩效改进工作，必须先明确它的指导思想，主要体现在以下几点。

1. 绩效改进是绩效考核的后续工作

绩效改进的出发点是对员工现实工作的考核，不能将这两个环节的工作割裂开。由于绩效考核强调的是人与标准比，而非人与人比，因此，绩效改进的需求应当建立在与标准比较的基础上。

绩效标准应该是客观的，只有找到标准绩效与实际绩效之间的差距，才能明确绩效改进的需求。通过员工相互间的比较进行考核，只能恶化员工之间的关系，增加员工对绩效考核的抵触情绪；而通过人与标准比较进行的考核，由于有了客观评判的标准，员工从心理上更能接受绩效管理，因为他们明白绩效管理的目的确实是为了改进他们的绩效。

2. 绩效改进必须自然地融入部门日常管理工作之中，才有其存在价值

绩效改进不是经理额外的工作，不是企业在特殊情况下追加给经理的特殊任务，它应该成为经理日常工作的一部分，经理不应该把它当成一种负担，而应该把它看作是一项日常的管理任务来对待。当然，这种自然融入的达成，一方面有赖于优秀的企业文化对经理和员工的理念灌输，使他们真正认可绩效改进的意义和价值；另一方面有

赖于部门内双向沟通的制度化、规范化，这是做好绩效改进工作的制度基础。

帮助下属改进绩效、提升能力，与完成管理任务一样都是经理义不容辞的责任。经理不应该以"没有时间和精力""绩效改进效果不明显"等各种理由来加以推脱。

对绩效管理的一个普遍误解是，经理常常认为它是"事后"讨论，其目的仅仅是抓住那些犯过的错误和绩效低下的问题。这实际上不是绩效管理的核心。绩效管理并不是以放大镜的形式来找员工的不足，它是为了防止问题发生，找出通向成功的障碍，从而提高下属的业绩和能力，以免日后付出更大的代价。所以，经理应该勇于承担绩效改进的责任。

（二）绩效改进的影响因素分析

要改进个体绩效乃至组织绩效，首先必须明确影响绩效改进的因素是什么，只有影响因素确定下来，才能有针对性地提出绩效改进的计划和方案。这类方案，才是名副其实的问题导向型，才是真正为解决实际问题而设计的。

一般来说，影响绩效改进的因素有以下几种。

1. 能力

能力是影响绩效改进的关键因素。当然，这种影响既可能是正面的，也可能是负面的。把合适的人放在合适的位置上，让合适的人去做合适的工作，这是发展能力的关键。特别是基于岗位的胜任能力的挖掘和开发是企业人才发展的核心工作之一。

2. 性格

人们常讲：思想决定行动，行动决定习惯，习惯决定性格，性格决定命运。姑且不论这句话是否具有科学依据，但它能代表一定的社会现实已是不争的事实。历史上这样的例子比比皆是，西楚霸王项羽就是因为性格的缺陷而失去了天下。可见性格已不仅仅是影响绩效的因素，它更可以直接影响每个人的命运。性格是长期习惯所形成的一种稳定的心理特征，是个性心理特征的核心部分。所以企业要了解员工的性格，根据其性格的优缺点合理安排工作，根据团队性格的特点合理配备团队构成，根据性格特质选择良好的合作者，这些都会使得个体乃至组织绩效得到一个较好的发展。

3. 态度

在外界现实的作用下，通过认知和实践活动，人们会对现实产生各种观点和看法，构成态度系统，并决定着个体的行为表现，逐渐形成个体所特有的行为方式。个人的态度特征，包括对待他人和团体、学习和工作、物品以及自己诸方面的态度特征，并表现出相应的行为方式。例如，一个人对他人持友好的态度，则表现出亲善的行为方式；一个人对工作持负责的态度，则表现出积极肯干的行为方式；主体对自己抱不自爱的态度，则往往对他人表现出不检点的行为，等等。所以，态度会影响个体绩效改进的程度。

大多数企业也逐步意识到只有员工满意，才能使员工树立积极肯干的工作态度，才能达到好的绩效，也才会有客户的满意、组织的满意。因此，改善员工的工作态度，增加其对企业的归属、认同、忠诚和投入，是企业的一笔宝贵财富。

4. 动机

动机对人的行为的影响是巨大的，是冰山下的部分，它是激发、指引人的行为和活动的直接原因。一个人有无进行某项活动的动机，或动机的强弱，均会直接影响他从事该项活动的强度。

一个企业组织的动机实践就是要制定一个良好的激励体系，即鼓励什么、倡导什么，需要围绕所要鼓励和倡导的主题开展工作。在一个企业组织中,了解每个个体的动机很重要,尤其是工作的动机。现在不少企业都在制订员工的职业发展计划,其实是要建立一个较为持久的动机支持体系。在制定这个体系中一定要分析员工不同的事业锚,按需激励才会起到较好的效果。

5. 价值观

价值观是人们对客观事物在满足主观需要方面的有用性、重要性、有效性的总体评价和总体看法,这是一种人们的观点和信念。价值观是指导人们行为的准则。每个人均会有自己不同的价值取向,大体上有理论型、经济型、艺术型、社会型、政治型、宗教型,有什么样的价值观就会指导思维产生什么样的行为。价值观是会随着时间及环境的改变而发生变化的,所以调整员工价值观的取向对整个组织绩效的改进是十分有益的。价值观的培养就是一个同化的过程,使每个在组织中的个人都有组织的烙印。

6. 压力

压力是个体对某一没有足够能力应对的重要情景的情绪与生理反应。每个生活在现实社会的个体,最常说的一个字就是"累"。男人累,女人也累;工作累,娱乐也累;大人累,小孩也累,看来每个人都面临着方方面面的压力。

工作与生活不是孤立的,工作与生活的相互融合性与影响力都是十分明显的,既不能十分严格地界定生活中不需要考虑工作,也不能明确界定工作中不需要考虑生活。既然如此,作为一个好的经理应该了解员工所面临的各种压力,积极主动地去发现并思考一些压力对工作绩效的影响,并有针对性地拿出解决压力带来的不良影响的方法。压力源很多,了解它们十分有必要,例如,生活压力源包括配偶死亡、离婚、夫妻分居、家庭成员死亡、外伤、结婚、解雇等;工作压力源包括工作压力过重、工作条件、角色冲突与模糊、人际关系、组织变革、攻击行为、工作与家庭冲突、价值观差异等。

有个心理学专家讲过：目前这个社会上有一半人是存在心理问题的。所以不解决压力，对工作甚至身体的破坏力是很大的，对个体和组织绩效的改进也是十分不利的。

7. 工作条件和工作环境

让员工满意是管理工作的一部分，所以，考虑员工面临的工作条件与工作环境也是体现为员工服务的一种理念。这种理念体现在以下几点：能否有足够公平的报酬；能否有安全健康的环境；能否激发员工的潜力；能否使员工得到成长与保障；能否确保工作机会的均等，没有偏见、歧视；能否有足够的法律保护；能否提供工作与生活适当平衡的体系等。

总之，在考虑如何改进个体绩效和组织绩效时，虽然能力相当重要，但不能唯学历论、唯能力论，也应充分考虑员工的性格、动机、价值观、态度、压力、工作条件、工作环境等诸多因素。员工不是机器，而是活生生的人，要关心员工的工作与生活。对经理而言，也许只是改变了一小步，就能收获更多新的成果。

（三）绩效改进的过程

绩效改进属于继往开来的环节，既是前一个绩效循环的结束，又是下一个绩效循环的开始。接下来我会详细介绍微观绩效改进过程，宏观绩效改进的过程可见本节课后的附件。

1. 绩效诊断与分析

绩效诊断与分析，是绩效改进过程的第一步，也是绩效改进最基本的环节。绩效改进是企业经理每年的必修课，但每年的绩效问题和改进的内容都是不一样的。因此，绩效诊断与分析是绩效改进过程中不可或缺的环节。

（1）通过分析考核结果，找出关键绩效问题和不良绩效员工。关键绩效问题是通过对比实际的绩效状态与期望的绩效状态之间的差距而得出来的。期望的绩效状态是组织为保持其竞争优势、保证长期生存和发展所确定的，与顾客需求、现有战略、任务要求相适应的，并有可能实现的绩效水平。期望的绩效可以参照同等条件下同行业内具有一流水准的企业所达到的绩效加以确定，或者根据企业的战略规划来设定。实际的绩效状态则是目前已达到的绩效水平，它由组织成员的现有能力、组织结构的效能和组织现在的总体竞争实力所决定。绩效问题不是客观原因造成的，而是主观原因造成的，相关责任人可定义为不良绩效员工，不良绩效员工大致包括以下几类：

- 无法做到合理品质（数量标准）的员工。
- 影响其他员工的负面态度的员工。
- 违反企业伦理或工作规则的员工。
- 不能认同公司价值体系的员工。
- 其他行为不当的员工，如经常迟到、缺席等。

对于不同类型的不良绩效员工，采取的改进措施也是不同的。

（2）针对关键的绩效问题，考虑企业的现有资源和绩效责任主体（不良绩效员工），大致确定绩效改进的方向和重点，为绩效改进方案的制订做好准备。

（3）员工绩效不好的原因。我在企业中层经理绩效课程中收集到中层经理最关注的两个问题分别是：员工的积极性不高和员工的执行力差。

员工积极性不高的原因及对策

原因分析。在企业中存在一个有意思的现象：新员工入职时，一般积极性都特别高；工作了半年左右，积极性会慢慢下降；工作了3

年左右，有些员工的积极性会降到低点。

排除企业的客观原因，新员工跟着部门经理工作了3年左右，积极性明显下降了，是不是意味着经理能力有欠缺，把员工带"沟"里去了呢？或是经理能力"太好了"，把员工打压得没有积极性了？

从另一个角度看，既然员工入职的时候积极性很高，那么经理是不需要做员工激励的，而是维持员工的积极性就可以了。

实践对策。员工的积极性差，说明员工的某种需求没有得到满足。经理每天至少有8个小时和团队成员共事，不仅要关注员工的工作，同时也要了解员工的需求，根据需求，有计划、有步骤地实现员工的成长和发展。

做团队领导最大的成就是把下属培养好，能够独当一面；最大的悲哀是堵塞下属的成长通道，或故意压制下属的成长。

员工执行力差的原因及对策

原因分析。员工不知道做什么。企业的发展目标不清楚，年度计划不明确，工作分析和定岗定编工作不到位，导致员工不了解所在岗位的工作要求、工作目标和考核标准。

员工不知道怎么做。企业的工作流程不清楚，对员工的工作技能培养不够，既没有岗位职责，也没有岗位技能培训。

做起来不顺畅。工作启动后，跨部门沟通不顺畅，部门内部的沟通不和谐，同事间互相推诿、互相猜忌，没有配合和补位意识。

做好了也没用。员工做得好与不好，得到的反馈是一样的，缺乏必要的激励机制，导致员工之间能推则推，能躲则躲。

做得不好也不会怎么样。企业没有绩效考核机制，即使有了考核机制，也是轮流坐庄，流于形式，甚至会出现绩优员工激励发2 000元，不合格员工激励发1 800元的情况，导致优秀员工外流，绩效差的员工出不去，一般员工抱怨不断。

实践对策。明确责任，做好工作分析，责任到人。

按照工作价值链梳理公司的业务流程，做事有章可循。

强化内部沟通，提升跨部门的协调意识。

建立有效的激励机制，不让"雷锋"吃亏。

建立有效的绩效管理机制，使绩效管理真正成为企业战略目标落地的工具。

所以，从绩效诊断的角度看，最佳的状况是发现员工的绩效不足，找出解决方案，加以改善。

（4）从上述分析可以看到员工的绩效是一个函数，那么人力资源部需要指导的绩效函数如图7-2所示。

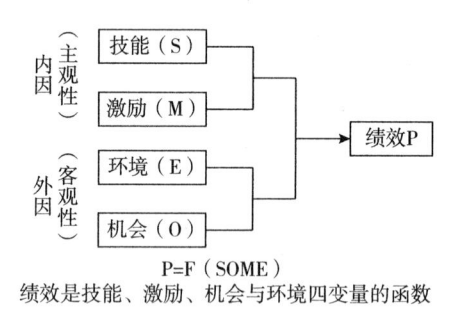

```
（内因）（主观性）  技能（S）
                  激励（M）    → 绩效P
（外因）（客观性）  环境（E）
                  机会（O）
P=F（SOME）
绩效是技能、激励、机会与环境四变量的函数
```

图7-2 绩效函数

技能

技能是员工的岗位工作胜任能力的集合，现在的社会发展很快，技术更新也快，所以员工的技能需要适时迭代。当然企业也应该推动这个更新过程，让经理人具备辅导员工技能提升的能力和资源。

激励

激励是提升员工满意度的最有效的手段，根据盖洛普的研究，员工对于激励的需求有一项是：每周至少能获得经理的一次表扬。那么，经理人的激励手段和资源也应该更加丰富和多样化。

环境

公司内外部的环境对企业员工的影响还是很大的，设想一下企业规模、影响力能够给员工带来的助力。

机会

公司有没有给员工提供发展的机会，例如晋升、轮岗等。

以上内外部四个因素造就了企业和员工的绩效达成状况。

（5）绩效诊断箱是比较简便易行的绩效诊断工具。分析问题时，如果只是泛泛而谈，那么针对性不强，而一旦把分析的内容整合成一个工具，就很好用了。如图7-3所示，绩效诊断箱共包含4个方面的内容。

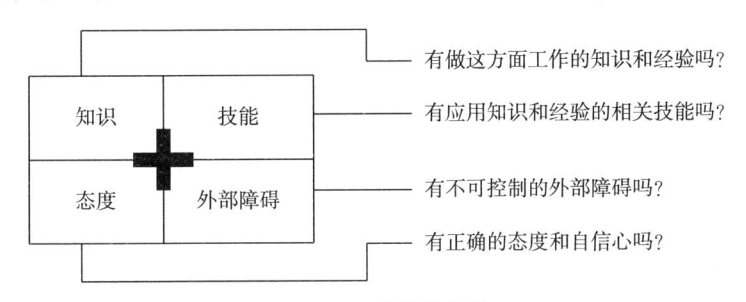

```
┌─────┬─────┐  ── 有做这方面工作的知识和经验吗？
│ 知识│ 技能│  ── 有应用知识和经验的相关技能吗？
├──╋──┤
│ 态度│外部障碍│── 有不可控制的外部障碍吗？
└─────┴─────┘  ── 有正确的态度和自信心吗？
```

图7-3　绩效诊断箱

外部障碍分析角度

- 员工有没有恰当的工具。
- 员工有没有充足的资源和信息。
- 员工是否承担了过多的外部压力。
- 工作标准是不是没有明确。
- 有没有做到及时与员工进行沟通。
- 组织中有没有建立标准化的操作程序。
- 是不是许多员工都存在同样的绩效问题。

知识、技能分析角度

- 员工过去是不是曾经圆满地完成了工作任务。
- 员工有没有为这项工作受到过专门的培训。
- 员工是否经常要做这项任务。

- 员工是否总能正确地完成这项工作。

态度分析角度

- 员工对于职业发展规划是否明确。
- 有没有存在其他破坏员工工作的任何事情，例如组织或主管的激励手段。
- 员工出色的绩效表现是否会受到表扬。
- 员工出色的绩效表现是否给其带来负面后果。
- 绩效表现差的员工是否也会获得某种好处。
- 员工对他们的绩效质量是否清楚。

一般来讲：态度和外部障碍属于管理问题，知识和技能属于发展问题。

解决策略要领

- 如果存在外部障碍，考核者应该首先在本人权限范围内，最大限度地排除障碍，或尽可能减少其影响。
- 如果存在态度问题，考核者必须先解决态度问题，再解决发展问题。态度有问题，一切预期变化不可能发生。

注意事项

- 不能用解决发展问题的方法来处理管理问题。
- 发展解决方法应以在职训练和自我启发为主、脱产培训为辅。
- 考核者应该在与被考核者的讨论中，对解决方法达成共识，这样他们才会全身心地投入。

> **案例**
>
> 小王是公司的研发工程师，在公司工作3年了，由于公司最近几年发展比较顺利，小王的成长也比较快，研发总监决定晋升小王做研发主管，带领一个6人团队。
>
> 在与小王沟通的时候，小王表达出了几点忧虑。自己是技术出身，一直很喜欢技术工作，也愿意在技术方向上继续发展，如果公司真的需要自己带团队，会服从安排。不过从工作到现在一直做技术工作，管理知识和技能不足，由于长期跟技术打交道，不太擅长跟人打交道；目前自己的项目工作比较多，经常加班加点，也还是会出现项目延交的情况；由于内部沟通不畅，实际上也分不清目前的项目的轻重缓急；公司的新人目前普遍缺乏培训，自己比较担心影响他们的成长；公司的客户普遍比较难缠，自己将会直接面对他们，会有压力；另外公司目前处于高速发展期，如果自己脱离技术去做团队管理工作，不知道将来会不会能有好的发展，等等。

按照绩效诊断箱的架构整理，如图7-4所示。

知识	技能
✓ 缺乏管理知识和经验 ✓ 缺乏时间管理知识	✓ 缺乏管理技能 ✓ 缺乏商业谈判技能 ✓ 分不出工作优先顺序
态度	外部障碍
✓ 喜欢技术工作，不愿放弃 ✓ 考虑管理岗位的不稳定性 ✓ 个人发展方向不明确	✓ 工作负担过重 ✓ 属下员工培训不够 ✓ 外部客户的压力

图7-4 绩效诊断箱实例

2. 绩效改进方案设计

（1）绩效改进的4个原则

第一，重审绩效不足的方面。绩效改进方案设计的时候，一定是针对员工表现较差的地方去改进，那么就需要经理跟员工交代清楚绩效不足的地方在哪里、是什么。不能想当然地就以为员工已经很清楚自己的问题了，这个在教导环节已经交代得很清楚了。

第二，从员工愿意改进之处着手改进。无论是什么样的改进，都是需要员工踏实去做的，所以员工的意愿环节就显得尤为重要，可以跟员工就需要改进的地方入手，逐步实施改进方案，反正一口也吃不成一个大胖子。

第三，从易出成效的方面开始改进。但凡改进，有进步、有成果才会对员工有激励作用，所以除了考虑轻重缓急的因素外，还要考虑从易出成效的方面入手，让员工看到希望。

第四，以所花的时间、精力和金钱而言，选择最合适的方面进行改进。与改变价值观相比，改变员工的态度会比较经济。

（2）制订绩效改进方案时需要关注的4个点

- 意愿。员工自己想改变的愿望。
- 知识和技术。员工必须知道要做什么，并知道应如何去做。
- 气氛。员工必须在一种鼓励改进的环境里工作，而主管是造就这种工作气氛的最重要因素。
- 奖励。如果员工知道行为改变后会获得奖赏，那么他会较为乐意去改变行为。奖励的方式可分为物质和精神两方面：物质方面包括加薪、奖金，或其他福利；精神方面则包括自我的满足、表扬、加重责任、更多的自由与授权。

依据以上原则和基于绩效诊断箱的结论，对于案例中研发工程师小王的绩效解决方案如图7-5所示，由于管理问题相对比较容易解决，所以我探讨的主要是基于能提升的绩效改进方案的设计和实施。

知识	技能
• 安排适当的脱产培训 • 激发其自我启发式学习	• 在职训练：经常给予管理辅导和鼓励 • 增加其参加商业谈判的机会
• 明确责任划分并选出重点 • 分析工作要素，明确相互关系 • 帮助开发个人潜力，分析职业发展方向 态度	• 检查、精简、重新组合 • 安排其属下参加正式或非正式培训 • 管理者充当其外界的缓冲器 外部障碍

图7-5 绩效改进方案

3. 设计基于能力提升的绩效改进方案

如果经理能够有效地辅导激励下属，鼓励员工竭尽所能，改善自我，员工的满意度就会提高，企业也容易吸引优秀人才，流动率减少，向着积极的方向转变。

一个有效的基于能力提升的绩效改进过程应该是动态的，包括以下活动：

- 明确绩效改进的理念。
- 目标设定，包括绩效目标和能力发展目标。
- 制定完成目标的关键行动措施。
- 解决能力发展中存在的问题和障碍。
- 明确指导者的行动。

（1）绩效改进的理念

绩效改进方案的设计需要一些前提和理念，这些前提和理念可适用于所有管理行为，它们是：

- 员工有能力，并且渴望学习并提高自身的能力。
- 意识和觉悟能够让人们做出不同的选择。一旦意识到了曾经那些处于无意识状态的态度、信念、动机和行为，员工能够使用他们的意志和清醒的头脑去改变他们的行为。
- 给予他人关爱以及帮助他人的同时自己也能受益。
- 如果人们作为团体中的一分子加入有建设性的互动行为中的话，他们的能力提高更快、学到的东西更多、获得的满足感更强。

（2）目标设定

为了改进绩效、提高能力，理想的情况是既要设定绩效目标，又设定能力发展目标。绩效目标指的是和经营业绩挂钩的目标，如销售额提高20%，离职率降低3%等。能力发展目标指的是和提高员工完成工作以及创造业绩的能力有关的目标，如提高沟通能力，提高演讲能力等。绩效目标属于KPI部分，在本书前面的章节已经详细论述了，这里不再多说，主要谈谈能力发展目标设定的问题。

设定能力发展目标，要解决好以下问题：

第一，能力发展目标由谁制定。

每个员工都应该设定自己的能力发展目标，无论是首席执行官还是招聘专员。提高工作中最重要的能力可以使每位员工把工作做得更好。从职业规划的角度看，一般是员工在主管领导的指导下设计自己的能力发展目标。

第二，员工一次可以提高多少能力。

能力的提高不是一件容易的事，因为能力行为的改变需要付出努力和关注，所以一次提高许多方面的能力几乎是不可能的。我建议一次提高两到三方面的能力。这些能力的提高将对绩效产生一个连锁反应，带动其他能力的提高。

第三，员工应该设定多少能力发展目标。

在每一个能力方面设定1~3个发展目标已经足够帮助改善绩效了。设定的目标不能太多，否则员工会感到压力太大。发展目标的多少取决于员工想要提高的能力程度。当然，员工提高多少能力，也应该考虑企业的现状和发展需要。

第四，怎样选择员工的能力发展目标。

如果员工愿意承担风险，接受必要的挑战来提高他们的能力水平，他们就必须愿意改善自我。如果员工所有要发展的能力都由他们的经理说了算，他们很可能不会把这些目标当成自己的目标。能力发展目标根据不同的目的和不同的环境可以用不同的方式来确定。有时候企业可以让所有的员工都来发展同一方面的能力，这样做可以使组织迅速发生变化，因为大家都朝着同一方向努力。

我通常使用的方法是将这两种方法相结合：一是由经理决定，二是由员工自己决定。这样做可以带来两方面的好处：一是员工会感到他们对于发展过程有了某种掌控，二是经理可以让其下属提高对于工作的成功最为重要的能力。

第五，怎样设定能力发展目标。

同绩效目标一样，能力发展目标也应该满足 SMART 原则，并且极大地提高所要发展的能力水平。大部分能力发展目标可归入以下4类：

- 提高以行为为标准的评分标准得分："我的目标是把主动性的分数从'4'提高到'5'。"
- 提高某一方面的能力而不改变相关的评分尺度："我的目标是更有影响力。"
- 开发属于能力方面的主要行为："我的目标是从头到尾对某一复杂项目负完全责任。"
- 和能力有直接关系的一份解释清楚的工作项目："我的目标是为工厂减少10%的耗损承担全部责任。"

能力发展目标的模式可由企业来决定，也可由经理或员工来决定。只要符合 SMART 标准，这些目标都会发挥作用的。

从这个角度看，能力提升的目标最终还体现为 KPI 指标。

- 能力发展目标同绩效目标的关系。绩效目标即员工的工作"是什么"，而能力发展目标则是员工的工作"怎么样"。能力发展目标的完成可以帮助员工完成他们的绩效目标。如果能力发展目标既不能改善目前的绩效，又不能让员工为未来的绩效做准备的话，这样的能力发展目标就不是一个合适的目标。
- 评估能力发展目标的完成情况。除了以行为标准作为评估成功的手段，能力发展目标的其他评估方式与绩效目标的评估方式相同。如果评分标准本身就被当作是一种评估手段的话，那么对于分数等级的规定就成了用来评估行为方面提高的标准。

（3）制定完成目标的关键行动措施

基于5W2H的关键行动措施只有在符合SMART原则时才最有可行性，也就是说只有符合SMART原则的行为或行动才能被称为关键行动措施。下面举例说明。

绩效目标：公司在 5 个月内销售额达到 200 万元。

关键行动措施：每周走访客户 15 次。

- 关键行动措施是明确具体的：工作内容规定得很明确。
- 行动步骤是可量化的：员工能够数出走访客户的次数。
- 行动步骤与企业目标及经营目标一致：走访客户可以促进销售。

在这个例子中，假设员工和经理都认为每周走访客户 15 次是可以实现的，并且能够帮助员工完成目标，那么这个行动步骤就是以业绩为导向的，且有时间界限。

能力提升目标：影响力提升。

针对能力发展的目标，利用关键行为可以使行动步骤的制定更为容易，过程如下：

- 首先，对员工与能力相关的关键行为进行评分。
- 其次，评估哪些关键行为在得到改善的情况下将更能提高总体能力。
- 最后，制定具体的针对那些关键行为的行动步骤。

以下列举的是与影响力相关的关键行为：

- 说明一个人的职位怎样使周围的人受益。
- 发现他人的忧虑、愿望和需求。
- 引出反对意见，并对反对意见做出有效反应。
- 确定主要决策者以及决策者的主要影响人。
- 对反应和反对意见做出预测并计划怎样予以克服。

假设一位员工在第二项关键行为方面能力比较弱，即发现他人的忧虑、愿望和需求，那么正确的行动步骤也许是：每天向一名合作者、老板、下属或客户提问来找出某人的忧虑、愿望和需求。

通过关键行为指导工作步骤的制定，员工可以把自身的发展集中在可以提高总体能力水平的因素上。

> **案例**
>
> 张明是东方医疗设备公司的一名销售代表，他到这家公司工作有一年的时间了。这一年中，上级主管给他设定的销售业绩指标是 20 万元，他完成了业绩指标，实际销售额为 21.9 万元。但是像他这样的销售代表平均的销售额为 35 万元，张明距离这样的水平还有很大差距。而且，由于他以前不是在医疗设备的行业中工作，所以对一些专业知识不够熟悉。
>
> 通过分析得出：张明目前存在的有待改进的方面主要是在销售技巧方面，体现在与客户沟通时如何倾听客户的需求上；另外，对于一些专业领域的知识他还需要进一步学习；再有，他的销售报告写得也不是很令主管满意，在这方面需要学习提高。同事们普遍评价他善于与人合作，与同事们的关系相处得很好，也乐于帮助别人，主管认为他还是比较愿意学习的，在这一年中，与他自己相比，进步还是很快的。客户对他的工作态度反映较好，只是有时在对客户需求的理解方面会出现偏差。针对现状，张明在主管的帮助下制订了如表 7-8 所示的绩效改进计划。

表7-8 绩效改进计划

姓名：张明　职位：销售代表　部门：业务部　直接主管：王经理
制订计划时间：2018年3月5日

有待提高的项目	改进的原因	目前水平	期望水平	提高的措施与所需的资源	评估时间
客户沟通技巧	与客户沟通是销售代表的主要工作，本人在这方面有较大的欠缺	客户沟通评估分数为2.5分	3.5分	• 参加有效的客户沟通技巧培训 • 自己注意体会和收集客户的反馈 • 与优秀的销售人员一同会见客户，观察学习他人与客户沟通时的好做法	2018年12月
医疗设备专业知识	销售人员需了解较多的产品知识，本人以前对这些方面的知识接触甚少	专业知识评估分数为3分	4分	• 阅读有关书籍、资料 • 参加产品部举办的培训班 • 多向他人请教	2018年5月
撰写销售报告	销售人员需要以书面的形式表达销售情况，与主管和同事交流信息	销售报告评估分数为3分	4分	• 学习他人撰写的销售报告 • 主管人员给予较多的指点	2018年8月

（4）解决能力发展中存在的问题和障碍

理想状态下，目标确定后，能力的发展应该是很容易的事。我们只需要先找出我们应该掌握的知识、技能和方法，然后开始学习即可。但事情显然并非如此简单，当发展员工的能力时，可能会遇到各种障碍。大部分障碍可以归为几类：知识障碍、技能障碍、过程障碍、情感障碍。

如果员工没有掌握完成工作的必要信息，那么知识障碍就会产生。如公司的新员工不知道谁是公司的决策者、谁是主要影响人等。

如果员工知道怎样完成工作，但缺乏把工作按要求自始至终迅速做好的技能，这时技能障碍就会产生。例如，员工也许已经学过怎样操作新设备，但因操作时间不够而无法进行有效率的操作。

如果员工不能有效处理一系列的任务或事件来取得业绩的话，那么，过程障碍就会产生。员工也许很善于处理每个单独的任务，但他们缺乏把所有的任务按正确的次序排列好，并用适当的方法在适当的时间完成任务的能力。和这一类障碍有关的例子包括项目管理、复杂的销售任务、建筑、产品开发等。

情感障碍指的是那些和心理因素有关的原因。如一些员工担心产生矛盾而不愿意坚持他们认为是正确的东西；其他人担心会失败而不敢设定有挑战性的目标；还有一些员工害怕被责怪或受到不好的待遇，不愿意承认失败或为他们的行为承担责任等。

分析绩效障碍属于哪一类范畴十分重要，因为克服障碍的方法来自这一分析。如果问题因技能不足所致，那么获得技能就是正确的解决方法。如果员工具备了技能但却因为情感障碍而无法使用技能的话，那么获得技能对于问题的解决将无济于事。解决方法得适合问题本身。

在能力发展的过程中，必须充分了解员工的技能和能力目前所处的状态、妨碍员工获得更好绩效的障碍，以及员工的事业目标和他们的愿望。根据这些信息员工才能在经理的支持下制定出目标和行动步骤，从而改变他们的行为，取得他们所期望的绩效成果。

(5) **明确指导者的行动**

如果经理能够激励并指导他们的员工改进绩效，绩效改进方案就能够发挥良好作用。然而，很多经理缺乏这种能力。实际上，许多经理甚至不知道一位优秀指导人员该具备什么样的行为。下面我列举了成为一名优秀指导人员应该具备的 11 项行为以及需要的步骤。

- 利用胜任能力模型传达对于员工的展望。通过语言、能力以及主要行为传达员工身上可挖掘的潜力。

- 倾听。倾听员工的诉说，不要老想着去控制他们或让他们把事情做完。努力去了解他们，了解什么事情对他们很重要，了解他们的感情和他们的忧虑。设身处地地想象一下他们的感受，然后再和他们谈话，把你对于他们的境遇和感情的理解告诉他们。
- 给予反馈信息。让他们知道你是怎样看待他们的，直接诚实地告诉他们你对他们的行为，以及他们的行为所带来的后果的看法。避免那些轻蔑的判断和指责，记住，反馈的目的是让他们了解能够帮助他们改变行为的有关信息。
- 让员工自己认同一个更高的目标。帮助员工表达他们的希望和理想，同他们一起努力把他们的理想和企业对他们的期望结合起来。如果他们把自己在公司所起的作用看作实现个人抱负的途径，就能在自身发展中做出更多的投入。
- 利用能力概念来判断问题。能力和主要行为可以有效地把当前行为与理想行为进行比较，从中可以找出差距和发展道路。
- 看清障碍。确定阻碍绩效发展的因素，是信息？技巧？过程？还是情感方面的障碍？利用以上分析找出解决方法。
- 预测并建设性地处理员工的抵触心理、防御性行为和责怪。你得开发一整套技巧进行应对。这些技巧包括倾听、同理心、表达信任、提供机会、鼓励进取等。在每一种情况下采用的技巧都要能最方便地帮助员工克服他们的抵触心理，把他们的利益和企业的最大利益结合在一起。
- 确定目标。利用手头一切信息（企业目标、个人抱负、战略规划、问题的分析、能力的发展等）确立能力发展目标和绩效目标。
- 制定行动步骤。制定符合 SMART 原则的行动步骤来完成目标，要包括能够支持能力发展目标和其他行动步骤完成的行动步骤。

- 跟踪并监控目标和行动步骤的进展情况。目的是确保员工能够取得成功,问题能够被迅速解决。
- 让员工了解你的目标和行动步骤。让员工看到他们的工作在你的目标中处于什么位置,向他们示范如何跟踪目标和行动步骤的进展。如果你的员工经常看到你在使用你要求他们使用的程序,他们就会更自觉自愿地去使用这一程序。

(四) 绩效改进方案的实施

1. 绩效改进方案的落地技巧

实施绩效改进方案应该遵循一系列指导方针,这些指导方针同样适用涉及培训和指导的基于能力的人力资源实践。然而,绩效管理本身的性质使我们必须强调以下要点。从情感方面来讲,绩效的改进是一个在情感上十分脆弱的过程。员工的弱点要被暴露出来,员工得去谈论并解决那些影响能力的、已经被隐藏多年的难于解决的行为方面的问题。解决了这些问题可以让员工感到骄傲和自信,但这一过程也许会让他们产生恐惧、尴尬以及被伤害的感觉,如果处理不当,员工们会产生抵触和不满的情绪。

要遵循的重要原则之一是,高层管理者应该把他们自己的绩效改进当作实施内容的一个组成部分。员工如果知道首席执行官和高层管理班子也在像他们一样努力提高自己,那么没有什么比这所传达的信息更强劲有力了。

绩效改进方案的实施需要细致的策划以及有组织的培训和指导。如果企业想提高新的能力,那么在最初使用这一体系时得尽量保持简单。

年轻的员工可能对引进任何旨在改进绩效的人力资源实践抱着相当大的嘲讽和怀疑态度。该方案内部支持者的可信度将对员工是否接受并愿意为这一方案的实施付出努力起到关键作用。如果管理层不是真正支持这一方案，或不为大部分员工所信赖，这一方案的实施就会困难重重。

所以真正值得推崇的绩效改进方法有以下几个。

(1) 以职业发展的名义

许多公司希望提高已有员工的技能，使他们能在公司内获得发展，但是这种努力应该与实现公司战略目标直接相关。没有这个目的，提高员工技能的努力就不会产生任何有助于提高公司业绩的实质性变化。

例如，有个富有主动精神的工程师希望有朝一日成为一名经理。这是企业提拔一个人的绝佳机会，因为这个人已经对公司有了深入了解，并认同了它的价值观。但是对于一个经理的核心能力要求与对一个工程师的要求截然不同，所以一个发展过程是必不可少的。公司可以立即提拔这个工程师，寄希望于他自己逐渐变成合格的经理；或者为这个工程师制订一套职业发展计划，当公司里有经理职位空缺时，他能胜任此职。显然，第二种做法更容易获得成功，因为工程师上岗前已经拥有了经理所应具有的技能。通过缩短学习过程（事先进行培训和准备），公司就能立刻获得投资回报，而不是等待刚上任的经理自己努力进入角色（见表7-9）。

表7-9 核心能力实例

核心能力	是否具备	如何获得	所需时间
配置资源，确定优先领域及最有价值领域	不具备	在某大学完成关于预算的基础课程 参加季度预算讨论会议 帮助现任经理制定下一步的预算	6个月
根据业务需要，理解和权衡客户需求	具备	无法得知	无法得知

只有向工程师阐明核心能力和经理工作之间的关系，才能让其信

服技能发展的重要性。同时，还需要向员工提供获得这些技能的途径。通过向最高管理层展现事业发展措施、核心能力和公司战略之间的直接联系，我们更能感觉到培训支出是物有所值的，因为这个工程师学到的技能能够帮助公司获得成功。

成功的职业发展要求包括以下几点：

- 得到最高管理层的支持。
- 培训课程和核心能力之间有清晰的联系。
- 获得技能的过程易于进行，有助于雇员适应期待岗位。
- 员工主动性强。
- 员工获得技能时能得到奖励和承认。
- 不断更新培训目录，预期未来趋势。

（2）以技能提升的名义

培训是一个企业获得成功的重要因素之一。公司需要员工掌握新技能以保持竞争力，或者提升技能以适应岗位需要。为了做到行之有效，培训要和公司的业务需求联系起来。许多公司将培训课程目录整合后，由员工根据自身需要来选择。但是，如果企业不向员工解释培训课程和企业战略之间的联系，员工即使参加了培训课程，也不会对他们的工作表现产生直接影响，更不能为企业的终极目标产生增值，或作用很小。

通过培训能提高现有员工的工作表现，使他们正确面对未来的商业环境或工作需要时，培训的价值是最大的。所以，培训费用应该集中用于培养员工帮助企业目前和将来获得成功的核心能力上。

为使培训计划成功，必须做到以下几点：

- 提供的培训课程直接影响公司战略或生产力水平的终极目标。
- 提供的培训项目不仅目前而且将来也需要。

- 根据商业环境的变化不断更新培训内容。
- 组织内所有级别的员工都应获得培训机会。
- 对员工的学习和获得新技能的行为给予承认和奖励。
- 提供练习新技能的机会,让他们没有"失败会受惩罚"的后顾之忧。
- 根据新信息、新技术的发展情况,提供修改过及知识更新的课程。

2. 绩效改进结果评估

改进方案实施之后,并不意味着任务的完成。通过绩效改进评估对结果进行评价,以确定其是否实现了减少绩效差距的目标。评估结果将反馈回公司考核计划过程之中,从而开始新的绩效管理循环(见表7-10)。

表7-10 绩效改进结果评价

其他员工对改进活动,以及活动对他们的影响的反应如何?	□
客户和供应商的反应怎样?	□
实施后,人们了解或掌握了哪些以前不会的知识或技能?	□
改进活动对工作方式是否产生了所希望的影响?	□
工作中是否开始运用新的技能、工具、程序?	□
改进活动对绩效差距的影响是什么?	□
差距的缩小与经营行为具有正向关系吗?	□

(五)绩效评估改进的常用工具

1. 九宫格模型

九宫格模型如图7-6所示。

2. 麦肯锡16宫格模型

麦肯锡16宫格模型如图7-7、图7-8所示。

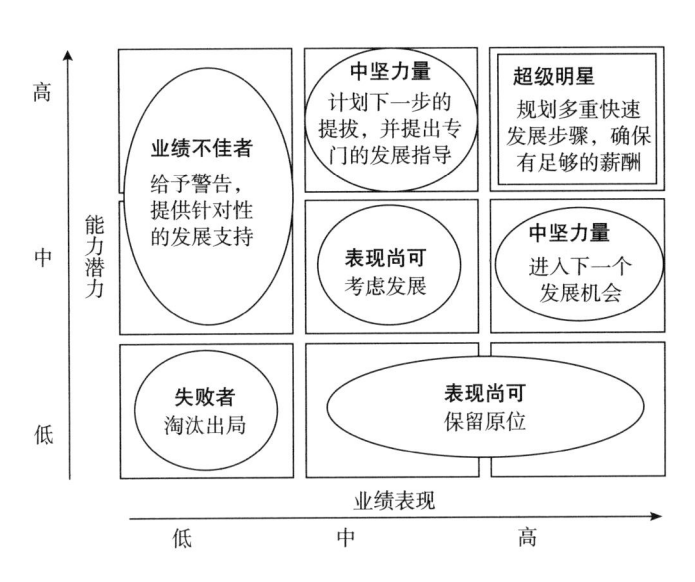

图 7-6 九宫格模型

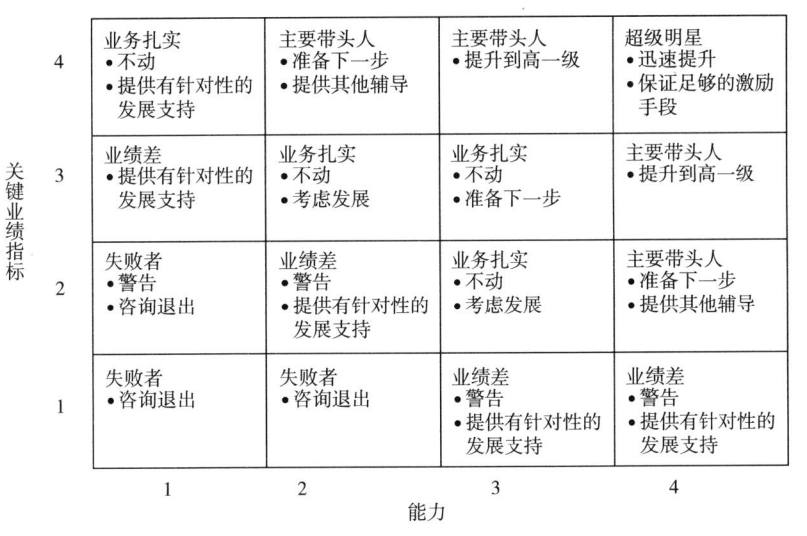

九宫格模型（能力潜力 纵轴：低/中/高；业绩表现 横轴：低/中/高）：

- 高潜力-低业绩：**业绩不佳者** 给予警告，提供针对性的发展支持
- 高潜力-中业绩：**中坚力量** 计划下一步的提拔，并提出专门的发展指导
- 高潜力-高业绩：**超级明星** 规划多重快速发展步骤，确保有足够的薪酬
- 中潜力-中业绩：**表现尚可** 考虑发展
- 中潜力-高业绩：**中坚力量** 进入下一个发展机会
- 低潜力-低业绩：**失败者** 淘汰出局
- 低潜力-中/高业绩：**表现尚可** 保留原位

图 7-7 业绩—激励表格（职业发展）

升迁表（关键业绩指标 纵轴 1-4；能力 横轴 1-4）

关键业绩指标＼能力	1	2	3	4
4	业务扎实 • 不动 • 提供有针对性的发展支持	主要带头人 • 准备下一步 • 提供其他辅导	主要带头人 • 提升到高一级	超级明星 • 迅速提升 • 保证足够的激励手段
3	业绩差 • 提供有针对性的发展支持	业务扎实 • 不动 • 考虑发展	业务扎实 • 不动 • 准备下一步	主要带头人 • 提升到高一级
2	失败者 • 警告 • 咨询退出	业绩差 • 警告 • 提供有针对性的发展支持	业务扎实 • 不动 • 考虑发展	主要带头人 • 准备下一步 • 提供其他辅导
1	失败者 • 咨询退出	失败者 • 咨询退出	业绩差 • 警告 • 提供有针对性的发展支持	业绩差 • 警告 • 提供有针对性的发展支持

奖金表格
占基本工资百分比

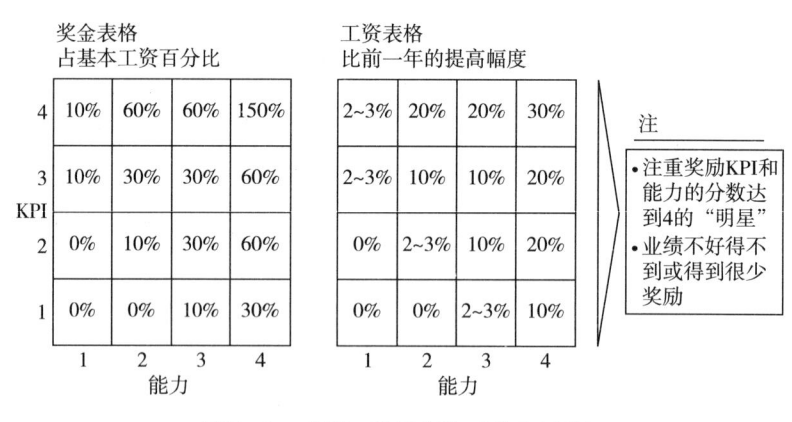

KPI\能力	1	2	3	4
4	10%	60%	60%	150%
3	10%	30%	30%	60%
2	0%	10%	30%	60%
1	0%	0%	10%	30%

工资表格
比前一年的提高幅度

能力	1	2	3	4
4	2~3%	20%	20%	30%
3	2~3%	10%	10%	20%
2	0%	2~3%	10%	20%
1	0%	0%	2~3%	10%

注
- 注重奖励KPI和能力的分数达到4的"明星"
- 业绩不好得不到或得到很少奖励

图 7-8　业绩—激励表格（奖金相关）

不管使用哪种工具，最终还是要根据企业现有的水平、基础和能力，制订有效的绩效改进方案。因为绩效改进是确认员工工作绩效的不足和差距，查明产生的原因，制定并实施有针对性的改进计划和策略，不断提高企业员工竞争优势的过程。

三、绩效申诉

（一）绩效申诉的渠道

绩效考核结束后，如果员工对考核结果不满意，可以依据绩效申诉流程中规定的渠道，在申诉有效期内提出申诉（见图 7-9）。

（二）绩效申诉的方法

绩效申诉的方法有口头申诉和书面申诉两种。

1. 口头申诉

申诉人通过申诉渠道口头提出绩效申诉，各级渠道部门根据情况决定是否需要申诉人提交书面申诉材料，之后进行取证调查，并将结果告知申诉人。

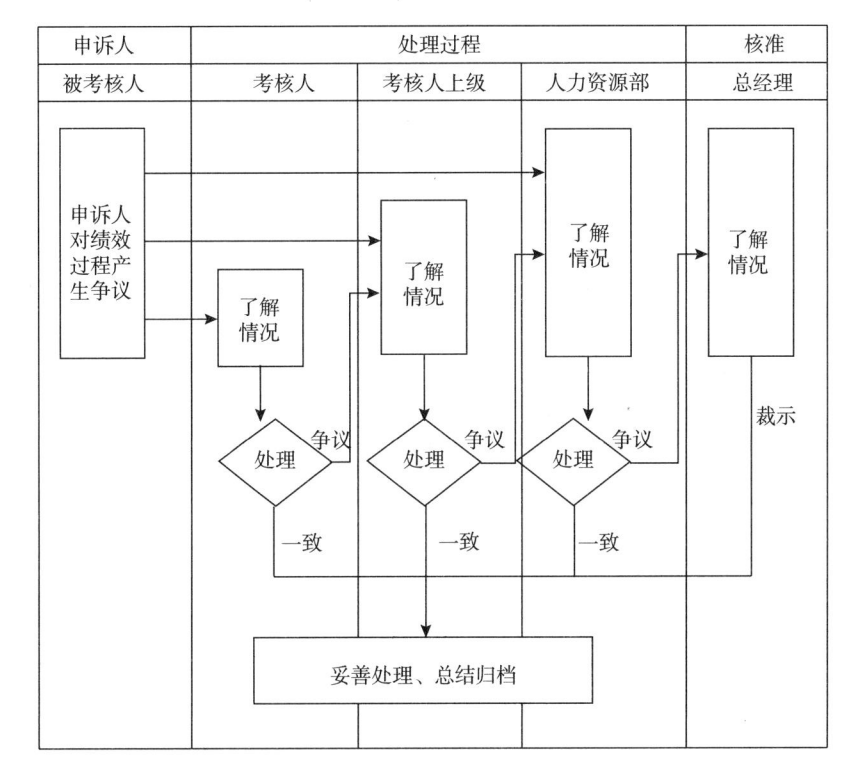

申诉人	处理过程			核准
被考核人	考核人	考核人上级	人力资源部	总经理

图 7-9 绩效申诉流程

注：1. 所有涉及公司战略目标之指标或考核目标的修改都应签至总经理。
2. 其他争议报人力资源部处理后仍有疑问可由分管部门之副总协商处理。
3. 所有有争议之申诉都应及时处理。
4. 所有考核双方都应公平、公正，经查发现不良行为，将视情节提报责任部门给予处理。
5. 申诉可以越级处理，但以第一申诉对象是考核人为原则。
6. 所有经人力资源部处理的申诉表之原件归人力资源记录并存档。

2. 书面申诉

申诉人填写《绩效考核申诉表》（见表7-11），对口渠道管理部门进行取证调查。

表 7-11　绩效考核申诉表

申述人：_____　职位：_____　部门：_____　直接主管：_____

　　　　　　　（可附页）

申述理由

_____

人事行政部
申述处理意见　　人事行政部经理签名：　　　　　　　　日期：

审批意见
　　　　　　　领导签名：　　　　　　　　　　　　　日期：

附件　宏观绩效改进流程

宏观绩效改进流程如图 7-10 所示。

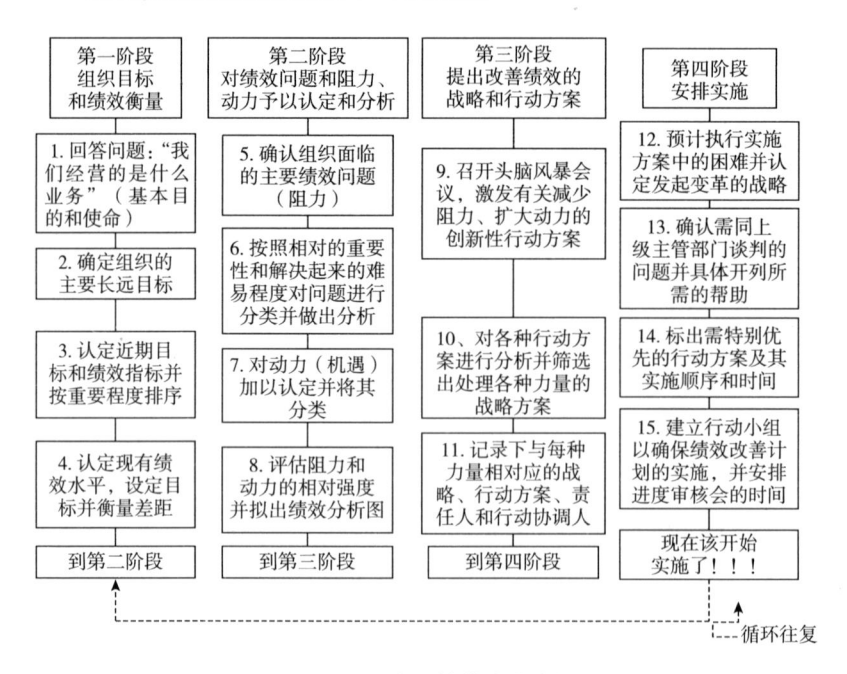

第一阶段 组织目标和绩效衡量	第二阶段 对绩效问题和阻力、动力予以认定和分析	第三阶段 提出改善绩效的战略和行动方案	第四阶段 安排实施
1. 回答问题："我们经营的是什么业务"（基本目的和使命）	5. 确认组织面临的主要绩效问题（阻力）	9. 召开头脑风暴会议，激发有关减少阻力、扩大动力的创新性行动方案	12. 预计执行实施方案中的困难并认定发起变革的战略
2. 确定组织的主要长远目标	6. 按照相对的重要性和解决起来的难易程度对问题进行分类并做出分析	10、对各种行动方案进行分析并筛选出处理各种力量的战略方案	13. 确认需同上级主管部门谈判的问题并具体开列所需的帮助
3. 认定近期目标和绩效指标并按重要程度排序	7. 对动力（机遇）加以认定并将其分类	11. 记录下与每种力量相对应的战略、行动方案、责任人和行动协调人	14. 标出需特别优先的行动方案及其实施顺序和时间
4. 认定现有绩效水平，设定目标并衡量差距	8. 评估阻力和动力的相对强度并拟出绩效分析图		15. 建立行动小组以确保绩效改善计划的实施，并安排进度审核会的时间
到第二阶段	到第三阶段	到第四阶段	现在该开始实施了！！！

----循环往复

图 7-10　宏观绩效改进流程

🎯 我的职场感悟

职场新人进入一家新成立的公司工作，会是一种什么样的体验？

如果公司是新创，并且是新人创业，资金也不是很充沛

入职后你会发现公司真的很新，要啥啥没有：没制度、没流程、没产品、没技术、没经理（经理不成熟）。一切都是从头开始，如果不是很着急挣钱，从这样的公司起步也是不错的选择。公司所有的一切都是从零开始，可以和公司一同成长。但是也有风险，因为很多公司都是在创业的前两年关闭的。

如果公司是一家集团公司或者是一家比较有实力的公司投资成立的

一般这样的公司中，关键的管理人员，比如总经理、财务总监、人力资源总监等岗位都是从母公司选派的。公司管理会沿用老公司的文化、制度和流程。管理相对比较规范，经理人也比较职业化。进入这样的企业，和进入一家成熟公司差异不大，最多也就是产品和市场不太成熟而已。风险就是母公司如果文化不好，那么新公司的文化也好不到哪里去。

进入一家新成立的合资公司

合资公司一般都是两家或者两家以上的股东投资成立的，公司的股权、决策权、管理权、管理人选的选派都是按照发起人协议或者公司章程约定配置的。

一般进入这样的新公司，相对会比较民主一些，大家会遵守约定

的条款开展业务。不过也会存在"公司政治",毕竟公司不是由一家老板投资成立,大家既有共同的利益,也有不同的身份。当然即使是独资企业,老人和新人、股东和经理人也会有矛盾,关键是看个人的追求和选择。另外,合资企业的职位到了一定级别就会存在"站队"的情况。

虽然公司情况不同,但是对于刚进入职场的新人来说,一定要以学习和投入的姿态展现自己,踏实工作,多关心工作,少关心"政治",毕竟尚年轻,学习和历练是第一位的。

第 8 节课
绩效项目落地模型

前面的章节反复强调绩效管理是企业战略落地的工具,但企业的实际情况各有不同,绩效管理的方法也有几十种。那么人力资源部如何才能结合企业的实际情况把绩效项目导入本企业呢?本节课给大家分享一些绩效项目落地的模型。

本节课学习内容:
- 绩效项目落地模型。
- 基于绩效项目落地模型设计破解方案。
- 使用不同的绩效工具实施绩效项目的操作要点。
- 绩效项目导入时需要注意的问题。

一、绩效项目落地模型

（一）当前在推进绩效中面临的问题

人力资源部在企业中推行绩效管理项目时通常会遇到如图 8-1 所示的 3 类问题。

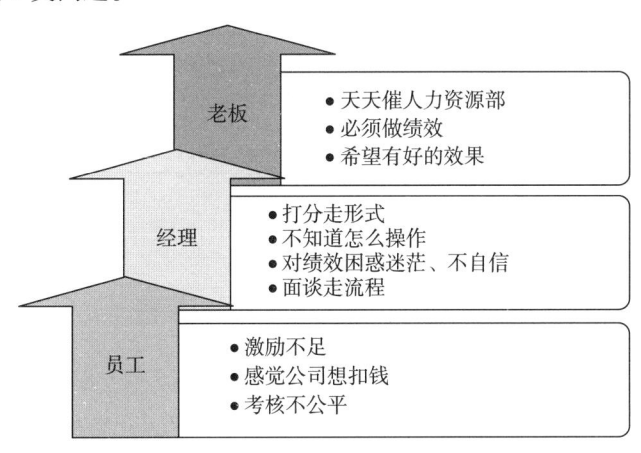

老板
- 天天催人力资源部
- 必须做绩效
- 希望有好的效果

经理
- 打分走形式
- 不知道怎么操作
- 对绩效困惑迷茫、不自信
- 面谈走流程

员工
- 激励不足
- 感觉公司想扣钱
- 考核不公平

图 8-1　绩效推进遇到的问题

1. 从领导的角度

从领导的角度看，把员工招聘来了、人工费用花了，并且人工费用还挺高，尤其是当下互联网企业基本上都是纯人工天价成本，所以领导一定希望每个人都要有价值，要有产出的成果，如果产出慢，就要做绩效考核。领导的理念是：支付给员工的报酬越多，员工的成果也要越大，反之亦然。

所以领导天天催人力资源部门做绩效，要考核，不做不行。有些企业为了绩效提升连换几任人力资源总监，目的还是希望有一个好的结果，实际上不是每一个领导都想扣员工的钱，只是希望投入产出能够合理化而已。

2. 从经理的角度

真正使用绩效管理工具的是各个部门的经理。作为管理工具，不论是绩效管理、全面预算管理、全面质量管理，还是精益管理，在企业正式实施前，都需要给各级经理提供培训学习的机会，只有这样，才有可能落地。但是国内的企业普遍忽视了经理的培训学习这一关键步骤，在老板的内心里，各部门经理天生就应该具备绩效管理的能力。

事实上，只要是技能或者工具，知道不代表一定会用，毕竟掌握一门技能需要经过一段时间的刻意练习。如果缺乏这一步，绩效管理就会流于打分走形式。更严重的是，通过打分，经理可能会拆散部门，甚至出现"轮流坐庄"的现象。而轮流坐庄最终会导致优秀人才留不住，不合格员工开不掉，水平一般的员工做了领导，其结果是"黄鼠狼生了一窝小耗子，一窝不如一窝"。

这样的考核执行下去，就变成了为了发绩效工资而考核。部门经理由于缺乏绩效管理的技能，在面谈时也会不自信，尤其是面对绩效成绩差的员工，会担心被员工挑战。

这些是很糟糕的现象，直接导致绩效管理飘荡在天空中，落不了地。

3. 从员工的角度

大多数企业里，当出现以下三种情况时容易导入绩效项目：一是公司稳定、人员增长快的时候；二是企业业绩一直无法突破，僵持不下的时候；三是企业业绩下滑，苦无良策的时候。而通常的操作方法一般是从员工工资的总额里拿出10%～20%作为绩效工资，也有些企业采取折中的手段，公司出一部分，员工拿一部分作为绩效工资。

这两种方法都会让员工认为绩效管理就是扣钱。当然也有些做得好的企业会额外拿出一部分钱作为绩效工资。

企业既然都没有做经理的绩效管理工具培训,一般也不会做全员的绩效管理技术培训。这样,员工并不清楚绩效管理是企业战略落地的工具,看到的只是工资被扣了,自然也就不会对绩效管理留下好的印象。

一般情况下,国内企业普通员工的绩效工资占工资总额的 10%~20%,绩效结果对员工的收入影响不会特别大,每个月的收入差距也就在几十到几百元之间,员工会觉得无所谓。

除此之外,人力资源部不懂得如何使用绩效管理工具也是部门经理不会用的重要原因之一,最终的结果就是让员工感觉不公平。

所以在推进绩效管理的过程中,企业没有说明绩效管理的意义,会使经理不懂得应用绩效管理的工具,导致员工认为绩效就是扣钱。从高管到经理、到员工,大家在心里对绩效管理都不满意,人力资源部更是一筹莫展。

(二)人力资源从业人员的 4 点疑问

在国外,一般都是企业的首席执行官、首席运营官或者财务总监负责推动绩效管理的项目落地,因为他们或负责运营,或掌握企业数据,方便绩效项目的推动。但在国内,高管大多认为绩效管理是人力资源部的核心职能之一,绩效项目就应该是人力资源部负责。而在实际操作中,由于多数人力资源从业人员是职能出身,不了解公司业务,也不掌握资源,在推动绩效项目的时候就会感觉无处着力,往往会出现在企业内尝试过各种绩效管理技术,可是效果都不好,不禁产生如下 4 点疑问:

- MBO(目标管理)老不老?
- KPI 真的管用吗?

- 平衡计分卡真的能行吗？
- 最近比较火的 OKR 到底是什么？

这 4 个工具哪个好用？哪个更适合当下的企业？当试遍各种绩效管理工具，人力资源部发现每一个方法都不适用于本企业、都不好使的时候，就会问：哪家公司是绩效考核标杆？我可以去学吗？

带着这个疑问，企业开始在国内导找标杆企业。学海尔的"休克鱼"、学阿米巴（人单合一）、学联想的复盘、学小米的风口、学阿里巴巴的中供铁军文化、学华为的工程师文化等。结果是学倒了一批批的创业企业，但仍然阻止不了后继者去企业游学的步伐。

实际上，国内企业缺的不是最新的理论和技术，而是财务管理、人力资源管理、运营管理、质量管理、客户管理等基础，只有在这些基础打好之后，才有可能适应最新的技术。

国内企业变革往往只学到了形式，换汤不换药，所以项目不成功也是正常现象。

（三）绩效管理项目落地模型

图 8-2 所示的绩效项目实施模型，从企业生命周期（创业期、成长期、成熟期、衰退期）和企业管理的规范化程度（手工作坊、粗放式、规范化、精细化、精益化）两个维度，将企业的绩效管理划分为行为考核阶段、计划考核阶段、KPI 考核阶段三个阶段，又进一步整合为绩效考核、绩效管理两个阶段。

阶段一： 手工作坊与粗放式阶段

处在创业期的企业就像是一个小作坊，一般都是自己的家人、朋友来做，不会超过 20 个人的规模；再发展就变成粗放式企业，大概三五十人左右的规模。

当企业处于手工作坊或粗放式阶段时，一般都没有什么管理流

第 8 节课　绩效项目落地模型

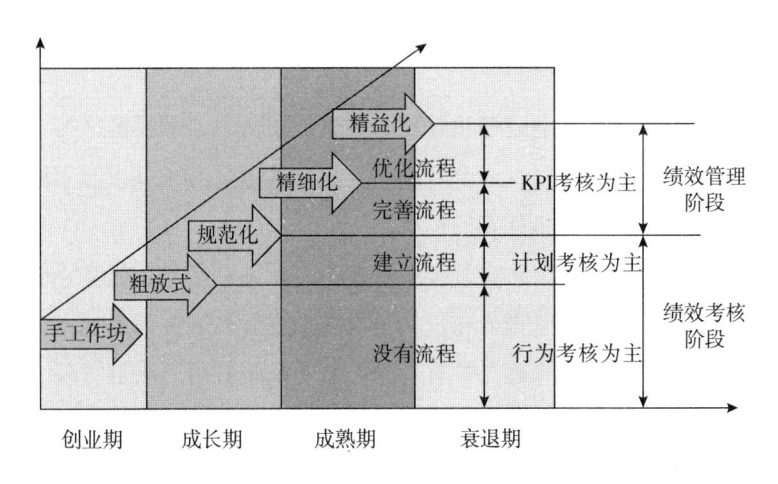

图 8-2　绩效项目实施模型

程，有事老板直接拍板，员工按命令执行，老板让干啥就干啥，让干多少就干多少，考核也是以行为考核为主。

比如，年底的时候，老板一拍脑袋说："今年他二叔干得不错，一年到头基本上都在外面飘着，都累瘦了。年底发 10 万元奖金吧。他二舅快懒死了，好吃懒惰，天天就在家里养着，一年到头，人白了还胖了，对企业也没什么贡献，年底就发 1 000 元过节费吧。"这样行不行？行！

这种考核方法看起来很随意，但员工一般都是服从的。因为公司就是老板"一言堂"，所谓的考核都是以行为考核为主，高管觉得好就是好，觉得不好就是不好。目前国内很多中小型企业就是这种模式。例如，有些高管喜欢员工加班，哪怕员工只是无所事事地待在公司，高管也开心。

所以这个阶段的考核特点就是行为考核，没有管理，没有流程。当然，人力资源管理的下限是 50 人，在公司人数不超过 5 人的时候，公司员工的工作业绩和工作状态高管是可以观察到的，等人数超过 50 人，高管就会感觉失控了，需要设置专门的人力资源岗位来管理人力的工作。

阶段二： 规范化阶段

第二个阶段是企业规范化管理的阶段，用两个词来界定这类企业就是：一百人、一个亿。这个阶段的企业技术含量高一点，产销量不大，一般能达到新三板挂牌的标准。

当高管手下有百十来人，业绩有几千万元到一亿元，此时凭借高管一己之力已经很难管理公司了。所以企业开始制定管理流程，例如销售提成和销售费用管理、预算管理、费用报销管理、质量管理，以及人力资源管理的一些核心制度和办法。

所有员工按照制度规则执行，基本上制度和流程是粗线条且富有原则性的，当员工初犯或者稍有违反规则的行为时并不会得到惩罚，讲人情的时候多于将制度规范的时候。直到再次违反或者老板想要处罚的时候，才会采用制度流程作为处罚的依据。

公司年度计划目标的制定也是老板拍脑袋决定：老板按照过去几年的业绩达成情况和行业的发展趋势，拍脑袋确定明年企业营业额1亿元。但是这1亿元的年度计划目标很难准确地分割到每个月，所以公司会制订月度计划、执行月度计划，也会按月进行考核并发放绩效工资。不过年底的时候会根据年度公司和部门业绩的达成情况，发放年终奖金，多退少补。

年度绩效工资一般会分成月度和年度两个部分，这样有利于目标的达成和奖励的兑现。

处在规范化阶段的企业的客户一般不稳定，公司的产品或者技术也不是特别稳定，导致其变动性非常大，这个阶段的企业特别适合工作计划考核或者OKR管理方式，即公司有大目标、目标下有几个保障措施。另外，重视创新、对员工的依赖性比较强、员工素质比较高、流动性比较大的企业也特别适合用OKR的管理方式。

阶段三： 精细化阶段

规范化管理的下一阶段就是精细化管理。这个阶段的企业相对比较成熟稳定，一般是千人以上的大企业，企业年收入在 10 亿元上下，其流程比较完善，每年的销售收入、利润或者产品的规范性相对来说比较稳定。企业每年的整体目标变化不大，所以积累下来的衡量目标的 KPI 也相对稳定，这样从年初的目标到衡量目标的 KPI 体系都较为稳定，阶段性的目标也较为稳定，适合建立较为稳定的目标体系和指标体系。绩效管理的周期性也比较强，形成了真正意义上的 PDCA，所以具备了 KPI 考核的基础。

阶段四： 精益化阶段

精益化管理阶段的企业流程很完善，企业战略较为稳定，公司的管理基本上都是例外管理/意外管理。这类企业以 500 强企业为主，内部流程比较规范，企业更重视内部管理，但往往也容易忽视外部的客户。例如夏普和东芝，虽然管理都很规范化，但忽视了客户管理，导致了不好的结果。

当企业处在精细化和精益化这两个阶段时，企业管理规范，目标清晰，基于目标的考核也能定出 KPI 体系，所以这两个阶段都是以 KPI 考核为主。

企业的管理模式是跟企业的生命周期紧密相关的。总结上述各阶段的描述，可以得出以下结论：行为考核和计划考核是绩效考核阶段，而 KPI 考核的阶段是绩效管理阶段。

多数企业在管理不规范、目标计划不准确时进行的绩效管理一般以考核为主：要么是行为考核，以岗位职责或行为规范为主；要么是计划考核，以工作计划考核为主。

当企业处于精细化或精益化阶段时，企业管理相对规范，管理的 PDCA 流程比较顺畅，所以绩效管理包括绩效的 PDCA 4 个阶段：绩效计划、绩效实施、绩效评估、绩效改进和面谈。

想一想，你的企业当下处于哪个阶段？

只有在明确了企业当下所处的阶段以及管理模式后，再配以相应的绩效管理或绩效考核的方式，才是绩效管理的底层逻辑。而MBO、KPI、BSC和OKR仅仅是工具而已。

一般情况下，在企业管理没有那么规范，或者企业管理相对规范，但没有绩效管理基础的情况下，我建议以目标计划考核为主，意味着企业导入绩效管理项目时，先不要提OKR、KPI和BSC，因为这会让大家觉得不靠谱。

实际上，日常工作计划跟绩效计划是一体的，其差异也仅仅是形式而已。绩效计划是把日常工作计划中的关键部分（K）放在业绩考核表里。

在OKR模式下，一般企业的目标不会超过5个（2~5个），实际上跟MBO差不多（3~5个目标），然后每个目标下面配的KR不会超过4个。

所以，在企业内导入绩效项目，实际代表着企业要做工作计划管理或目标计划管理了。提倡部门和员工每月参照公司整体目标进行工作总结，制订工作计划。我建议不要直接提绩效管理，但可以把工作计划表格设计成绩效考核表的形式。

北京有一家服务型企业，大概一万多人的规模。他们在企业导入任职资格时，把项目命名为"职业生涯规划"，员工听得都很认真，因为跟自己息息相关。所以在企业导入绩效管理项目时，从工作计划管理入手是最明智的！

（四）基于绩效项目落地模型设计破解方案

要想在企业内推进绩效管理项目，还需要建立专门的组织，共分为三级：

- 绩效管理委员会，最高一级，由公司大领导和关键业务部门的领导组成，负责决策。
- 绩效管理办公室，由人力资源部、企业管理部、战略规划部、财务管理部组成，相当于绩效管理委员会的办公室，负责绩效管理的日常事务。
- 绩效的具体执行部门，公司的各单位各部门，是绩效管理的主体。

绩效项目组织确定后，具体破解方案共分为 4 步。

1. 提升业务经理绩效管理能力

人力资源部门通常只是帮助企业选定一个绩效管理工具，真正把绩效项目落地的还是各单位各部门的经理。所以人力资源部门在导入绩效管理项目前，一定要给企业的各级经理做好绩效管理技能培训，内容包括绩效计划制订的能力、绩效辅导的能力、绩效评估的能力和绩效改进的能力。

（1）辅导部门经理梳理部门的业务价值链

在企业内做业务规划和部门目标设定的时候，首先要同部门经理做深入访谈，帮助他们梳理部门的业务重点和价值链，基于工作重点和价值链设计工作职责、工作流程和目标。有时候，即使是在企业内倡导了很长时间的战略方向和目标，各部门也未必能准确理解。我曾经参加了某央企煤炭集团设计院模块的战略转型和调整的研讨会，会上发言的几位设计院的院长，对于公司战略调整的接受程度明显不一致。有些先行者的非煤业务只占业务总量的 3% 左右，而后进者居然 80% 以上为煤炭业务，在煤炭行业形势下滑的情况下，后进者却不愿意尝试转型！

所以，辅导部门经理梳理业务价值链有两个主要动作：

- 能不能？

- 愿不愿？

原则是先解决态度问题，再解决发展问题，实在不行，就换人执行。

（2）辅导部门经理编制部门工作计划并分解到岗位

工作要点包括：

- 编制标准月度工作计划表。
- 与部门经理共同制订部门月度工作计划。
- 拟定5~8项工作内容。
- 明确完成目标和评价标准。
- 分解权重。
- 发布部门计划。

上述内容实际上就是编制部门计划的所有项目，只要按照规范操作，效果自然就出来了。所以第一次实施时，各部门节奏可以不一致，但格式要完全一致。部门计划做好后，就可以使用任务分工矩阵把目标分解到岗位了。

刚开始做的时候，部门目标可以控制在5~8项，同时拟定好目标值和评分标准，权重也要设计得合理一些。一定要根据梳理出的工作重点来设置目标，不能拍脑袋，目标设定完毕后，请总经理审核后发布。

除了编制工作要点，人力资源部还需要辅导部门经理学会审核员工的工作计划：

- 岗位的工作量要饱和。
- 工作重点与部门对应。
- 项目的时间节点进度。

- 要明确可评估。

这里特别要注意的是员工工作量要合理，不能累的累死，闲的闲死；尤其是同岗位人员的工作量平衡，不能差异太大。这也是考核公平要考虑的事情。另外，员工拟定的岗位的工作重点一定要跟部门的工作重点吻合，不能让员工的目标脱离开部门的实际，竟是些培训、学习、英语、插花之类的无关工作。所有工作的项目的进度、时间节点、评价标准要靠谱，不能全是靠领导拍脑袋打分的形式。

要提前给员工做工作计划编制的训练，包括以下内容：

- 厘清个人月度重点项目。
- 明确工作目标和时间。
- 设计权重。
- 设计评价标准。

当然，人力资源部在给部门经理提供绩效管理技能培训辅导的同时，也要给员工做好相应的培训，要让员工明白，绩效管理虽然是战略落地的工具，但是是基于日常的工作的，就是常规的管理项目和管理动作。要知道自己的工作重点来源于公司战略目标和部门的核心业务，不是凭空出现的，所以，按照公司和部门业务发展的需要，基于个人的能力来设计工作目标、权重、评分标准即可。

（3）辅导部门经理考核打分

辅导部门经理考核打分的意义主要有：

- 明确打分本身就是传递对工作结果标准的评价尺度。
- 要将领导对员工的评价直接传递给员工。
- 如果打分过松传递不了压力。
- 如果打分过严员工接受不了。

- 优秀经理通过控制打分提高员工的工作标准。

优秀的部门经理知道依据评分标准和实际达成情况。给员工评分是规定动作,要将公司的价值取向直观地传递给自己部门的员工,既不过严也不过松,让员工明白现状和今后努力的方向是考核重点所在。员工做得好的地方一定要表扬,做得不到位的地方一定要有改进方案。这些内容在绩效面谈和绩效改进部分已经做了详细阐述,不再赘述了。

(4)辅导部门经理面谈

①辅导月底工作总结。经理和员工是绩效伙伴,经理指导员工将计划表加工成工作总结表,这一步比较简单,同时总结月初的工作项目。另外,将新增加重要工作项目添加到工作考核表格中。

辅导员工准备证据(工作成果)。经理要跟员工交流如何收集工作达成情况的证据,以及在哪里收集,要开诚布公,不要藏着掖着。

②辅导组织述职会,设计会议流程。一般公司级别的述职会议需要人力资源部组织,公司一级单位的领导需要在现场述职,把本月工作总结和下月工作计划,以及工作中的问题和解决方案言简意赅地阐述一下。

而部门内部的述职会议,由各部门自行安排,一般人力资源部门不做具体要求。

根据工作的完成情况,严格执行评分标准,不能说变就变。

③辅导部门经理评估下属。按照实际的工作经验,部门经理比较担心考核打分后的绩效沟通。依据我个人的经验,可以在考核打分前组织经理做现场的实训课程,介绍打分的方式、沟通的技巧,也可以现场模拟绩效沟通的过程,让部门经理心中有数,也就不惧怕任何挑战了,绩效管理就理顺了。

最后,人力资源部与间接主管要沟通最终考核结果。即使员工的直接上级考核打分后,不会对分数再做修订,也还是要提交各级领导审批,以确保严肃严谨性(见图 8-3)。

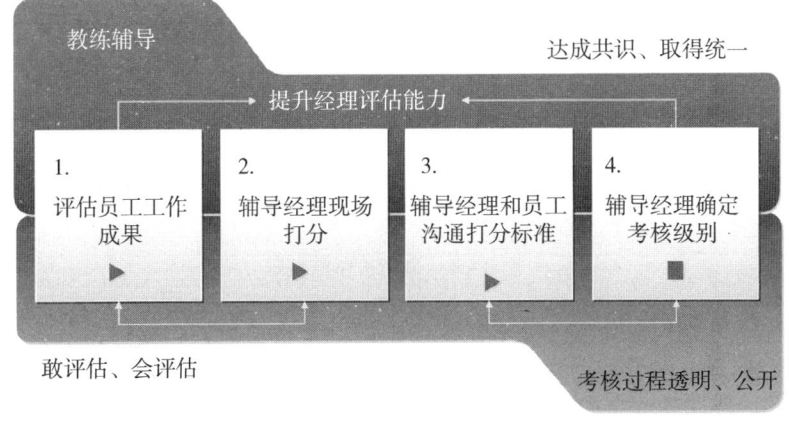

```
教练辅导                           达成共识、取得统一
         提升经理评估能力

   1.          2.          3.           4.
评估员工工作  辅导经理现场  辅导经理和员工  辅导经理确定
   成果         打分       沟通打分标准   考核级别
    ▶           ▶            ▶            ■

敢评估、会评估                    考核过程透明、公开
```

图 8-3　经理面谈辅导

2. 理清公司业务重点和方向,站在运营的角度提供建设性建议

人力资源部门作为整个绩效项目的推动者,要懂公司的业务和运营,否则往往会导致绩效项目的失败。人力资源部如果不懂业务,很难拆分公司重点和部门重点,即使做了拆分,也很难界定考核方向和标准。所以,人力资源部要想推动绩效项目就要懂得公司的运营。

(1) 公司价值链梳理

理清公司的业务价值链,就是要弄明白企业是怎么赚钱的,明白公司前台、中台和后台都有哪些部门,这样在设计工作重点、工作流程、工作职责、工作规范、奖惩机制的时候才能更有针对性。

如图 8-4 所示,人力资源部每年要使用工作分析的方法做人力资源规划,带领或者协助公司领导和各部门经理理清承接公司年度战略目标的组织架构,从推动运营的角度来设计公司和分部门的业务重点、绩效目标和 KPI 指标体系。

梳理公司业务价值链五步法如下所示:

人力资源部自身要清理公司业务重点和方向，站在运营角度提供建设性意见

可以使用工作分析的方法来梳理公司的价值链

图8-4　公司价值链梳理

- 理清公司整体业务结构。梳理公司价值链时，最终落脚点是公司整体业务结构的优化和调整，基于工作重点和目标配置资源。如果公司的业务方向和发展战略不是很清楚，一直按照惯性运转，而公司的高管不打算改进提升，那么公司的战略管理是很费劲的工作，绩效管理也就剩下扣钱了。

- 细化各个业务部门的工作要点。我在给企业做咨询时经常会发现：主管的副总和部门的经理对于公司和部门的工作重点的理解是不一致的。这是很严重的事情，下属和上级对于同一件事情的认知应该是一致的，这样在执行的过程中，才会上下同力。

- 明确公司现存问题及关键解决点。经过系统的工作访谈，除了了解企业的发展重点和方向，还要弄清楚公司战略能力的准备程度，以及公司现存的问题和关键解决点。战略好定，执行很难，因为企业的战略执行的准备度是最重要的制约因素。

- 明确公司核心任务、各关键部门核心任务、各关键岗位核心任务。弄清楚公司战略的核心、支撑核心业务的核心部门、核心部门的核心任务，以及核心部门的关键岗位和关键职责，这样便于把公司的战略落到岗位和责任人。

- 以上四步如何完成呢？需要与高管沟通，对业务进行系统分析，梳理决策层关心的问题及公司业务结构的设想；和各个业务经理共同探讨各部门价值链，加强理解和工作落实；找到部门工作要点、核心任务。

(2) **帮助部门经理梳理部门工作要点**

人力资源部擅长使用人力资源管理工具，但对业务的理解不深；部门经理了解业务，但对人力资源工具的使用不熟练，所以在日常工作中，人力资源部和业务部门要互相协作、互相配合、优势互补，这样才更有利于企业战略目标的落地。梳理部门工作重点包含三个步骤：

- 理清部门价值链。把部门的工作职责划分为合理的细分模块，有利于将工作重点拆分到不同的岗位。如果部门经理不能清楚地界定部门的边界和工作重点，那么部门的工作推动和公司业务重点的落地一定会受挫。
- 定义关键点。人力资源部要作为业务顾问协助部门经理定义清楚本部门的工作重点和现存的问题，同时也要分析清楚解决方案。
- 设计部门核心任务。设计部门任务计划的时候，一定要关注公司长期和短期的目标，千万不要偏离。但是工作重心还是要解决短期的问题。在关注目标达成和问题解决的同时，一定要关注人员的能力提升，尤其是公司和部门核心能力的提升（见图8-5）。

(3) **开发绩效管理表格工具**

第一步和第二步的工作是分析问题，明确重点，但最终还是要解决问题。那么人力资源部在提供绩效管理表格工具时，一定要符合企业和部门的工作需要。

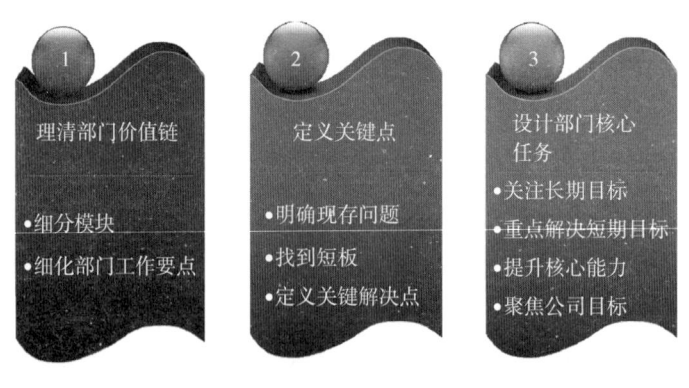

```
┌─ 1 ─────────┐  ┌─ 2 ─────────┐  ┌─ 3 ─────────┐
│ 理清部门价值链 │  │  定义关键点  │  │ 设计部门核心  │
│             │  │             │  │    任务     │
│ •细分模块    │  │ •明确现存问题 │  │ •关注长期目标 │
│ •细化部门工作要点│ │ •找到短板    │  │ •重点解决短期目标│
│             │  │ •定义关键解决点│  │ •提升核心能力 │
│             │  │             │  │ •聚焦公司目标 │
└─────────────┘  └─────────────┘  └─────────────┘
```

图 8-5 梳理部门工作要点

- 分析公司和部门的业务特点，设计绩效管理表格工具。绩效管理过程中的表格包含计划类表格、辅导和面谈类表格、工作总结类表格、绩效改进类、考评类表格等。
- 协助/辅导业务部门填写符合业务实际的各类表格。帮助业务部门逐步开发完善绩效管理的工具表格，因为所有绩效管理的工具和方法最终要落到制度和流程上，而制度流程要想落地或留痕，最好有一套管理系统。这就要求人力资源部必须结合各部门的业务现状，帮它们理清考核周期和考核重点。

(4) 将绩效管理的工作通俗化

先从工作计划考核做起。在绩效管理初期，不要过于强调绩效，因为"绩效=扣钱"的意识在国内很多企业已经深入人心了。如果企业没有形成有效的绩效文化，建议导入绩效时先从目标计划管理开始。人力资源部先跟各部门沟通：我们需要做工作计划和工作总结了。实际这就是日常的工作总结，逐渐培养大家总结工作的意识，绩效的文化和理念也就不知不觉地深入企业内部了。

将绩效的理念转化为日常工作。其实绩效管理中的KPI，就是把日常工作计划中的关键部分填写到业绩考核表中，不关键的不填。从这个角度看，绩效管理和日常的工作计划管理是一回事，仅仅是形式的不同而已。

逐步推进量化管理体系，建立 KPI。无论是 KPI 还是 KBI，都是员工日常的重点工作，这点很重要。所以，在企业内推动绩效项目，就是要把战略目标分解成年度目标，把年度目标分解到季度、月度和周，同时在管理层级上做拆分。绩效项目从时间维度看，就是制订月度计划、执行月度计划、总结和考核月度计划、反馈和改进月度计划而已。

如果工作各单位、各部门的工作重点和工作目标能够逐步稳定下来，就可以设计目标的测评工具 KPI 体系了。

3. 逐步量化工作计划

逐步推进建立以 KPI 和平衡计分卡为基础的适合运营的绩效管理体系，导入的初期一般都是大目标，将来要想做精细化管理，就还要 KPI 化，要逐步运营实施。如图 8-6 所示，考核要逐步推进，从目标计划导入开始，在导入的过程中逐步量化，逐步搭建企业的目标管理体系和 KPI 体系。这样的话，企业的绩效管理就是容易落地的，是有升级的。

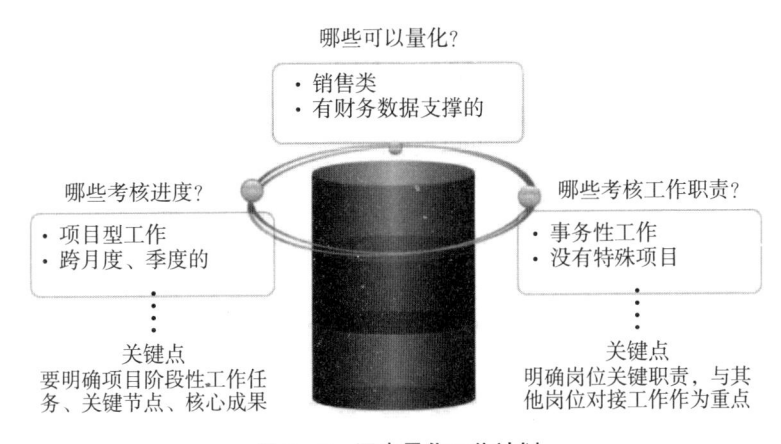

哪些可以量化？
- 销售类
- 有财务数据支撑的

哪些考核进度？
- 项目型工作
- 跨月度、季度的

关键点
要明确项目阶段性工作任务、关键节点、核心成果

哪些考核工作职责？
- 事务性工作
- 没有特殊项目

关键点
明确岗位关键职责，与其他岗位对接工作作为重点

图 8-6　逐步量化工作计划

- 要想在企业内导入绩效管理项目，需要搞清楚公司处于绩效

管理项目模型的哪个阶段，然后有计划地导入，不能一开始就做复杂的绩效管理。

- 要给企业的经理和员工做系统的绩效管理能力提升培训，不能在大家还是原生态的时候，突然上绩效管理的项目，会让大家无所适从。
- 要梳理公司和部门的价值链、工作重点、工作流程，导出合理的工作目标。
- 绩效管理的工具表格一定是简单易行，同时也是适合公司业务发展需要的。
- 考核一定是基于战略的，KPI化是需要时间来沉淀和打磨的。

二、使用不同的绩效工具实施绩效项目的操作要点

绩效项目导入的三个阶段如图8-7所示。

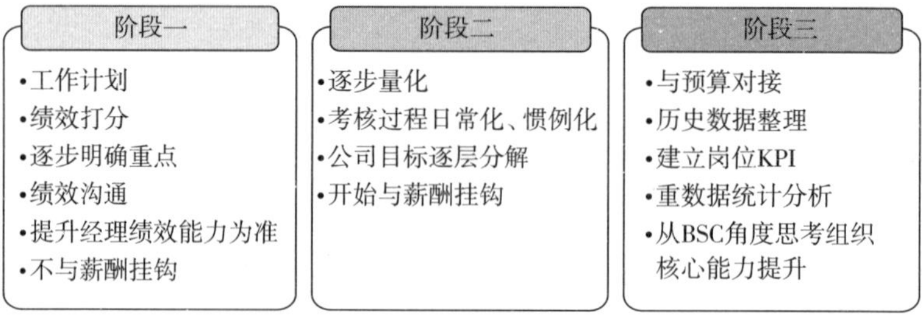

阶段一	阶段二	阶段三
·工作计划 ·绩效打分 ·逐步明确重点 ·绩效沟通 ·提升经理绩效能力为准 ·不与薪酬挂钩	·逐步量化 ·考核过程日常化、惯例化 ·公司目标逐层分解 ·开始与薪酬挂钩	·与预算对接 ·历史数据整理 ·建立岗位KPI ·重数据统计分析 ·从BSC角度思考组织核心能力提升

图8-7　绩效项目导入

（一）利用目标管理进行考评阶段

1. 根据绩效导入深度推进目标管理

在第一个阶段实施一段时间（通常是3~4个月）后，各个业务部门经理的考核技巧已经具有一定水平，员工的工作重点明确后，需

要开始对考核进行深入，这就到了绩效项目实施的第二个阶段，需要对目标的数额合理性予以明确。

利用目标管理进行考评的3个前提为：

- 公司员工已经接受了绩效考核，开始对各个工作重点的目标值进行探讨。
- 部门经理认可绩效考核，能够独立操作考核过程。
- 公司已经建立了绩效工资、奖金制度。

2. 利用目标管理进行考评阶段的3个操作要点

在目标管理阶段，绩效管理项目执行要注意3个要点。

(1) 将考核结果与绩效工资、奖金挂钩

让员工重视考核的一个重要原因就是：考核结果会和工资、奖金挂钩。所以人力资源部在启动绩效考核前要先发放公告，例如：自本月开始，考核结果将和绩效工资、奖金挂钩。提醒员工按时完成目标制定、计划编制，同时要制订下一步的辅导计划。

(2) 初步导入 KPI 工具进行目标设计

到达本阶段后，各级部门经理和员工已经对工作重点不再模糊，但具体的目标项目设计的合理性需要重点关注。这个阶段是导入 KPI 工具（KPI、BSC、OKR）的最好时机，通过持续的培训和指导，向各部门经理和员工传达：除了财务指标，还需要关注客户、内部流程、自我成长等指标。

(3) 导入 KPI 工具操作的前提

公司已经建立了预算机制，预算已经开始执行并相对准确。

公司基于财务和客户的数据统计体系已经建立，且能完成各项基本统计任务。

部门负责人重视目标项目设计。

3. 重点研究目标值的设计

目标值设计的高低直接和考核结果对应：目标值过高，要评估其完成的可能性，如果月底没有完成，会大大打击员工的积极性，员工会认为"公司变着法地扣绩效工资和奖金"；目标值过低，员工可以轻松完成，起不到激励作用。

在这个阶段，人力资源部门需要和业务部门共同就各个目标项的值进行研究，同时也要和财务、统计及相关部门研究各类目标值设计的规律、合理性，同公司高层、部门经理制定具有激励作用的目标值。

> 经验提示
>
> 目标管理需要大量的数据统计支持，因此，在进行目标管理时，必须要考虑到公司的数据统计机制和基础，如果这些条件不具备，那么需要先从这些点入手，先解决数据统计与分析问题，然后再进行绩效项目的推进。

（二）利用 KPI 指标进行考评阶段

1. 根据目标标准化程度提炼 KPI

这是绩效管理的高级阶段，从目标上升到指标的一个重要条件是：目标标准化。而目标标准化有 3 层含义：

- 相对公司的历史数据，目标可以预测。
- 相对公司的竞争对手，目标具有可比性。
- 公司在各项目标上明确了标杆公司。

因此，从实践角度来看，只有在公司经营稳定、发展到一定规模、达到行业内前 5 名时，实施 KPI 指标才会具有实际意义，而对于工作重点不确定、目标值不能预估的公司，执行 KPI 考核没有太多的好处，只能是增加工作量。

2. KPI 指标考核阶段实施的 3 个操作要点

公司已经在预算、目标、计划制订、部门经理的绩效管理能力上都具备了一定的基础，且公司经营业绩稳定、处于行业领先者行列，这就进入了 KPI 指标考核阶段。在这个阶段，一方面需要关注公司内部，关注公司各项历史数据；另一方面还需要关注公司外部，包括客户、竞争对手、国家政策等若干要素。

在 KPI 考核阶段，需要注意的 3 个操作要点如下所示。

（1）建立内部 KPI 指标体系

KPI 指标项目选取是首先关注的要点。一方面根据公司经营特点，需要研究哪些指标能够客观反映公司的真实业绩；另一方面也需要关注外部竞争对手和标杆公司的运营情况。

在此阶段，需要对各类统计数据进行系统分析，在 KPI 指标项目设计的基础上，研究适合本公司的标杆值，并以此为依据设计推进公司的绩效管理体系。

（2）设计行为指标进行考评

对于不能用具体的数字考评的职位或者项目，需要设计各类行为指标进行评估，即评估被考核人是否按照公司既定流程执行，对流程执行的效果进行评价。

行为指标是 KPI 指标的完善补充，共同组成标准考核项目。

（3）强化内部战略、情报体系

利用 KPI 考核阶段，需要配合公司总经理完善内部战略制定、培养竞争对手情报收集方面的能力，建立内部战略制定的规则和方法，建立各类数据情报收集、整理、加工制度，指导公司的发展方向和战术实施。

三、绩效项目导入时需要考虑的几个问题

（一）绩效项目导入的 3 个最佳时机

绩效项目导入的时机很关键，相比年中推进绩效，年初推进绩效相对更容易成功。根据我个人的经验，有 3 个绩效项目导入的最佳时机。

1. 公司领导/部门负责人更换后

"新官上任三把火"，公司新领导上任后，首先要做的就是工作规划，设定目标，这是进行绩效导入的良好时机，绩效管理作为策略、目标的落地工具来推进，顺理成章，推进的阻力要小很多。

更换部门负责人也是推进部门绩效管理工作的一个契机，特别是新任部门经理，人力资源部可以通过协助其推进绩效项目，提升部门经理的管理水平，提高部门工作效率。

2. 薪酬体系调整结束后

新的薪酬体系调整结束后，需要配套的考核机制予以跟进保证，这也是推进绩效项目的良好时机，没有薪酬激励政策跟进的绩效考核实施效果不会很好。

> **经验提示**
>
> 最好将绩效考核作为薪酬体系设计中的一部分予以推进。在方案设计时一方面对各类薪酬奖励办法进行明确，同时要确定针对各类奖励方案的考核办法。

3. 每年年末、下一年年初

每年年末、下一年年初，大部分公司都会制定年度的计划、目标、预算，而这些计划、目标、预算的落地都需要绩效管理项目予以

落实，这也是绩效管理项目中的一部分。

> **经验提示**
>
> 以上说的 3 个时间为"最佳时机"，然而，企业在任何时候都可以启动绩效项目。成功的绩效项目实施关键不在于时机，而在于推进的技巧和策略。

（二）企业变革业绩曲线

图 8-8 所展示的即为企业变革业绩曲线。

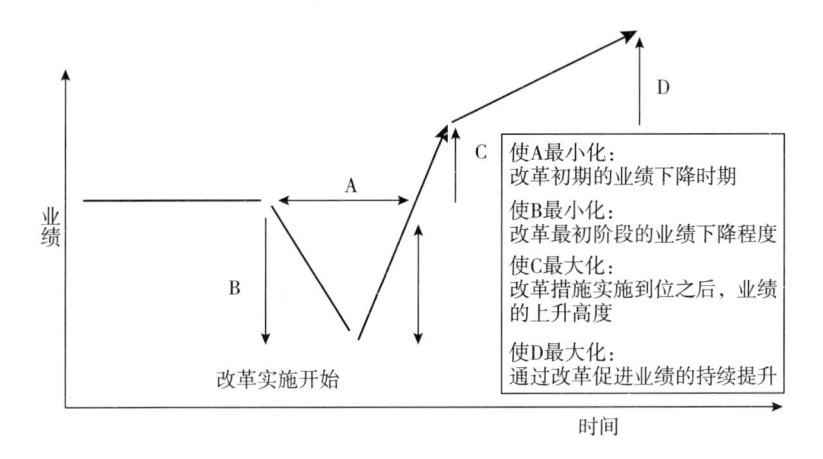

图中标注说明：
- 使A最小化：改革初期的业绩下降时期
- 使B最小化：改革最初阶段的业绩下降程度
- 使C最大化：改革措施实施到位之后，业绩的上升高度
- 使D最大化：通过改革促进业绩的持续提升

图 8-8　企业变革业绩曲线

一般情况下，在企业的发展过程中，容易出现几个状况：

- 刚开始发展迅猛，渐渐地缓下来，一缓，业绩就平了。
- 老板着急了，决定开始新的绩效管理项目。
- 员工觉得受到制约，一部分选择离开公司，留下的人中还有一部分积极性下降，业绩下滑至谷底。
- 老板态度坚决，一定要改革，最后员工只能学会适应，从消极到积极，业绩出现上升。

- 当业绩达到最高值时，坡也很陡，慢慢地又平了，继而老板又开始推行新项目。

所以这是有规律可循的，人力资源部一定要在导入绩效前和老板讲清楚。

还有很重要的一点是，不要刚开始就将考核结果和绩效工资奖金挂钩。

绩效导入阶段，由于各个业务经理对考核技巧和方法掌握得不够娴熟，目标和计划设计得不合理，所做的考核结果很难说是客观公正的，因此，在绩效导入前期，最好不要将考核结果和绩效工资奖金挂钩。即使公司设计了绩效工资制度，刚开始的几个月也可以直接发全额绩效工资。

我的职场感悟

没有一份工作是你不想辞职的

工作久了，尤其是做人力资源工作久了，会见到各种各样的人，离职的原因千奇百怪、五花八门、光怪陆离，归纳起来就是一句话：没有一份工作是你不想辞职的。

对所从事的工作没有兴趣了

曾经碰到过这样的人，30来岁，忽然从自己工作了七八年的职业转行了。原因是对自己所从事的工作不感兴趣，本来是抱着干一行爱一行的想法打算做几年试试看，可是越做越没兴致，越做越觉得浪费时间，于是离职转行。可是30多岁的年龄实在是经不起折腾了，也丧失了大部分的雄心壮志，重新开始的勇气是有的，至于结果会怎么样，心里真的没底。

所以，如果最初的职业不是自己的挚爱，而个人又不想屈从于生活，就不要在这个职业上浪费太多的时间，应尽快转型或者辞职。

对工作失去了热情

曾经有份工作是挚爱，可是做着做着竟然失去了热情，怎么也提不起兴趣继续下去。

工作中和职业咨询中经常遇到这样的人，明明是自己喜欢和热爱的工作，可是做久了发现失去了热情，要问为什么，自己也不知道，说不明白，反正就是不爱了……

还有的朋友工作的目标就是实现一个一个财务目标，比如买一套房、两套房，存款 100 万元、200 万元，等这些目标实现了，个人又不满足了，就定了下一个财务目标。你问他工作的价值和意义是什么，他满眼茫然，最后竟是为了这些财务目标。这样的人，同希望顺利度过冬天存储了大量的干果而又忘了存储地点的松鼠有什么区别？

所以工作到底是为了获得成就感，还是为了获得幸福感和安全感，需要仔细思量，不然很容易会忘记了为什么而出发。

沦为边缘人物

领导不在，来了快递，会打电话让你帮他去取；部门的同事太忙，没时间下楼吃饭，会让你给带一份快餐，或者帮忙点个外卖；部门打印机坏了，同事会让你帮忙联系供应商修理。总之，一些周边的、不重要的事情，领导和同事都会想起让你"帮忙"；但是真正需要系统操作、仔细筹划的事情，不会有人找你商量，或者不会委派给你。作为部门的"老人"，你成了真正的边缘人物。

所以有的时候，工作的时候不要脾气总是很好，老好人是会被大家忽视的。久了之后，连辞职的勇气和能力都丧失了。

后记

我们真的需要去 KPI 了吗？

绩效管理在国内是被用滥了的管理工具，究其原因不外乎就是企业主目的不纯（扣钱）、居心不正（整人）、人力资源部胡乱应用（不懂），甚至出现了"绩效主义害死了索尼"的说法。国内一些不明真相的企业和经理人，甚至人力资源经理都在大谈特谈"去KPI"，甚至说要取消绩效考核。当我们真正去调研分析国内发展得很好的企业时，会发现无论是现在处于领军者地位的阿里巴巴、腾讯、华为、小米，还是早前的联想和海尔，都是强企业文化+强绩效管理的模式，即使是阿米巴模式也是基于 KPI 基础上的产品化过程。

我们不要寄希望于在企业管理基础还不完善、经理人队伍职业化不是很好的当下，让企业去实施自主化程度很高的 OKR 和自我管理，无数的企业"死亡"案例证明，那一定会是一团糟。

正确理解绩效管理比直接去做要好很多

从我多年在企业一线岗位内推动绩效管理项目的实际工作经验和课程及咨询的经历来看，多数企业对于企业绩效管理本身是非常上心的。但是由于缺乏必要的认知，没有在项目实施前做好公司战略目标、组织架构、部门职责、工作重点和业务流程的梳理，没有给部门经理做绩效管理的全流程的技术技能提升培训，也没有给全员宣导绩效管理的价值和真正目的，同时也没有人了解绩效项目落地模型，最终的结果就是绩效管理技术本身承担了项目失败的责任。企业的高管、部门经理，甚至人力资源总监谈到绩效项目失败都会说是某个绩效管理技术不好、不适合本企业，而不是因为自己运用的不合适、不会用，听来真是很好笑！

绩效考核考的是 KPI 和 KBI，绩效管理实际是企业战略落地的工具。

绩效管理在企业内有行为考核、计划考核、KPI 考核 3 种形式，有绩效考核阶段和绩效管理阶段两个阶段。所以管理者和人力资源部要判断清楚本公司所处的绩效管理阶段和当下的管理模式，然后再采取合适的绩效管理方法，而不能市面上流行什么就做什么，要搞清楚本公司是否可以接得住。不能一味追时髦而采取企业无法落地的绩效工具，失败后就归责于工具不好使，而不探究人的责任。

绩效管理包含 PDCA 4 个阶段

绩效管理系统包含绩效考核指标设计体系、绩效管理运作体系、绩效考核结果应用体系和绩效管理系统诊断 4 个部分。绩效管理本身又包含绩效计划、绩效实施与辅导、绩效评估与面谈、绩效改进 4 个阶段，而企业中常见的绩效管理只有绩效考核一个阶段，主要用来发绩效工资，并且以"轮流坐庄"为主。这样的结果会导致优秀的人才留不住，不想留的庸才开不掉，不好不坏的"差不多先生"最终成了各级领导者。

从企业的角度看，绩效管理是企业战略落地的工具，如果从员工学习与成长的角度看，绩效管理主要是助力于员工技能提升的职业生涯发展的过程。所以企业的各级经理需要根据考核周期对员工进行绩效反馈面谈，而面谈的核心目的是给予员工基于其个人职业生涯成长的业绩反馈与改进沟通，是对员工职业发展成果的务实的反馈。只有这样操作，员工才会从心理上接受面谈的过程和成绩，做得好的继续努力，不足的地方踏实改进。

绩效计划和绩效目标真的不同

公司的绩效目标一定要做好一级单位、二级部门、三级岗位的分解工作；同时要借助任务分工矩阵工具，保证拆分是依据职能分工，不是拍脑袋决定；另外年度目标一定要从时间维度拆分到季、月、周，这样才能保证绩效目标和日常工作目标的一致性。最重要的一点是各级目标和指标务必要配置好关键行动措施，转化为工作计划，如果工作目标/指标没能转化为工作计划，实际上是没有资源支持的，属于空谈口号而已。

最后，基于企业战略的各单位工作计划的执行要有控制措施，保证受控，可执行。

经理人务必要做好员工的教练和导师

经理人一定要基于工作目标规划部门、设计岗位、组建团队、分配任务、辅导激励员工，只有这样才能在员工评估的时候客观公正。成为员工的教练或者导师，所获得的心理满足感一定会远远大于成为员工的领导。经理即使不能迅速提升员工的技能，也不要以官僚姿态耽误员工的成长和发展，让员工记恨一辈子。

绩效管理的技能是经理的必备技能

绩效管理是企业战略展开的平台，是人力资源管理工作的平台，经理务必要掌握绩效管理的内在逻辑和各项技术。如果你真正掌握了绩效管理技术，并且应用自如，那么至少在跳槽的时候可以涨薪30%以上呢！

邓玉金